채권 투자

무작정 따라하기

채권 투자 무작정 따라하기

The Cakewalk Series – Bonds Investing

초판 발행 · 2024년 2월 23일
초판 3쇄 발행 · 2024년 5월 31일

지은이 · 서준식, 양진영, 서지혜
발행인 · 이종원
발행처 · (주)도서출판 길벗
출판사 등록일 · 1990년 12월 24일
주소 · 서울시 마포구 월드컵로 10길 56(서교동)
대표 전화 · 02)332-0931 | **팩스** · 02)323-0586
홈페이지 · www.gilbut.co.kr | **이메일** · gilbut@gilbut.co.kr

기획 및 책임 편집 · 이치영(young@gilbut.co.kr) | **디자인** · 신세진 | **마케팅** · 정경원, 김진영, 김선영, 최명주, 이지현, 류효정
유통혁신 · 한준희 | **제작** · 이준호, 손일순, 이진혁 | **영업관리** · 김명자, 심선숙, 정경화 | **독자지원** · 윤정아

교정교열 · 김은혜 | **전산편집** · 김정미
CTP 출력 및 인쇄 · 예림인쇄 | **제본** · 예림바인딩

ISBN 979-11-407-0833-8 03320
(길벗도서번호 070515)

정가 27,500원

독자의 1초를 아껴주는 정성 길벗출판사

(주)도서출판 길벗 | IT교육서, IT단행본, 경제경영, 교양, 성인어학, 자녀교육, 취미실용 www.gilbut.co.kr
길벗스쿨 | 국어학습, 수학학습, 어린이교양, 주니어 어학학습, 학습단행본 www.gilbutschool.co.kr

※ 저자 인세의 일부는 학교발전기금에 기부됩니다.

채 권 투 자
무작정 따라하기

서준식, 양진영, 서지혜 지음

길벗

채권을 쉽게!
이 어려운 '퀘스트'를
완수할 수 있을까?

"채권 책 하나 써주시겠어요?"

"지금 누가 채권 책을 사보겠어요?"

2007년 어느 날, 출판사에서 연락이 왔다. 출판업계에서는 무명이었던 나에게 개인들이 채권에 투자하는 데 필요한 안내서를 써달라는 것이었다. 당시 시장금리는 속등하여 7%대 이상의 채권을 개인들도 투자할 수 있는 절호의 상황이었다. 그러나 주식시장의 활황으로 묻지마 투자가 성행하고 있었고, 채권에 관심을 두는 이는 아무도 없었다. 개인의 자금은 국내외 주식형 펀드로 몰렸다. 극소수의 자산가들을 제외하고는 채권 투자를 위해 채권 책을 구매할 이는 없을 듯했다.

토의 끝에 채권의 개념을 응용한 '채권형 주식'에 대한 가치투자 책을 쓰기로 계약했다. 이렇게 금리가 높고 주식이 비쌀 때는 채권 비중을 높이고 주식 비중을 줄이자, 그럼에도 꼭 주식을 하고 싶다면 꼼꼼히 계산해 아직 가치보다 싼 가격의 채권형 주식에 투자하자는 내용을 담은 《왜 채권쟁이들이 주식으로 돈을 잘 벌까?》(2018년 《채권쟁이 서준식의 다시 쓰는 주식 투자 교과서》로 개정)라는 다소 건방진(?) 제목의 책이 탄생하였다.

감사하게도 첫 책은 꾸준히 팔려나가 인지도가 높아졌고 내 전문 분야인 채권 책을 쓰자는 의뢰는 더욱 많아졌다. 하지만 2010년대가 되자 채권금리가 2%대에도 미치지 못하는 저금리 시기가 이어졌고, 채권의 기대 수익률도 많이 떨어졌다. 이런 상황에서 채권은 부의 증가에 결코 도움이 되지 못하는 자산이었다. 투자 매력이 현저히 떨어져 개인적으로도 보유하던 채권들을 계속 줄여나가고 있는 와중인데 독자들에게 채권에 관심을 가지라는 얘기는 차마 할 수 없었다.

"채권 책 하나 써주시겠어요?"
"한번 도전해 보고 싶지만요…."

고백하건대 채권 책 집필을 고사한 다른 큰 이유가 있었다. 아무리 내가 채권에 대해 잘 알고 있다 하더라도 이를 개인투자자들이 이해하기 쉽게 풀어낼 자신이 없었다. 주식 책과는 차원이 다르다. 지금까지 등장한 많은 채권 저작물을 지켜보았지만, 실타래처럼 얽혀 있는 채권의 3차원 세계를 책이라는 2차원 세계에 독자들이 이해할 수 있도록 풀어내는 것은 그야말로 달성하기 너무 힘든 '퀘스트'였다. 엄두가 나지 않았다.

2022년 연말경, 길벗출판사의 이치영 기획자가 다시 나를 찾았다. 한 해 동안 채권금리가 속등하여 우량회사채가 6% 이상의 금리에서도 거래되는 때였다. 이제는 개미들도 채권 투자에 관심을 가지면 좋겠다는 생각이 들던 차였다. 그동안 주식 투자 붐으로 인해 '동학개미, 서학개미'가 폭발적으로 늘어났고, 개인투자자들의 금융에 관한 식견이 크게 높아지기도 했다. 한번 해볼 만하다 생각했다.

하지만 여전히 복잡한 채권 세계를 이들에게 쉽게 전달할 수 있을지에 대한 의문은 여전했다. 고지식한 나의 문체가 이들에게 더 어려움을 가중하지 않을까 걱정도 되었다. 묘안을 찾아보았다. 그동안 눈여겨보던 두 제자 양진영 군과 서지혜 양에게 공저의 도움을 청했다. MZ세대인 이들이 나의 고리타분한 문체를 잘 풀어준다면 젊은 세대와 초보 투자자들의 이해에 한 발 더 다가갈 수 있으리라 기대했다.

채권 원리와 이치에 관한 깨달음과 직접 투자의 중요성

채권과 금리를 이해하면 모든 투자 상품의 길이를 잴 수 있다. 채권을 이해하지 못하는 채로 자산관리를 하는 것은 마치 줄자 없이 눈대중으로 나무를 자르고 타일을 붙이며 집을 짓는 일과 같다.

채권을 이해한다는 것은 여러 공식을 외우고, 값을 정확히 계산해내는 것이 아니다. '채권의 이치'를 아는 것이 중요하다. 어떤 사물이나 현상의 이치를 깨닫기 위해서는 직접 경험하는 것이 가장 중요하다. 예컨대 매우 복잡하고 어려운 와인의 세계를 잘 이해하려면 직접 와인샵에서 고심하며 와인을 구매하고 주의 깊게 시음하기를 반복할 때가 가장 효과적이다. 채권도 마찬가지이다.

처음 이 책을 펼칠 때는 무리하지 말고 가볍게 읽어보자. 채권의 개념을 파악하도록 노력하되 모든 정보가 완벽하게 이해되지 않더라도 먼저 책의 안내에 따라 소액이라도 직접 투자해 보자. 투자 과정에서 궁금한 점이 생기면 이 책을 다시 참조하여 공부하는 방식이 훨씬 효과적일 것이다. 그렇게 조금씩 채권 실전과 학습을 반복하다 보면 어느 순간 채권의 이치에 익숙해져 모든 투자상품의 길이를 정확히 측정할 수 있는 자신을 발견하게 될 것이다.

나는 가치투자를 표방하는 전문가였음에도 개인적으로는 주식 투자에 크게 실패한 경험이 있다. 그 이후 채권에 전념하여 채권과 금리에 대해 제대로 이해하고서야 비로소 주식 투자에서 성공할 수 있었다. 투자라고 하면 많은 사람이 주식만 고려하고 채권은 어렵다며 배울 생각도 하지 않는데 이 책을 더 많은 사람이 읽고 채권에 대해 두루 알게 되기를 소망하며 집필에 최선을 다하였다. 우리가 과연 그 '퀘스트'를 잘 완수했는지의 여부는 독자 여러분이 판단해 주시리라 믿는다. 잘 부탁드린다.

마지막으로 이 책의 집필을 제안해 준 길벗출판사 이치영 에디터, 10여 개월 동안 이 책의 집필을 함께하며 고생한 양진영, 서지혜 작가에게 감사드린다. 수십 년간 시장에서 나에게 많은 영감을 준 수많은 채권시장 참여자에게 감사드리며 이 책을 통해 성공 투자에 대한 많은 영감을 얻게 될 모든 독자에게 미리 감사의 말씀을 올린다.

2024년 1월, 여의도에서

서준식

필자의 지난 저서인 《채권쟁이 서준식의 다시 쓰는 주식 투자 교과서》와 《투자자의 인문학 서재》에 수록된 채권과 관련한 내용 중 일부가 부득이하게 인용된 사실을 알리며, 독자분께도 너른 양해를 구합니다.

드디어 채권 투자의 바이블이 출간되었다. 투자에서 채권과 금리의 이해는 기본이다. 이를 이해하지 못하고 투자하는 일은 주춧돌 없이 집을 짓는 것과 마찬가지다. 그간 채권 투자 영역은 전문가들만의 시장이었던 터라 개인들의 접근이 쉽지 않았다. 그러나 이 책을 통해 그 벽이 허물어졌다. 후일 일반인에게 산처럼 느껴지던 채권시장의 문을 활짝 열어준 시금석과 같은 저작으로 평가될 것이다.

누구나 쉽게 이해할 수 있도록 서술한 책이 나온다는 사실은 한국의 투자 토양도 점차 선진화의 길로 나아가고 있다는 방증일 것이다. 채권 교과서로 여겨질 이 책으로 투자를 시작한 사람과 그렇지 않은 사람의 투자 미래는 현격한 차이가 생길 것이다. 투자하는 모든 이들에게 일독을 권한다.

— 곽상준, 《투자의 태도》 저자, 증시각도기TV 운영자

이 책의 앞에서 채권에 관한 기초적 내용을 쉽게 설명하고 있어 자칫 만만하게 받아들일 뻔했다. 그러나 오히려 책을 읽어나갈수록 '채권은 어렵다'라고 생각했던 선입관과 심리적 부담이 누그러졌다. 중반부를 지나면 채권에 조금 더 다가갈 수 있겠다는 생각이 들고, 지식이 조금씩 쌓여간다는 것을 느낄 수 있다. 언론에서 '채권에 투자할 때'라는 말을 들을 때마다 가졌던 거리감이 어느 사이에 사라지고, 이 책을 다 읽을 즈음에는 나도 채권 투자에 도전할 수 있겠다는 자신감이 상당하게 올라온다. 채권의 알파부터 오메가까지 담긴 책을 독자가 이해하기 쉽게 내어준 점을 고맙게 생각한다.

— 문무일, 법무법인 세종 대표 변호사, 전 검찰총장

대부분의 사람은 투자 대상 하면 부동산과 주식을 떠올린다. 하지만 부동산은 다른 유형의 투자보다 투자금의 규모가 상대적으로 크고, 주식은 변동성이 크다. 그래서 채권 투자를 이해하고 부동산과 주식에 함께 투자하면 각 투자 자산이 갖는 단점을 어느 정도 상쇄할 수 있다. 특히 수익형 부동산은 채권과 상당히 비슷한 면이 있다. 이자 수익뿐만 아니라 차익도 발생한다. 따라서 채권 공부를 통해 부동산 투자에 대한 내공도 더욱 키울 수 있을 것이다. 《채권 투자 무작정 따라하기》는 채권의 역사부터 기초, 그리고 실제 투자 과정까지 섭렵한 교과서 같은 책이다.

— 민경남(시네케라), 《지금부터 부동산 투자해도 부자가 될 수 있다》 저자, KN프로퍼티즈 대표

이보다 더 쉽고 친절하게 채권 투자를 설명한 책을 보지 못했다. 20년 넘게 대한민국 최고의 채권투자자로 활동했던 서준식 교수의 경험과 내공을 바탕으로 채권 투자의 이론과 실전을 모두 담아냈다. 채권 투자에 관한 단 한 권의 입문서를 권한다면 단연코 이 책이다. — 박성진, 《현명한 투자자의 인문학》 역자, 이언투자자문 대표

채권은 정말 겁쟁이들이나 투자하는 자산일까? 이 책을 읽어본다면 당신은 금융시장에서 가장 용감한 전문가로 변모할 것이다.

— 안시형, 숭실대학교 경제학과 교수, 전 KDB생명 CIO

채권, 주식, 부동산, 외환 등 각종 자산시장은 별개로 움직이는 것 같지만 사실 연동되어 있다. 금리가 중력과 같은 작용을 하기 때문이다. 채권이 아닌 다른 자산에 투자하는 사람도 채권시장에 대한 이해가 필요한 이유가 여기에 있다. 이 책은 투자자가 반드시 알아야 할 채권의 중요한 개념들을 알기 쉽게 설명한다. 따라서 채권뿐만 아니라 다른 자산에 투자하는 사람들에게도 큰 도움이 될 것이라 확신한다.

— 정채진, 《마이클 모부신 운과 실력의 성공 방정식》 공역자, 전업투자가

채권시장의 초보자부터 전문가까지 모두 만족시킬 단 한 권의 채권 투자 교과서가 나왔다. 《채권 투자 무작정 따라하기》는 기초부터 세부적인 투자 방법까지 빼놓을 게 없는 책이다. — 홍춘욱, 《대한민국 돈의 역사》 저자, 프리즘투자자문 대표

(※추천사는 추천인의 이름 자모 순서로 정리하였습니다.)

둘째 마당

분류에 따라 다양한 채권과 종류별 금리

셋째 마당

채권 가격과 수익률, 계산법과 개념 이해하기

넷째마당

금리와 경제, 그리고 현명한 채권투자

채권투자
감 잡기

001 ▶ 채권이 뭐예요?

채권투자를 배우기 전에 꼭 알아야 할 개념부터 알아보겠습니다. 채권이 무엇인지, 왜 만들어졌는지, 어떤 기능을 하는지 등에 관한 내용입니다. 개념과 용어가 낯설겠지만, 최대한 쉽게 설명하고 예시와 그림으로 표현하였으니 이해하기 어렵지 않을 것입니다. 개념을 알고 나면 '채권이란 이런 것이구나' 하고 감을 잡을 수 있고 다른 투자에도 도움이 됩니다.

채권, 약속한 조건에 따라 돈을 갚겠다는 증서

 알아두세요 ─────

채권
기업이나 정부가 자금을 조달하기 위해 발행하는 증서입니다. 이 증서를 구매한 사람은 일정 기간 후에 원금과 이자를 받습니다.

채권(Bond, 債券)의 개념을 이해하기 위해 먼저 간단한 사례를 들어보겠습니다. 채권이 어떤 것인지 이해가 훨씬 빠를 것입니다.

> 진영은 준식에게 1년 동안 100만 원을 빌려달라고 합니다. 준식은 돈을 빌려주는 대신에 1년 후 원금 100만 원과 함께 5%의 이자를 더해 갚으라고 합니다. 진영은 준식의 말에 동의합니다. 준식은 이를 증명할 '약속증서'를 써달라고 합니다. 진영은 종이에 원금 100만 원을 빌리고 1년 후 이자 5만 원을 돌려주겠다고 적습니다. 이를 우리는 흔히 '차용증' 또는 '차용증서'라고 부릅니다. 이 약속증서에 진영이 도장을 찍은 후 준식에게 건네고, 준식은 진영에게 100만 원을 빌려주었습니다.

채권이 어떤 역할을 하는 것인지 이해되시죠? 누군가에게 돈을 빌리거나 빌려주는 행위를 증명하는 서류인 '차용증서'의 역사는 화폐의 역사와 같다고 보아도 무방할 만큼 오래전부터 존재했습니다. 채권도 역시 차용증서처럼 돈을 빌리는 이가 빌려주는 이에게 건네는 일종의 '약속증서'입니다. 채권 발행자는 돈을 빌리는 채무자가 되며, 이 채권을 구매하는 방식으로 돈을 빌려주는 이가 '채권투자자'이자 '채권자'입니다. 채권투자를 간단하게 표현하면 특정 기간 동안 돈을 빌려주고 약속한 이자를 받다가 약속기한이 끝나면 원금을 돌려받는 것입니다.

여웃돈을 관리할 필요가 있을 때, 우리는 보통 저축과 투자를 먼저 떠올립니다. 우리는 어릴 때부터 저금통에 잔돈을 모으면서 저축을 배웠습니다. 조금 더 자라면 은행에 저축계좌를 만들어 돈을 보관하고 이자를 지급받았습니다. 그래서 저축에는 대부분 익숙하죠. 투자에 대해서는 어떨까요? 투자라고 하면 많은 사람이 주식을 대부분 떠올릴 것입니다. 최근에는 가상화폐가 새로운 투자 수단으로 언론에 오르내리고 있고요. 주식시장이나 가상화폐시장만큼 큰 규모의 시장을 가진 투자상품이 있다는 것을 아나요? 바로 이 책에서 알아볼 '채권'입니다. 어마어마한 규모의 돈이 오가는 채권시장과 채권에 대해서 알아야만 각각의 자산이 가진 장단점에 따라 안전하게 수익을 내는 투자를 할 수 있겠죠?

알아두세요

채권자
특정인(채무자)에게 돈을 빌려주고 일정한 행위(급부)를 할 것을 청구할 수 있는 권리를 가진 사람을 말합니다.

채무자
특정인(채권자)에게 빚을 진 사람을 말합니다.

차용증서와 채권, 무엇이 다른가?

차용증서와 채권은 크게 보면 비슷한 역할을 하지만 규모나 내용 면에서 크게 차이가 있습니다. 일반적으로 차용증서는 1명의 채권자가 1명의 채무자에게 돈을 빌려주는 경우에 작성합니다. 예시를 든 옆 페이지의 준식과 진영의 사례를 떠올리면 됩니다. 이렇게 개인 간에 돈을 빌리고 빌려주며 작성한 차용증서, 즉 차용증의 일반적인 형식은 다음 페이지 그림과 같습니다.

일반적으로 차용증에는 빌려주는 금액과 이자가 명시되어 있고, 언제까지 돈을 갚는다는 내용도 포함되어 있습니다. 또 채권자(돈을 빌려주는 자)와 채무자(돈을 빌리는 자)가 명확히 표기되어 있습니다. 증서에 표기된 채무자는 증서에 표기된 채권자에게 돈을 갚도록 약속한 것이지요. 그렇다면 차용증과 채권은 그 내용과 모습이 어떻게 다른지 살펴보겠습니다.

채권은 '단독의 채무자가 다수의 채권자에게 대규모 자금을 조달'할 때 발행됩니다. 채권의 경우 돈을 빌리는 사람은 1명이고, 돈을 빌려주는 사람은 여러 명이지요. 이렇게 여러 명으로부터 크게 투자받으려면 사회적인 합의도 필요합니다. '채권자가 명시되어 있지 않아도 채무 상환금을 만기일에 채권을 보유한 자에게 지급해야 한다'는 식의 합의지요. 많은 사람이 믿고 큰돈을 투자하기 위해서는 관련 법과 제도의 마련도 필수로 따라야 하겠지요? 채권은 상법이나 자본시장법 등 여러 법률과 제도를 통해 기준이 정해지기에 신뢰도가 높습니다. 대한민국 법에서는 정부, 지방정부, 공기업 및 상법상의 주식회사만 채권을 발행할 수 있으며 신용등급 제도를 두어 채권자들이 채무자의 재정 상황을 파악할 수 있도록 하고 있지요.

거래시장도 존재해야 합니다. 언제든 사고팔 수 있다는 점은 채권의 큰 매력이지요. 법이 정하는 절차에 따라 증권회사 등 금융기관들을 통해 채권의 발행과 유통이 이루어지고 있습니다. 큰 금액의 채권이라도 잘게 쪼개져 거래할 수 있도록 하는 등 많은 경제 주체가 활발히 투자할 수 있도록 거래제도가 잘 정비되어 있습니다.

 알아두세요

자본시장법
'자본시장과 금융투자업에 관한 법률' 금융혁신과 공정한 경쟁을 촉진하고 투자자를 보호하며 금융투자업을 건전하게 육성함으로써 자본시장의 공정성·신뢰성·효율성을 높여 국민경제 발전에 이바지하기 위하여 제정한 법률입니다.

기관투자자
주로 은행, 증권사, 보험사, 펀드, 연금공단 등이 해당하며, 고객이나 구성원을 대신하여 대규모 투자를 하는 조직입니다.

차 용 증

채 권 자 : 서 준 식

　　　　　서울 강남구 역삼동 ○○○

채 무 자 : 양 진 영

　　　　　경기도 화성시 동탄 5동 ○○○

연대보증인 : 서 지 혜

　　　　　서울 관악구 신림동 ○○○

일금　　　　　일백만 원 (₩ 1,000,000)

위 금원을 정히 차용하고 아래 조항을 이행할 것을 확약합니다.

1. 이자는 5%로 정하고 지급 시기는 매월 10일에 채권자의 주소지에 지참 변
   제하기로 함.
2. 원금의 변제기는 20××년 ×월 ×일로 약정하고 채권자의 주소지에 지참
   변제하기로 함.
3. 이자의 지급을 1회라도 연체할 때에는 채무자는 기한의 이익을 상실하고 채
   권자는 원리금 잔액을 청구하여도 이의 없이 변제하기로 함.
4. 본 채무에 관한 분쟁의 재판 관할은 채권자의 주소지를 관할하는 법원으로
   정함.
5. 연대보증인은 채무자와 연대로 이 건 채무 이행의 책임을 부담하기로 함.

위 계약을 확실히 하기 위하여 이 증서를 작성하고 기명 날인하여 각자 1부씩
보관한다.

　　　　　　　　　　20××년 ×월 ×일

　　　　　　　　　　　　　채 권 자 : 서 준 식 (인)

　　　　　　　　　　　　　채 무 자 : 양 진 영 (인)

　　　　　　　　　　　　　연대보증인 : 서 지 혜 (인)

서울시 공채

대규모 자금을 모으기 위해 탄생한 채권

차용증과 채권의 차이 중 하나가 '대규모 자금 조달' 여부인데요. 채권은 발행을 통해 큰 규모의 자금을 모집할 수 있습니다. 이러한 채권의 특성을 이해한다면 채권의 탄생 배경과 역사를 짐작할 수 있습니다.

중세 유럽 국가에서는 왕과 귀족에 부(富)가 집중되어 있었죠. 이들은 나라를 통치하다가 전쟁과 같은 큰일이 생겨 일시적으로 돈이 부족할 경우 차용증을 발행하여 부족한 자금을 메웠습니다. 그런데 중세 이탈리아에 상업과 금융업이 성행하며 탄생한 도시국가 베네치아공화국(Republic of Venice, 시민들이 총리를 선출) 정부는 절대권력이 아니었기에 큰 부를 보유하지 못했고, 오히려 시민들 중에 부유한 사람이 많았다고 합니다.

1262년 베네치아공화국 정부는 미래 세금수입을 담보로 하여 시민들에게 돈을 빌리고, '몬테(Monte)'라는 증서를 교부하였지요. 이것이 '최초의 채권'입니다. 이후 피렌체(Florence), 시에나(Siena), 피사(Pisa) 등 자금력이 약한 여러 도시국가 정부에서 일시적으로 대규모 자금이 필요한 경우 채권을 발행하고, 장기간에 걸쳐 상환하곤 했습니다. 말하자면 오늘날의 국채나 지방채 개념이죠. 세월이 지나 미국 남북전쟁 당시에도 자금난에 봉착한 북부 연방정부에서 전쟁 비용의 2/3에 해당하는 금액의 채권을 시민들을 대상으로 발행하고, 판매에 성공했습니다. 채권을 통해 충분한 자금을 확보한 덕분에 전쟁에서 승기를 잡을 수 있었다고 합니다.

회사채가 처음으로 발행된 건 대항해시대로 보고 있습니다. 대항해시대 이전에는 기업이 대규모 자금을 필요로 하는 경우가 없었거든요. 주식 발행을 통해 대규모 자본금을 확보한 세계 최초의 주식회사인 네덜란드 동인도회사는 스페인과의 무역전쟁으로 대규모 함대를 꾸릴 자금이 항상 필요했는데요. 이렇게 사업자금을 추가로 조달할 필요가 생기자 기존 주주들의 이익을 극대화하기 위해 증자 대신 채권을 발행하여 기존 주주들의 이익을 극대화했다고 합니다.

 알아두세요 ————

증자

기업이 자본금을 늘리기 위해 주식을 추가로 발행하는 것을 말합니다. 증자에는 주식 수의 증가와 함께 실질적인 재산의 증가를 가져오는 유상증자와 주식 수만 증가하는 무상증자의 두 가지 형태가 있습니다.

대한민국 정부 재정에 힘을 보태기 위해 탄생한 '오분리채권'

대한민국이 최초로 발행한 국내 채권은 '오분리채권'이라고도 불리는 건국국채입니다. 건국국채는 1949년 12월 19일 제정된 국제법에 따라 1950년 2월 23일에 처음 발행되었습니다.

오분리채권   출처: 한국거래소 자본시장역사박물관

이자율은 당시로서는 상당히 낮은 수준인 5%여서 오분리채권이라는 별명이 붙었으며, 1963년까지 총 17차례 발행되었습니다. 시장이율보다 훨씬 낮은 금리를 제공하는 채권이기에 애국심으로 매수하거나 울며 겨자 먹기로 매수한 경우가 많았습니다. 1960년대엔 전화채권으로 발행되어 당시 귀했던 전화를 개설하는 사람에게 이 채권을 강제 매각하였다고 하니 지금의 국민주택채, 지역채권과 같은 첨가소화채(추후에 자세히 설명하겠습니다)의 효시이기도 합니다.

건국국채는 무역 적자를 보전하고 재정 균형을 유지하려는 목적으로 발행되었으나, 한국전쟁 중에 전쟁비용과 피해복구를 위해 자금 수요가 많아지자 발행금액도 크게 늘었습니다. 1964년 정부가 재정적자를 해소함에 따라 건국국채의 발행이 중단되었고 1970년에 원금상환이 완료되었습니다.

이후로도 경제 발전을 위한 산업부흥채권이나 고속도로 건설 자금조달을 위한 도로채 등 국채 발행이 이어졌으며, 개인과 기업 등 민간의 참여와 금융업의 발전이 이어지며 국내 채권시장의 규모는 계속 확대되고 있습니다.

002

채권은 다른 자산과
어떻게 다른가?

투자한 대가로 누군가가 일정한 기간 동안 일정한 금액을 나에게 따박따박 지급해 준다면 얼마나 좋을까요? 이런 형식의 투자상품이 바로 채권입니다. 이번엔 같은 금리상품인 정기예금과의 차이점에 관해 알아보고, 같은 유가증권인 주식과 구분되는 점은 무엇인지 알아보겠습니다.

약속된 이자를 지급하는 채권, 예금과 다른 점

예금과 채권은 대표적인 금리상품입니다. 이들의 성격을 비교해서 알아보면 채권에 대한 이해가 쉬울 것입니다. 채권과 정기예금은 미리 정해진 이자와 원금을 정해진 날짜에 받아 수익을 얻을 수 있다는 점에서 같은 성격으로 볼 수 있습니다. 예를 들어 진영이가 1백만 원으로 S은행에서 5% 이자를 주는 1년 만기 정기예금에 가입할 경우와 S은행이 발행한 5% 금리의 1년 만기 채권을 매입할 경우, 그 과정과 결과가 어떻게 다를까요?

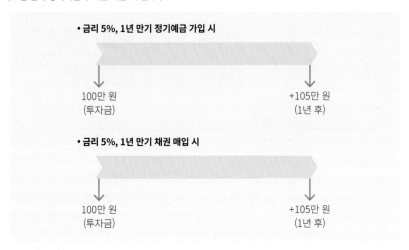

• 금리 5%, 1년 만기 정기예금 가입 시

100만 원
(투자금)

+105만 원
(1년 후)

• 금리 5%, 1년 만기 채권 매입 시

100만 원
(투자금)

+105만 원
(1년 후)

같은 기간, 같은 금리 조건이라면 예금과 채권의 투자 결과는 위의 그림에서처럼 동일합니다. 결과는 같지만 다른 점이 있습니다. 채권은 만기일 전에도 유통시장에서 시장에서 형성되는 가격으로 매도할 수 있다는 점입니다. 정기예금의 경우 중도에 다른 사람에게 양도할 수 없고, 중도에 해지할 경우 그동안 발생한 이자의 손해를 감수해야 하죠. 하지만 채권은 시장에서 매각하여 즉시 자금을 마련할 수 있는 장점이 있습니다.

또한 채권은 정부, 은행, 기업 등 발행자의 수가 매우 많고, 하루짜리 단기물부터 10년, 30년, 50년 초장기물까지 만기 종류도 매우 다양합니다. 시장에 존재하는 채권의 종류와 만기, 금리가 매우 다양하다는 것도 정기예금과의 차이입니다.

알아두세요

발행자

채권을 발행하는 기업이나 정부입니다. 채권을 통해 자금을 조달하는 경우 약속한 기간에 원금과 이자를 돌려줄 책임이 있습니다.

| 예금과 채권의 비교 |

구분	예금	채권
발행처	은행	매우 다양 (정부, 지방, 기업 등)
중도매도	불가능 (해지 시 원금과 적은 이자)	가능 (매도 시점에 따른 이익 또는 손실 발생)
만기	은행에서 제시하는 상대적으로 짧은 기간	다양한 만기 (1일, 3년, 10년, 50년 등)

이자 지급	만기 일시지급	사전에 약속한 주기로 지급 (분기, 반기, 연간, 만기 시 등)
원리금 수령자	원예금사	만기일 채권 보유자
보호장치	은행 명의당 5,000만 원까지 예 금자 보호	없음 (보증채의 경우 보증인이 보증)

잠깐만요

간접금융과 직접금융의 차이

은행의 예금과 대출 제도를 통해 기업 등이 자금을 조달하는 시장을 간접금융시장이라 하고, 주식과 채권 등을 통하여 자금을 투자자들로부터 직접 조달하는 시장을 직접금융시장이라고 합니다. 해외에서 은행들을 상업은행과 투자은행으로 나눈다는 얘기를 들어보셨나요? 일반적으로 업무 목적에 따라 분류되는 상업은행(Commercial Bank, 우리나라의 시중은행 개념)은 간접금융시장의 상품을 주로 담당하고, 투자은행(Investment Bank, 증권사 등 우리나라의 금융투자업과 유사한 개념)은 직접금융시장의 상품을 주로 다루고 있습니다.

| 간접금융의 형태 |

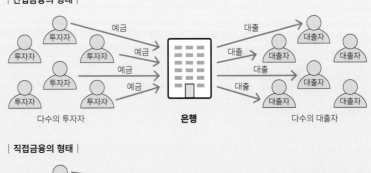

| 직접금융의 형태 |

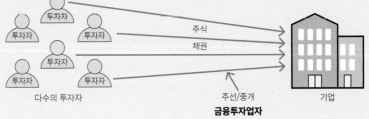

유가증권인 채권, 주식과 다른 점

유가증권이란 가치와 가격이 존재하며 지속적으로 변화하는 금융상품을 말합니다. 주식, 채권과 같은 자본증권이 대표적인 유가증권입니다. 유가증권은 투자자들의 생각과 행동이 시시각각 반영되는 가격으로 시장에서 거래되고 있습니다. 주식시장에서 주식 가격이 실시간으로 변화하는 것처럼 채권시장에서도 채권들은 가격이 실시간으로 바뀌며 거래됩니다.

잠깐만요

채권 정보는 어디서 얻을까?

펀드매니저나 딜러 등 전문가들은 블룸버그, 연합인포맥스 등에서 제공하는 전문가용 금융정보 단말기에서 시장 정보를 얻고 있습니다. 하지만 전문가용 서비스를 이용하려면 상당한 비용을 지불해야 합니다. 개인투자자들이 실시간으로 변하는 채권 가격 등 채권시장과 관련된 정보를 가장 빨리 확인하려면 금융투자협회 채권정보센터(https://www.kofiabond.or.kr)를 이용하는 것을 추천합니다.

기업 입장에서 주식과 채권 모두 기업 활동을 위한 자금조달 목적으로 발행되지만, 성격은 상당히 다릅니다. 주식은 기업의 설립과 존재를 위한 근본적인 자금을 조달하기 위해 발행하는 영구증권인 반면, 채권은 일시적인 추가 자금 충당을 위해 발행하고 정해진 기한 내에 이자와 원리금을 지급하면 관계가 끝나는 증권입니다. 참고로, 금융시장에서 기업이나 정부, 정부기관 등의 자금을 주식이나 채권, 그리고 이들에게서 파생되는 계약 등으로 조달해주는 금융활동을 '기업금융'이라고 합니다. 영어로는 'Investment Banking'이라고 하고 줄여서 IB라고 많이 부릅니다. 어느 증권사 직원이 IB 부서에 근무한다고 자신을 소개하면, 그는 여러 방식으로 기업에 자금을 효율적으로 조달해주는 업무를 수행하고 있다고 이해하면 될 것입니다.

한편 영어로 채권을 'Bond'라 부르는데요, 그 어원은 '꽁꽁 묶는다'라는 뜻의 'Bind'에서 파생되었다고 합니다. 빚을 지면 가족이 밧줄에 묶여 노예로 전락한다는 의미가 채권을 뜻하는 단어로 유래되었다는 설이 있지요. 채권에는 원금과 이자의 지급일이 발행 당시 미리 확정되고 만기가 되면 증권이 소멸된다는 특성 때문에 다른 이름으로 확정금리부증권(Fixed Income Securities), 뜻을 풀어본다면 '확정된 수익을 주는 증권'으로도 부르고 있습니다. 시장 전문가들은 주식을 영어로 Stock보다는 Equity라 많이 부르고, 채권은 일반적으로 알려진 Bond보다는 Fixed Income으로 많이 부른다고 합니다. 주식과 채권의 특징을 비교·정리하면 아래 그림과 같습니다.

| 주식과 채권의 특징 |

주식의 특징

자산 형태	소유자 위치	발행주체	상환 여부
자본	주주	주식회사	없음 (예외: 청산이나 감자)
액면가	**소유자 권리**	**의결권**	**투자 위험**
1주당 100원~5,000원	기업의 재산과 이익을 나눠 가질 권리	있음	상대적으로 높음

채권의 특징

자산 형태	소유자 위치	발행주체	상환 여부
부채	채권자	정부, 기관, 특수법인, 주식회사	정해진 만기 시 상환 (예외: 영구채)
액면가	**소유자 권리**	**의결권**	**투자 위험**
1만 원	발행 시 확정된 이자와 원금을 수령할 권리	없음	상대적으로 낮음

가장 크게 차이 나는 특징은 발행기업의 회계상 자산의 형태에 있습니다. 회계에서 주식은 자본인 반면 채권은 부채로 잡힌답니다. 또 증권의 소유자를 부를 때 주식은 주주, 채권은 채권자라고 합니다. 주식은 공기업과 사기업, 즉 기업에서만 발행하는 것이라면 채권의 경우 정부, 지방정부, 한국은행과 같은 공공기관에서도 발행한다는 차이가 있지요. 주식의 경우 청산이나 감자 같은 예외적인 상황이 아니면 상환되지 않습니다. 즉 만기일이 정해져 있지 않지요. 반대로 채권은 영구채라는 특이한 경우가 아니라면 발생 시 정해진 만기일에 소멸됩니다. 채권은 확정된 이자와 원금을 확정된 방식으로 수령할 권리를 갖지만, 주식과 다르게 회사 경영에 참여할 수 있는 의결권과 기업의 재산과 이익을 나누어 가질 수 있는 권리는 갖지 못합니다. 채권이 주식보다 상대적으로 투자 위험이 낮다는 것도 수익을 추구하는 투자자 입장에서는 차이점입니다. 이제 주식과 채권의 차이를 아시겠죠? 조금씩 채권과 친해지고 있는 중이니 계속 따라오시길 바랍니다.

왜 기업은 모든 자금을 주식 발행으로 조달하지 않을까?

기업이 사업활동에 필요한 자금의 100%를 주식으로 충당하지 않고 대출이나 채권 발행을 통한 부채로 자금을 조달하는 이유는 무엇일까요? 채권을 발행해야 주주의 입장에서 수익성을 극대화할 수 있기 때문이랍니다. 이해를 위해 예를 들어보겠습니다.

구리광산을 개발하기 위해 뜻을 같이하는 주주들이 모여 주식회사를 만들었습니다. 구리광산 개발사업에 드는 자금은 총 100억 원이며, 이 광산을 개발하면 매년 약 20억 원의 순이익이 발생할 것으로 추정됩니다. 광산개발에 필요한 자금 100억 원을 조달하기 위해서는 두 가지 방법이 있습니다. 첫 번째는 주주 10명이 각자 10억 원씩 주식으로 출자하여 100억 원을 조달하는 방법입니다. 이 경우 10억 원씩 투자했던 주주들은 1인당 매년 이익 20억 원의 10분의 1, 즉 2억 원의 이익을 얻는 효과가 있습니다. 두 번째는 주주 5명이 각자 10억 원씩 주식으로 50억 원을 조달하고 나머지 50억 원은 5% 금리의 채권을 발행하여 조달한 후 매년 5%, 즉 2억 5천만 원의 이자를 채권자들에게 지불하는 방법입니다. 이 경우 매년 개발이익 20억 원에서 이자비용 2억 5천만 원을 지불하면 순이익 17억 5천만 원이 발생하고, 10억 원씩 투자했던 5명의 주주들은 1인당 3억 5천만 원씩의 이익을 얻는 효과를 누리게 되지요.

이처럼 채권이나 대출로 기업자금을 일부 조달할 경우, 기업의 이익이나 자산을 많은 주주와 나누지 않아도 되기에 대부분의 기업이 부채를 다소 지더라도 채권을 발행하거나 대출을 받아 기업을 경영합니다. 하지만 너무 많은 부채를 지게 되면 기업의 위험도 많이 커집니다. 때문에 적정한 부채비율을 유지하는 것도 기업경영에서 중요한 요소입니다.

| 채권 발행 시 주주의 이익 효과 |

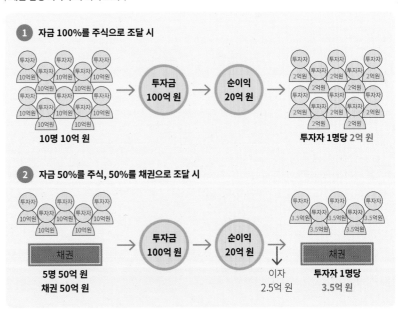

왜 채권에 투자해야 하는가?

우리는 채권이 다른 투자자산과 구별되는 특징을 지니고 있다는 것을 알아가는 중입니다. 그렇다면 채권에 왜 투자해야 할까요? 이 질문에 답을 할 수 있다면 채권이 가진 장점을 정확히 파악한 것입니다.

채권에 투자해야 하는 세 가지 이유

채권에 투자하는 이유는 많겠지만 크게 세 가지로 정리할 수 있습니다.

| 수많은 발행자와 잔존만기가 공존하는 3차원 금융상품 |

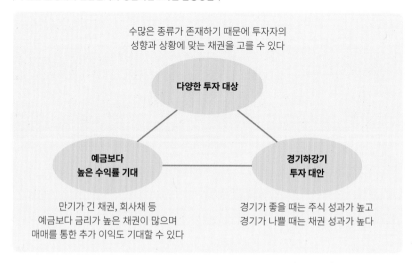

첫째, 채권시장에는 다양한 발행자와 다양한 만기를 가진 수많은 종류의 채권이 있어서 투자자의 상황에 맞추어 투자할 수 있습니다. 오랫동안 사용하지 않아도 되는 여윳돈이 있다면 만기가 긴 장기채에 투자하여 지속적인 이자 소득을 누리면서 추가로 시세차익을 기대할 수 있겠지요. 만약 1년 6개월 뒤에 전세 만기일이 도래하여 목돈이 필요한 투자자라면 1년 6개월 만기를 가진 채권을 찾아 투자하면 됩니다. 뒤에서 우리는 각자 자신의 상황에 맞는 적절한 종류의 채권을 찾는 구체적인 방법을 배우게 될 것입니다.

둘째, 적절한 채권을 잘 선택해 투자하면 예금보다 높은 수익률을 추구할 수 있습니다. 다수의 채권이 예금보다 더 많은 이자를 주고 있기 때문이죠. 은행보다 신용등급이 다소 낮은 기업들의 회사채는 은행 정기예금보다 높은 금리를 제공할 가능성이 매우 높습니다. 또 신용도가 높은 국가나 지방정부, 공기업들의 채권에 투자한다면 은행 정기예금보다 더 높은 금리를 얻을 가능성이 높지요. 물론 높은 수익률을 추구할수록 채권의 신용등급이 낮아 파산 등의 위험이 증가한다든지 만기가 길어 환금성이 떨어지거나 가격변동 위험이 커진다는 점은 주의해야 합니다. 앞으로 이 책에서는 채권투자 시 위험은 어떤 것이 있는지, 그런 위험들은 어떻게 미리 알아보고 피할 수 있는지 상세히 설명하겠습니다.

셋째, 중장기 채권들은 경제 상황(경기)이 나빠질 때에도 가격이 오르는 투자자산입니다. 나중에 설명드리겠지만 경제 전망에 먹구름이 끼면 안전자산으로 인식되는 중장기 우량채권들의 수요가 많아지며 가격이 올라갈 가능성이 매우 높습니다. 사실 경기가 좋아지기만 한다면 보유하고 있는 주식이나 부동산의 가격도 오를 것이고, 월급도 잘 오를 것이고, 자녀들의 취업도 잘될 가능성이 커 별로 걱정할 일이 없겠지요. 하지만 문제는 경기가 나빠질 때입니다. 보유하고 있는 자산들의 가치도 내려가고, 월급도 안 오르고, 자녀들 취업도 안 된다면 사면초가의 상황에 빠

알아두세요

환금성
어떤 자산의 현금화 가능성을 의미합니다. 즉, 팔아서 현금으로 바꾸기 쉽거나, 거래가 많이 일어나는 자산을 환금성이 높은 자산이라고 할 수 있습니다.

질 수 있습니다. 이럴 때 가격이 오르는 중장기 채권을 보유하고 있다면 다소 숨통이 트일 수 있을 겁니다.

자산관리에서 주식과 채권은 전쟁터에서의 창과 방패와 같은 역할을 합니다. 물론 채권이 방패의 역할이지요. 주식을 보유할 때 채권을 함께 보유하며 투자 포트폴리오의 가격 하락 위험을 줄이는 것은 거대한 자금을 운용하는 기관투자자에게는 당연하게 여겨지는 투자의 정석입니다. 개인투자자들도 앞으로 공부할 채권 포트폴리오 이론들을 어느 정도 알고 투자에 적용한다면 경제 상황에 따른 위험을 줄이고 안정적인 수익을 얻을 수 있어 큰 도움이 될 것입니다.

004 ▶ 채권 발행정보는 채권의 출생신고서

3대 발행조건 – 발행자, 만기일, 발행금리

근로복지공단 고용안정채권, 1998.06.29   출처: 네이버 블로그 <감(感)을 높여주는 직관주의 투자노트>

소지한 여권에 어떤 내용이 기입되어 있는지 생각나세요? 성명, 주민등록번호, 국적, 유효기간 등 변하지 않는 정보가 기재됩니다. 여권이나 신분증처럼 채권도 발행될 때부터 여러 정보가 기입되며 이것들은 발행 시점부터 소멸될 때까지 절대 변하지 않습니다.

채권은 과거에는 앞뒷면에 발행정보가 기재된 실물 증권으로 발행되어 채권자가 직접 보관하거나 한국예탁결제원이 대행하여 보관하였지만, 현재는 실물을 제작하지 않으며 한국예탁결제원 등 등록기관이 관리하는 채권 등록부에 채권의 내용을 전산으로 등록하는 절차로 발행을 대신하고 있습니다. 채권 발행 시 확정되는 발행정보들은 다음과 같습니다.

채권의 발행정보 예시-한국전력공사채권

채권의 발행정보에는 여러 가지 내용들이 담겨 있습니다. 핵심적인 발행정보들은 채권의 성격, 종류를 결정짓는 중요한 요소이기에 이 책의 둘째마당에서 상세히 설명할 예정입니다.

❶ 발행자 : 채권을 발행해 채권자로부터 자금을 조달한 후 만기일에 채권자에게 채무를 이행하는 자, 즉 채무자입니다.

 알아두세요

원금과 원리금의 차이

원금은 빌려준 원래의 돈을 의미합니다. 원금에 정해진 이율을 곱한 금액이 이자가 되며, 원금과 이자를 더한 금액을 원리금이라고 합니다.

❷ 발행일과 만기일 : 채권이 탄생하여 효력이 발생하는 날이 발행일이고, 발행자가 채권자에게 상환해야 하는 원금과 이자가 종결되는 날, 즉 증서가 만료되고 소멸되는 날을 만기일이라고 부릅니다. 특히 만기일은

수익률이나 위험 등 채권의 성격을 결정짓는 가장 중요한 요소 중 하나입니다.

❸ **발행금리(=표면금리, 발행이자율, 쿠폰이자율, 액면이자율)** : 발행한 금액에 대하여 발행일로부터 만기일까지 매년 지불해야 하는 이자율입니다. 예를 들어 발행금리가 4%라고 기재되어 있다면 이 채권 액면가의 4%에 해당하는 이자를 매년 지급하기로 약속한다는 것입니다. 발행금리는 증서의 표면에 기재되어 있는 금리라 해서 표면금리라고도 불립니다. 발행금리는 대부분 확정된 수치로 표기되나 일부 채권은 '이자지급일 전날 CD금리+2%'라는 식으로 변동금리로 발행조건이 결정되기도 합니다. 발행금리는 쿠폰금리, 액면이자율, 표면이자율 등 여러 가지 용어로 불리고 있지만 모두 같은 뜻이라는 것을 기억하세요.

❹ **이자 지급 방식** : 이자를 언제 지급하는지, 몇 번에 나누어 지급하는지 등을 알려줍니다. 기재된 이자 지급 방식에 따라 채권은 3개월 이표채, 6개월 이표채, 5년 복리채 등으로 표현됩니다.

이 네 가지가 채권의 기본적인 발행조건입니다. 그 외에도 기타 옵션과 정보들이 있을 경우 발행정보에 기재됩니다. 중도에 상환할 권리를 발행자 또는 투자자가 가질 수 있다는 옵션 사항, 보증/무보증 여부, 선순위/후순위 여부 등의 정보이지요. 총 발행금액 같이 모든 채권 발행 시 공개되어야 하는 정보들은 당연하구요. 일반 채권에는 없는 특약 같은 조건이 존재할 때에도 그 내용이 꼼꼼히 기재되어야 합니다.

국내 채권은 액면가 10,000원으로 발행

액면가도 중요한 발행조건 중 하나로 보는 견해가 있습니다. 액면가의 사전적 정의는 '증권상에 표시된 권리의 명목상 가치를 표시하기 위해 증권의 권면(券面)에 기재된 금액'입니다. 조금 어려운 설명이죠? 쉽게 설명하자면 '증권의 최소 단위 1개의 발행가격'입니다. 어느 주식의 액면가가 5,000원이라면 그 주식의 최소단위인 1주의 발행가액이 5,000원이라는 얘기입니다.

이 책에서 액면가를 주요 발행정보에 포함시키지 않은 이유는 우리나라는 '유가증권시장 업무규정'에서 채권의 액면가, 즉 채권의 최소 단위 1개의 발행가를 10,000원으로 하도록 규정하고 있기 때문입니다. 모든 채권이 10,000원의 액면가로 발행되는데 굳이 다른 채권들과 차별되는 조건으로 명시할 필요는 없겠지요? 액면가가 10,000원이기에 채권 가격은 특별한 경우가 아닌 한 9,912원, 10,120원, 11,341원 등 10,000원을 크게 벗어나지 않은 선에서 거래되고 있습니다. 물론 채권 발행자의 부도 위험이 크게 증가했을 때나 초장기물의 시장금리가 큰 폭으로 상승했을 때 채권 가격이 급락하여 5,000원 이하에서도 거래되는 경우가 간혹 있어요. 액면가보다 싸게 거래된다는 것, 비싸게 거래된다는 것의 의미는 이 책을 읽으면 자연스럽게 알게 될 거예요.

한편 채권의 거래 가격이 아닌 액면가를 기준으로 한 채권 금액을 '액면금액'이라고 부릅니다. 예를 들어, 현재 10,120원에 거래되는 무따기회사 채권을 1,012만 원어치 매수했다면 액면금액으로는 1,000만 원어치 매수했다고 표현합니다.

채권의 발행정보 확인하기

우리는 어디서 어떻게 채권들의 발행정보를 확인할 수 있을까요? 투자자들은 주로 증권사의 온라인 화면과 전자공시시스템(DART)을 통해 채권의 발행정보를 확인하고 있습니다. 한국금융투자협회 채권정보센터에서도 발행정보를 검색해 볼 수 있습니다.

위의 그림처럼 증권사의 온라인 화면을 활용하는 것이 가장 쉽고 일반적인 방법입니다. 채권 메뉴 안에서 관심 가는 채권종목을 클릭하면 아래와 같은 발행자, 발행금리, 만기일 등의 발행정보를 조회할 수 있습니다. 증권사 MTS를 통해 발행정보를 확인하는 절차는 '일곱째 마당. 채권실전투자 무작정 따라하기'에서 보다 자세히 설명하겠습니다.

좀 더 상세한 발행정보를 확인하고 싶을 때 전자공시시스템(DART)을 활용할 수 있습니다. 전자공시시스템에서 회사명을 입력하고 채권 발행일자 부근 기간의 발행공시 유형을 설정한 뒤 검색하면 해당 기업에서 발행한 채권에 대한 투자설명서가 나오는데요. 투자설명서에서는 채권 발행과 관련된 모든 정보를 자세히 확인할 수 있습니다.

한국금융투자협회 채권정보센터(kofiabond.or.kr)의 발행시장, 종목별 발행정보 화면에서도 종목을 검색하여 채권의 발행정보를 검색할 수 있습니다. 해당하는 종목을 클릭하면 보다 상세한 정보를 얻을 수 있어요.

005 ▶ 채권의 일생 알아보기

본격적으로 채권투자를 배우기 위한 마지막 준비 단계입니다. 앞서 채권의 기본적인 개념과 특징에 대해 알아보았는데요. 여기서는 채권이 어떻게 태어나는지, 어떤 시장에서 어떤 식으로 거래되는지에 대해서 알아보겠습니다.

채권, '발행'으로 태어나 '유통'되며 살아가다 '만기'에 생을 마감하다

채권은 어떻게 만들어지며 어떤 과정을 거치는 걸까요? 채권의 일생은 크게 세 가지 과정으로 나누어집니다. 시장에 처음 태어나는 발행, 이후 계속 주인이 바뀌는 유통, 그리고 마지막 주인에게 원금을 돌려주며 생을 마감하는 만기입니다. 이 과정은 주로 증권회사에서 이루어지지만, 일부 거래소 시장과 은행 등의 금융회사를 통해 일어나는 경우도 있습니다.

발행절차는 채권 발행을 원하는 발행자가 증권사의 기업금융(IB) 부서에 발행 의사를 전달하면서 시작됩니다. 증권사는 발행 주관사가 되어 처음 탄생하는 채권의 투자자를 모색하고, 발행자와 투자자 서로의 니

즈를 반영하여 발행자가 발행조건들을 결정하는 데 필요한 정보를 제공합니다. 이런 절차를 거치며 처음 발행되는 채권은 대부분 은행, 연기금, 보험회사, 증권사, 각종 펀드 등 기관투자자들이 인수합니다. 큰손인 기관투자자들 사이의 거래는 주로 100억 원이 기본단위입니다. 채권이 시장에 처음 나오기 위해 일련의 과정이 진행되는 시장을 '발행시장'이라고 합니다.

발행된 채권은 처음 투자자가 만기일까지 계속 보유할 수도 있지만, 해당 채권이 필요한 다른 투자자에게 매각되는 경우도 많습니다. 발행된 채권이 투자자들 사이에서 서로 합의된 가격에 매매되는 시장을 '유통시장'이라고 합니다. 대부분 기관투자자 간의 매매이지만, 일부 채권들은 소액(기관투자사들은 100억 원 단위에 미치지 못하는 채권들을 자투리라 부르며 소액으로 취급하고 있죠)으로 나누어져 개인투자자나 법인투자자에게 팔리기도 합니다. 증권사들은 매입한 채권을 쪼개 증권사 창구나 온라인 창구에서 개인투자자들에게 매도하고 소정의 이윤을 남기기도 하는데요. 이런 개인투자자 대상의 채권상품 판매를 '채권소매금융'이라고 표현합니다. 은행 창구에서도 자신들이 발행한 채권이나 신종자본증권 등을 고객에게 직접 판매하기도 합니다. 예를 들어 산업은행 창구에서는 각종 만기별 산금채를 개인이 매입할 수 있습니다.

앞으로 여러분은 개인투자자들이 유통시장을 통해 어떻게 채권을 매입하고 매도할 수 있는지, 어떻게 적절한 채권을 찾을 수 있는지 등 실전투자 과정을 배우게 될 것입니다.

채권을 거래하는 시장의 종류

국내 채권시장에는 정말 많은 종목들이 존재합니다. 매일 새로운 종목들이 발행되고 만기가 도래한 기존 종목들이 사라지기도 하지요. 태어나고 소멸되는 채권의 특성 때문에 거래소에서 모든 종목들을 전산화, 표준화하여 유통하기에는 현실적으로 어려운 점이 많습니다.

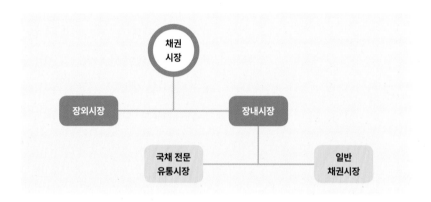

그래서 대부분의 채권 거래는 거래소가 아닌 장외시장에서 이루어집니다. 한국거래소를 통한 채권 거래 시장을 장내시장, 거래소 외 증권사나 은행을 통한 채권 거래 시장을 장외시장이라고 합니다. 기관투자자들은 증권사의 채권중개인을 통해 장외시장에서 대부분 채권을 거래합니다. 또 개인투자자 역시 거래소와는 상관없이 증권사 창구나 온라인 창구를 통해 이루어지는 장외거래가 많은 편입니다.

하지만 한국거래소에 상장되어 거래되는 채권들도 상당수 존재합니다. 한국거래소 장내시장은 주로 기관투자자들이 참여하는 국채 전문 유통시장과 개인투자자들도 온라인을 통하여 매매에 참여할 수 있는 일반채권시장으로 구분됩니다. 개인투자자들에게 매우 중요한 투자대상인 주식 관련 채권, 즉 전환사채 등을 장내시장인 일반채권시장에서 거래할 수 있지요. 그러나 채권시장의 특성상 한국거래소에 상장된 채권들도

 알아두세요 ──────

한국거래소(KRX)
대한민국의 금융상품거래소. 거래소 시장(유가증권시장, 코스닥시장, 코넥스시장)의 개설·운영, 증권의 매매거래나 파생상품의 청산 및 결제, 증권의 상장, 시장감시 등 대한민국의 자본시장을 종합적으로 관장하는 회사입니다.

장외시장에서 거래되는 양이 오히려 더 많습니다.

개인투자자들에게는 증권사 창구나 온라인 장외시장에서 채권을 매수하는 방식이 접근하기 쉽습니다. 이 채권들은 증권사가 기관들 간의 시장에서 대량으로 싸게 매입한 후 소액으로 쪼개 소매 판매하는 채권입니다. 이 과정에서 증권사가 자체적으로 채권의 위험을 분석한 후 부적절한 채권을 일차적으로 걸러냅니다. 따라서 증권사를 통해 채권을 매입할 때 기관들 간의 시세보다 가격이 조금 높을 수 있지만 개인투자자에게는 편리하고 안전한 방법입니다.

장외채권을 매입할 때는 다수의 증권사에서 판매하고 있는 채권들을 꼼꼼히 비교하는 것이 좋습니다. 소매 판매이다 보니 증권사마다 가격이 조금씩 다르기 때문입니다. 여러 증권사에서 보다 많은 채권을 살펴보아야 투자자의 상황에 가장 잘 맞는 채권을 찾을 수 있습니다.

| 채권을 거래하는 시장의 종류 |

장내시장	한국거래소를 통해 운영된다. 국채 전문 유통시장과 일반 채권시장으로 구분된다.
국채 전문 유통시장	지표채권의 신속하고 투명한 거래를 위해 개설되어 최근 발행된 지표채권 거래가 가능하며, 주로 기관투자자 간의 거래가 이루어진다.
일반 채권시장	소액 매매로 일반투자자 참여가 가능하며, 주로 전환사채와 소액의 국공채 거래가 이루어진다. 증권사의 홈트레이딩 시스템(HTS)을 통해 누구나 거래에 참여할 수 있다.
장외시장	채권 매매는 대부분 장외거래로 진행된다. 대부분의 채권 발행과 유통은 증권회사 등의 전문기관을 통해 이루어진다.
기관투자자	증권회사의 채권영업부를 통해 장외거래를 실행한다.
개인투자자	증권회사나 일부 은행 창구를 통해 장외거래를 실행한다.

장내시장 채권에 투자하기 위해서는 좀 더 많은 경험과 지식이 필요합니다. 거래자가 내어놓은 물량을 매수하는 과정에서 증권사의 도움 없이 스스로 채권의 발행정보나 가격의 적절성, 위험성 등을 확인해야 하기 때문입니다.

앞으로 채권을 매수하기 위해 알아야 할 기본적인 정보들을 살펴보고 장외시장 혹은 장내시장에서 채권을 매수하는 구체적인 절차와 방법을 상세히 설명해 드릴 예정입니다.

채권쟁이 서준식의 투자 조언

채권투자에 필요한 정보를 얻을 수 있는 온라인 사이트 베스트 4

채권을 비롯한 국내외 유가증권 투자를 할 때 필요한 정보나 데이터는 어디서 얻을 수 있을까요? 채권쟁이 서준식이 채권투자를 할 때 가장 많이 활용하는 온라인 사이트 네 곳을 소개하겠습니다. 이 책에서도 자주 언급되는 사이트들이니 해당 사이트에 들어가서 어떤 메뉴가 있고 어떤 내용이 담겨있는지 직접 확인해 보세요. 이곳에서 채권은 물론 투자 전반에 꼭 필요한 정보를 얻을 수 있을 것입니다.

1. 채권시장에 특화된 한국금융투자협회 채권정보센터
(https://www.kofiabond.or.kr)

금융투자협회는 증권사, 자산운용사 등 금융투자기관들을 회원으로 두고 있는 협회입니다. 채권정보센터는 금융투자협회의 공신력 있는 여러 정보 사이트 중 채권시장에 특화된 곳입니다. 일별 최종호가수익률 등 채권시장 전반에 걸친 가격 정보를 조회하는 데 특히 유용합니다.

채권금리, 발행·유통·단기금융시장, 신용평가정보 등의 메뉴로 나뉘어 있으며, 메뉴 위에 마우스를 가져가면 해당 메뉴 하위 항목이 보이므로 찾고자 하는 정보를 한번에 확인하기 쉽습니다.

2. 전 세계 금융시장 정보 조회가 가능한 인베스팅닷컴
(https://kr.investing.com)

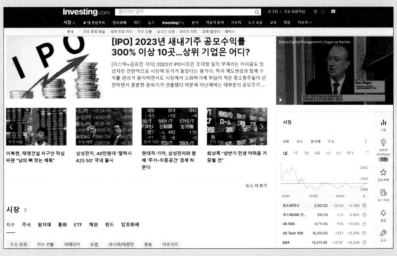

채권은 물론이고 주식, 원자재, 암호화폐 등 전 세계의 모든 투자자산 영역에 대한 방대한 정보들을 검색할 수 있는 사이트입니다. 세계 국채금

리 등을 조회할 때 매우 유용합니다.

3. 대한민국 기업정보의 창, 금융감독원 전자공시시스템 (https://dart.fss.or.kr)

재무제표 등 공시자료를 볼 수 있어 주식투자자들이 자주 찾는 금융감독원 전자공시시스템, 줄임말로 다트(DART)는 회사채 투자 시에도 필요한 정보를 세공하는 곳입니다. 우리나라 기업들이 금융감독위원회 등 관계기관에 제출하는 공시서류와 내용을 실시간으로 조회할 수 있습니다. 상장기업뿐 아니라 일정 규모 이상의 비상장 기업들의 공시정보도 조회할 수 있습니다. 누구든지 시간과 장소에 구애받지 않고 금융감독원에 제출된 모든 공시자료를 열람할 수 있으며, 실시간으로 정보가 제공되기 때문에 기업 경영에 대한 모니터링이 매우 쉬워졌습니다.

결산보고서, 투자설명서 등 기업의 주주와 채권자들을 보호하기 위한 다양한 정보를 제공하고 있습니다. 분기, 반기, 사업보고서 같은 정기공시는 물론 주식과 채권 등 증권 발행보고서와 유상증자, 자기주식처분,

인수합병 등과 같은 주요사항에 대한 공시도 있으므로 투자자라면 빈드시 활용해야 하는 사이트입니다.

4. 한국거래소에 상장된 모든 상품의 정보, KRX정보데이터시스템 (http://data.krx.co.kr)

주식, 채권, 파생상품, 원자재, ETF, 각종 지수 등 한국거래소와 관련된 모든 상품의 현황과 과거 데이터들을 검색할 수 있습니다. 채권과 관련해서는 채권시장의 전반적인 강세나 약세 여부를 판단할 때, 한국거래소 시장에서 거래되는 장내채권들의 금리(가격) 추이를 살펴볼 때 특히 유용합니다.

채권투자무작정따라하기

알아두면
쓸데 많은 다양한
금리 용어

금리, 이자율, 수익률, 모두 같은 말일까?

채권에 대해 공부하거나 실제로 채권투자를 실행하려 할 때 '할인율'이니 '연환산수익률'이니 하는 낯설고 이해하기 어려운 금리 용어에 막힌 적 없으신가요? 첫째마당에서 굳이 금리 용어부터 설명하는 이유는 금리에 대한 제대로 된 이해 없이는 금리상품의 대표격인 채권을 이해하기가 어렵기 때문입니다. 채권뿐 아니라 주식, 부동산 등에 투자할 때도 금리에 대한 이해는 필수이니 이번 기회에 금리에 대한 개념을 확실히 다잡아 보도록 하지요.

금리 = 이자율

예금이나 대출 같은 금융상품을 접할 때 금리라는 용어를 보게 됩니다. 한국은행이 기준금리를 변경했다든지, 대출금리가 금융시장에서 올라가거나 내려가고 있다는 이야기를 뉴스에서 종종 접했을 겁니다. 금리의 사전적 정의는 빌려준 돈 또는 빌린 돈의 원금과 이자 비율입니다. 따라서 금리와 이자율은 같은 말이라고 보아도 무방하지요.

원금
100만 원

원금
100만 원 + 이자
10만 원

금리 ⊂ 수익률

금리, 이자율은 예금, 대출, 채권 등 미래의 이익이 확정된 금리상품에서만 사용하는 용어입니다. 미래의 이익이 확정되지 않은 주식이나 펀드의 경우에는 사용하지 않습니다. '주식이자율', '펀드금리'라는 용어는 들어본 적이 없죠? 이익이 미리 확정되지 않는 투자상품들의 이익을 측정할 때는 주식수익률, 펀드수익률처럼 '수익률'이라는 용어를 사용합니다. 수익률 개념은 확정된 금리나 이자율 개념을 포함할 뿐만 아니라 주식, 부동산 등 다양한 투자상품에서 활용되는 포괄적인 지표입니다. 수익률을 측정하기 위해서는 투자상품에서 발생하는 모든 이익이 포함되어야 합니다. 예를 들어 주식의 수익률에는 가격의 등락으로 얻는 자본손익과 투자기간 동안 받은 배당이익이 모두 포함되는 식입니다.

 알아두세요

자본손익

가격의 차이로 발생한 손익을 관행적으로 부르는 말입니다. 매수가격과 매도가격과의 사이로 발생한 매매손익과 매수가격과 평가가격의 차이를 표현하는 평가손익 모두 자본손익에 해당합니다.

예금의 경우, 가격의 등락으로 인한 자본손익이 존재하지 않기 때문에 예금의 이자율과 수익률은 항상 같습니다. 5% 금리의 예금에 가입했을 때 이 예금을 중도 해지하지 않는 한 결과는 항상 5% 수익률로 나오겠지요? 채권의 경우도 이론상 예금과 동일합니다. 채권을 사서 중도 매각 없이 만기까지 보유한다면, 채권에서 발생한 수익은 그동안 받은 이자가 전부겠죠? 그래서 채권의 수익률은 그 채권의 이자율과 동일합니다. 5% 이자를 주는 5년 만기 채권을 계속 보유하여 만기일에 원금과 마지막 이자까지 받아낸다면 그 채권의 5년간 수익률은 이자율과 같이 연평균(연환산) 5%가 되는 것은 당연한 일이겠지요.

하지만 채권의 경우 만기가 되기 전에 매도하면 얘기가 조금 복잡해집니다. 그 경우에는 처음 매입할 때의 채권 이자율과 보유기간 동안 실제로 발생하는 채권수익률이 다를 수도 있습니다. 이 경우의 수익률은 ① 채권을 보유한 기간 동안 받은 이자, ② 그 채권을 매도할 때 발생한 자본손익이 합산되어 결정되기 때문입니다. 다음의 그림처럼 가격변동으로 인한 자본손익과 보유기간 동안 얻은 배당수익이 합산되어 주식의 총수익이 결정되는 것과 같은 이치입니다.

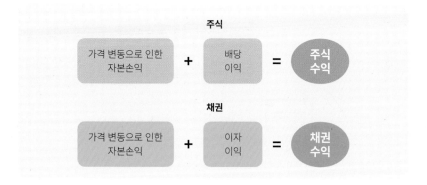

채권시장에서의 채권도 주식시장에서의 주식처럼 발행 이후 만기일까지 시시각각 가격이 변화합니다. 시장금리가 오르면 채권 가격은 떨어지고, 시장금리가 내려가면 채권 가격은 오르지요(이 논리는 셋째마당에서 상세히 설명하겠습니다). 따라서 채권을 만기 전에 매도한다면(또는 평가받는다면) 주식과 마찬가지로 가격 등락으로 인한 손익이 발생하기에 자본손익이 수익률 계산에 포함된다는 사실을 기억해야 합니다. 이처럼 투자기간 동안 채권의 수익률과 채권의 이자율은 같을 수도 있고 다를 수도 있기 때문에, 채권전문가들은 투자하기 전에 채권의 이자율만을 보고 판단하는 것이 아니라 만기까지 보유할 것인지 아니면 중간에 매도할 가능성이 있는지까지 다 고려하여 수익률을 예측한 뒤 투자결정을 합니다.

- 금리와 이자율은 예금, 채권 등 이자수익이 확정된 경우에만 사용하는 용어이다.
- 수익률은 모든 투자상품에 사용하는 포괄적인 용어이다.
  - 주식수익률(O), 펀드수익률(O), 주식금리(X), 펀드이자율(X)
  - 예금금리 = 예금이자율 = 예금수익률
  - 채권금리 = 채권이자율
    ≠ 채권수익률(채권수익률= 채권이자율 + 자본손익)

007

눈덩이처럼 불어나는
복리수익률의 마법

이자에 이자가 붙으면 마법이 일어난다

금리를 측정하고 표시할 때 단리와 복리 두 가지 방식을 사용합니다. 단리가 관행적인 방식이라면 복리는 공식적인 방식으로 볼 수 있습니다. 단리(單利)는 원금에만 일정 비율의 수익이 더해지는 방식으로, 중도에 발생한 이자에 추가로 이자가 발생하지 않는다고 계산합니다. 10,000원을 투자했을 때 10%의 금리를 단리로 받는다면 매년 원금에만 1,000원의 이자가 붙어 1년 뒤 11,000원, 2년 뒤 12,000원, 3년 뒤 13,000원 식으로 원리금이 불어납니다.

반면, 복리는 중도에 발생한 이자에도 추가로 이자가 발생한다는 계산입니다. 1년간 발생한 이자가 다시 원금과 합쳐진 금액이 원리금이 되어 거기에 또 이자가 붙습니다. 10%의 금리를 복리로 받는다면 10,000원을 투자했을 때 첫해에는 11,000원으로 단리와 같은 금액이지만 둘째 해에는 11,000원의 10%인 1,100원 이자가 더해져 원리금이 12,100원이 되고, 셋째 해에는 12,100원에 다시 10%인 1,210원 이자가 더해져 13,310원이 되는 방식으로 원리금이 불어납니다. 즉, 같은 금리라면 첫해에는 단리와 복리가 같은 금액이지만 시간이 지날수록 원리금의 차이가 점점 커집니다. 매년 조금씩 나오는 이자나 수익일지라도 허투루 생각하지 않아야 하는 이유이지요.

| 눈을 양동이에 받아 모으는 경우 |

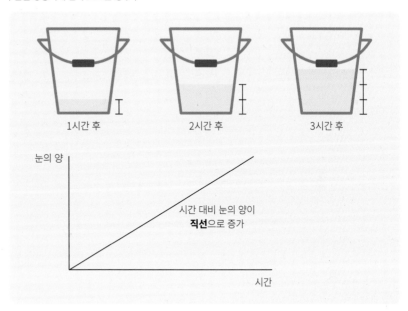

| 눈덩이를 굴려 눈을 모으는 경우 |

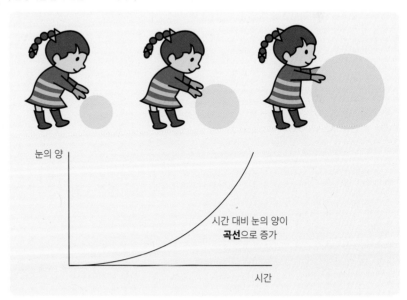

	단리 10%	복리 10%	단리와 복리의 차이
1년 후	11,000	11,000	–
2년 후	12,000	12,100	+100
3년 후	13,000	13,310	+310
4년 후	14,000	14,641	+641
5년 후	15,000	16,105	+1,105
6년 후	16,000	17,716	+1,716
7년 후	17,000	19,487	+2,487
8년 후	18,000	21,436	+3,436
9년 후	19,000	23,579	+4,579
10년 후	20,000	25,937	+5,937
11년 후	21,000	28,531	+7,531
12년 후	22,000	31,384	+9,384
13년 후	23,000	34,523	+11,523
14년 후	24,000	37,975	+13,975
15년 후	25,000	41,772	+16,772
16년 후	26,000	45,950	+19,950
17년 후	27,000	50,545	+23,545
18년 후	28,000	55,599	+27,599
19년 후	29,000	61,159	+32,159
20년 후	30,000	67,275	+37,275

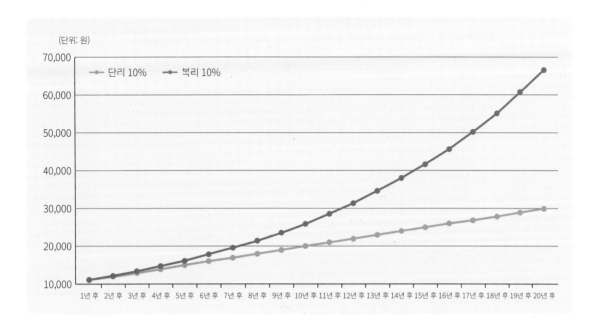

(단위: 원)

앞의 양동이와 눈덩이 그림을 보면 같은 시간 동안 눈을 모으더라도 시간이 지날수록 차이가 커지는 것을 알 수 있죠. 그래서 복리의 위력을 흔히 '눈덩이 효과(Snowball effect)'라고 부르는데요. 작은 눈덩이가 산에서 굴러내려오면서 어마어마하게 몸집을 불리는 것처럼 복리효과 역시 적은 이자나 수익이 시간이 지날수록 쌓이고 또 쌓여서 기하급수적으로 늘어나기 때문에 이런 명칭이 붙은 것입니다. 옆의 표와 위의 그래프를 보면 20년이라는 시간이 지났을 때 단리에 비해 월등하게 차이나는 복리의 위력을 알 수 있습니다. 다음 페이지의 그래프를 보면 수익률이 12%로 같은 경우 30년 후 복리의 원리금(29,960원)은 단리(5,800원)의 원리금의 6배 이상이 되었습니다. 아인슈타인은 이런 엄청난 복리의 위력에 감탄하며 복리효과를 8대 불가사의에 넣어야 한다고 주장할 정도였지요. 채권 등 모든 금융상품의 수익률은 공식적으로 복리수익률을 기준으로 계산하고 표기하고 있습니다.

| 원금 1,000원에 대한 30년 후 수익률별 단리와 복리의 원리금 비교 |

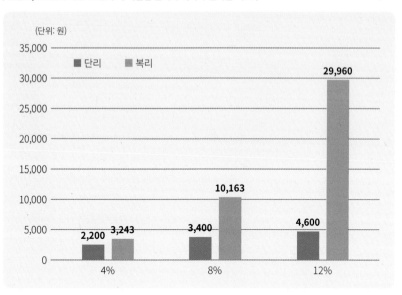

복리의 마법을 설명하는 역사 속 사례들

"1626년 인디언들은 24달러에 해당되는 장신구를 받고 네덜란드 이민자에게 맨해튼을 팔았다. 그 24달러를 363년이 지난 1989년까지 8%의 수익률로 복리 투자하였을 경우 약 32조 달러의 원리금이 발생했을 것이다. 1989년 맨해튼의 토지 가격은 약 600억 달러로 추산되므로 만약에 인디언들이 처음의 24달러를 가지고 꾸준히 8%의 수익률이 나는 채권투자를 지속했다면 맨해튼의 토지 가치보다 500배 이상 되는 자산을 보유하고 있을 것이다."

— 피터 린치

"스페인의 이사벨 여왕은 콜럼버스의 탐험에 3만 달러를 투자했다. 만일 여왕이 이 돈을 콜럼버스가 아닌 연간 4%의 복리수익률을 제공하는 투자자산에 투자했다고 가정해보자. 2000년 무렵이면 이사벨 여왕은 약 9조 달러의 원리금을 소유하게 되는데, 이는 콜럼버스가 발견한 미국에서 상장 거래되는 모든 주식 가치의 총계에 가까운 액수이다."

— 워런 버핏

"1540년 프랑스의 프랑수아 1세는 다빈치의 그림을 2만 달러에 매입했다. 만일 그가 같은 금액을 6%의 복리수익률로 투자했다면 약 400년 후인 1964년 그의 투자자산은 1,000조 달러가 되어 있을 것이다."

— 워런 버핏

복리수익률은 연환산수익률로 계산된다

원금 10,000원이 매년 불어나 10년 후 10,000원의 수익이 더해져 원리금 20,000원이 되었다면 이 투자의 수익률은 얼마일까요? 수익이 원금의 100%에 해당하기에 100% 수익률이겠지요. 6개월 만에 100만 원의 수익이 발생해도, 20년에 걸쳐 100만 원의 수익이 발생해도, 해당 기간 동안의 수익률들은 똑같이 100%로 계산될 것입니다. 이런 식으로 투자 기간에 상관없이 총수익을 투자원금으로 나누는 것을 '기간수익률'이라고 합니다. 하지만 6개월만에 얻은 10,000원의 수익이 10년에 걸쳐 얻은 10,000원 수익과 같은 수익률로 대접받으면 섭섭하지 않겠어요? 수익률의 공정한 평가를 위해서는 총 기간의 수익을 매년 평균 몇 퍼센트 수익률이 나왔는지로 환산할 필요가 있습니다. 이것을 '연환산수익률'이라고 합니다.

| 기간수익률 계산 방법 |

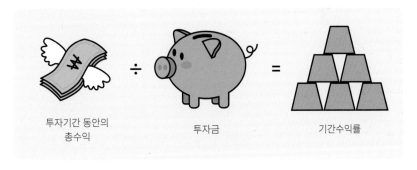

투자기간 동안의 총수익 ÷ 투자금 = 기간수익률

기간수익률을 연환산수익률로 환산할 때 단리가 아닌 복리로 환산해야 합니다. 단리로 환산하여 기간수익률을 단순히 투자 연수로 나누어 100%÷10년=10%로 계산하는 방식은 우리에게 익숙하지만, 이것은 진짜 수익률 계산법에 아닙니다. 금융시장에서 단리수익률은 이자에서도 나오는 이자를 누군가가 훔쳐간 가짜 수익률입니다. 다음의 표는 원금

10,000원을 10% 단리와 7.2%의 복리로 투자했을 때 계산되는 원리금을 비교한 표입니다. 이 표를 보면 10년 만에 10,000원이 20,000원으로 2배가 되는 투자 결과의 연환산수익률은 복리로는 약 7.2%이라는 사실을 알 수 있습니다.

| 10년 기간 100% 수익률은 연환산수익률 몇 %일까? |

	단리 10%	복리 7.2%
1년 후	11,000원	10,720원
2년 후	12,000원	11,492원
3년 후	13,000원	12,319원
4년 후	14,000원	13,206원
5년 후	15,000원	14,157원
6년 후	16,000원	15,176원
7년 후	17,000원	16,269원
8년 후	18,000원	17,440원
9년 후	19,000원	18,696원
10년 후	20,000원	20,042원

연환산 복리수익률에 대해 이해하셨나요? 이 수익률은 모든 투자자산의 수익률을 계산할 때 제일 공정한 기준입니다. 연환산 복리수익률을 머릿속에 확실히 각인하지 않는다면 투자를 할 때 또는 투자에 대한 평가를 할 때 많은 오류를 범하게 됩니다. 특히 채권을 포함한 모든 금리상품의 공식 수익률은 투자기간에 발생한 총수익이 매년 얼마의 복리수익률로 투자하면 가능한 것인지를 계산하는 개념, 즉 연환산 복리수익률로 표시하는 것이 정석입니다. 구체적인 계산방식은 조금 뒤에 알려드리겠습니다.

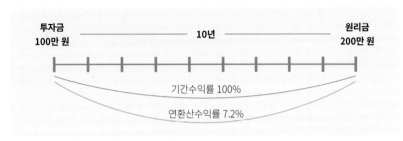

008 복리의 주요 특성

복리를 제대로 이해하고 체화하면 투자할 때 두고두고 큰 도움이 됩니다. 복리를 보다 잘 이해할 수 있도록 복리의 대표적인 특성 몇 가지를 알아보겠습니다.

복리의 특성 ① 단리와 복리의 수익 차이는 시간이 지날수록 점점 더 커진다

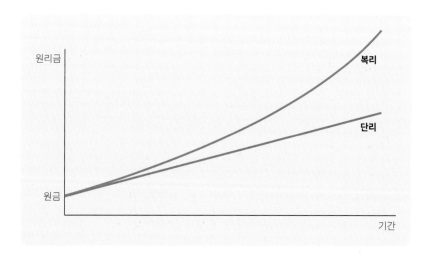

앞에서 시간이 지날수록 단리와 복리의 차이가 커지는 복리수익률의 마

법을 계속 강조했는데요, 이 마법이 복리의 가장 중요한 제1특성입니다. 곡선으로 상승하는 복리 수익 그래프를 보고 있으면 워런 버핏이 세계 최고의 부자가 된 것이 당연하게 느껴집니다. 버핏은 투자를 처음 시작한 나이가 11세였고 2024년에는 94세입니다. 83년간 적극적인 투자 활동을 해온 셈이지요. 만약 여러분도 100만 원 원금을 투자한 후 (버핏의 평균수익률로 알려진) 25% 정도의 복리수익률로 80년 이상 가져간다면 무려 110조 원 이상의 원리금을 보유할 수 있어요. 가끔 김밥이나 순대를 팔아오다 큰돈을 모아 기부하는 할머니들의 이야기를 뉴스에서 접한 적 있으시죠? 이분들이야말로 적은 돈이라도 오랫동안 투자한다면 거액의 돈이 될 수 있다는 복리의 마법을 보여주는 산 증인이라 할 수 있습니다. 현재 가진 재산이 없어 불안한 사람이라도 복리의 마법을 믿고 꾸준한 복리수익률을 얻으면서 오래 버틴다면 시간은 여러분의 편이 되어줄 것입니다.

복리의 특성 ② 작은 수익률 차이에도 원리금 차이가 점점 더 커진다

또 다른 복리의 특성은 수익률 차이가 크지 않더라도 시간이 지날수록 원리금의 차이가 가속도가 붙으며 점점 더 커진다는 데에 있습니다. 예를 들어볼까요? 1만 원의 원금을 각각 5% 복리수익률과 7% 복리수익률에 투자했다면 5년 뒤 수익의 차이는 1,263원에 불과하지만 10년 뒤에는 3,383원, 20년 뒤에는 원금보다 많은 1만 2,124원으로 커지게 됩니다. 수익률의 차이가 작더라도 오랜 시간이 흐르면 큰 부의 차이로 나타나게 되는 것이지요.

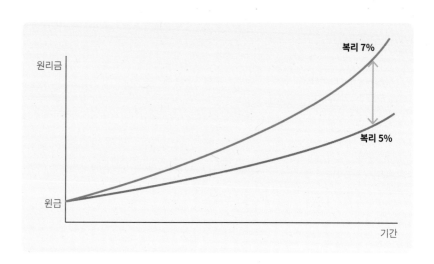

복리의 특성 ③ 꾸준한 수익률이 들쭉날쭉한 수익률 보다 높은 수익을 준다

장기간 평균 10%의 수익률을 내는 6명의 투자자가 있다고 가정해 보겠습니다. 그런데 각 투자자들이 수익을 내는 패턴은 아래의 표처럼 각기 다릅니다. 50년 후 이들의 수익금은 같을까요? 다르다면 어느 정도의 차이가 날까요?

투자자	수익률 패턴	100만 원 투자 시 50년 후 원리금
A	매년 10%	11,739만 원
B	5년은 8%, 5년은 12%	11,642만 원
C	5년은 5%, 5년은 15%	11,148만 원
D	9년은 5%, 1년은 55%	8,039만 원
E	5년은 0%, 5년은 20%	9,540만 원
F	5년은 -10%, 5년은 30%	5,066만 원

표에서 볼 수 있듯이 장기적인 수익률의 평균은 같아도 수익률의 패턴에 따라 50년 후 원리금은 크게 달라졌습니다. 수익률이 꾸준하고 수익률의 변동성이 작을수록 복리의 효과가 가장 커서 가장 높은 원리금이 되었고, 수익률의 변동성이 클수록 가장 낮은 원리금이 만들어졌습니다. 이것이 바로 수익과 손실의 변동폭이 큰 투자 포트폴리오보다 매년 꾸준한 수익률이 나올 수 있는 투자 자산으로 포트폴리오를 구성해야 하는 이유입니다.

복리수익률 계산?
어렵지 않아요!

복리수익률 계산식이라니? 겁부터 나는 독자분도 있을 것 같아요. 하지만 매우 간단한 수식이니 걱정하지 마세요. 복리계산법은 투자와 금융에 있어서 가장 기초적인 계산식이며 경제 활동을 하는 사람에게는 꼭 필요하고 반드시 알아두어야 할 단 하나의 계산식입니다. 이미 많은 사람이 알고 있겠지만 잘 모르고 있다면 이번 기회에 꼭 익혀 보자고요.

경제 활동을 한다면 반드시 알아야 하는 복리계산법

> "1만 원을 10%의 이자율이 나오는 금융상품에 5년 동안 투자했을 때
> 5년 뒤의 원리금 또는 미래가치는 어떻게 계산할 수 있을까?"

이 질문과 함께 복리계산법에 관한 설명을 시작해 보겠습니다. 만약 수익률을 단리수익률로 계산한다면 단순할 것입니다. 한 해에 발생한 이자를 투자기간으로 곱하면 수익이 나오기 때문이지요. 원금 1만 원을 투자하고 10% 단리수익률인 경우 매년 1,000원씩 5년간 5,000원의 수익을 얻으므로 '원금 1만 원+수익 5,000원=1만 5,000원'으로 쉽게 계산할 수 있습니다. 하지만 단리수익률은 가짜수익률이라고 이미 말씀드렸죠? 이

런 식의 단리계산법은 차라리 잊어버리는 것이 실전 투자에는 오히려 도움이 됩니다.

복리수익률을 적용하면 계산은 살짝 복잡해집니다. 1만 원을 10% 이자율의 금융상품에 투자할 때 1년 뒤에는 '원금 10,000 + (수익 10,000 × 10%) = 10,000 × (1+0.1) =11,000원'으로 단리의 원리금과 같습니다. 그렇습니다. 여러분이 어떤 상품이든 딱 1년만 투자한다고 할 때는 그 수익률이 단리이든 복리이든 상관없을 것입니다. 하지만 투자 2년 차부터 단리와 복리의 차이가 시작됩니다. 이 상품의 2년 후 원리금은 '1년 동안 불어난 원금 11,000 + (수익 11,000 × 10%) = 11,000 × (1+0.1) =12,100원'이 됩니다. 이 12,100원은 최초의 원금 10,000원에서 10%의 이자가 두 번 쌓인 '10,000×(1+0.1)×(1+0.1)=12,100원'으로도 계산할 수 있다는 사실은 조금만 생각해 보면 이해가 될 거예요. 같은 방식으로 3년 뒤에는 '10,000×(1+0.1)×(1+0.1)×(1+0.1)=13,310원'으로 원리금이 계산됩니다. 따라서 5년 뒤 이 금융상품의 원리금은 '10,000×(1+0.1)×(1+0.1)×(1+0.1)×(1+0.1)×(1+0.1)=16,105원'이 됩니다.

10,000원을 10%로 5년간 투자한 결과값은 $10,000 \times (1+0.1)^5$으로 표현할 수 있죠. 여기서 $(1+0.1)^5$를 10% 수익률의 5년 복리승수라고 부르는데요. 어떤 투자상품이라도 X%의 수익률로 Y년 투자했을 때의 모든 미래가치를 '$(1+X)^Y$'라는 연복리승수식을 통해 상품의 수익률을 계산할 수 있습니다.

 알아두세요 ━━━━━━━

복리승수

투자에서 이자의 이자, 즉 복리효과를 나타내는 지표입니다. 투자 기간 동안 원금에 더해지는 이자 금액을 원금으로 나눈 값으로 정의되며, 복리승수가 클수록 복리효과로 인한 수익률 증대 정도가 더 크다고 볼 수 있습니다.

| 1만 원을 10% 수익률로 투자했을 때 기간별 원리금의 값 |

투자기간	계산식 1	계산식 2	원리금 값
1년	$10,000 \times (1+0.1)$	$10,000 \times (1+0.1)^1$	11,000
2년	$10,000 \times (1+0.1) \times (1+0.1)$	$10,000 \times (1+0.1)^2$	12,100
3년	$10,000 \times (1+0.1) \times (1+0.1) \times (1+0.1)$	$10,000 \times (1+0.1)^3$	13,310
4년	$10,000 \times (1+0.1) \times (1+0.1) \times (1+0.1) \times (1+0.1)$	$10,000 \times (1+0.1)^4$	14,641
5년	$10,000 \times (1+0.1) \times (1+0.1) \times (1+0.1) \times (1+0.1) \times (1+0.1)$	$10,000 \times (1+0.1)^5$	16,105

앞서 설명한 복리로 미래의 가치를 구하는 식을 정리하면 다음과 같이 표현할 수 있습니다.

미래가치 = 투자원금 $\times$ (1 + 수익률)^{투자기간}

또는

미래가치 = 투자원금 $\times$ 연복리승수

실전에서 복리승수를 계산하는 방법은 여러 가지가 있습니다. 계산기의 기능이 좋지 않았던 예전에는 각 연별, 수익률별 복리승수를 계산한 값을 미리 조견표(책 마지막 [부록]에 복리승수조견표가 있으니 참고하세요)에 작성해 놓고는 상황에 맞는 값을 찾아내는 방법을 사용했지만, 최근에는 스마트폰의 계산기 기능만으로도 쉽게 계산해 낼 수 있습니다.

다음의 그림은 7%의 복리수익률로 5년을 투자했을 경우 복리 승수를 계산하는 다양한 방법을 알려주고 있습니다.

 알아두세요

조견표

채권을 평가하기 위한 기초자료로, 채권의 할인율, 수익률, 가격 등에 대한 정보가 담겨있습니다. 채권 투자자들은 이를 기초로 채권 평가 및 매매 결정을 내립니다. 복리승수조견표는 연별, 수익률별 복리 승수를 한눈에 볼 수 있도록 작성한 표입니다.

(예시) 7% 복리수익률로 5년을 투자한다면? 복리승수 = $(1+7\%)^5$ = $(1+0.07)^5$ = 1.40

❶ 복리승수조견표에서 5년과 7%에 대응하는 수 찾기

	3%	4%	5%	6%	7%	8%	9%
1년	1.03	1.04	1.05	1.06	1.07	1.08	1.09
2년	1.06	1.08	1.1	1.12	1.14	1.17	1.19
3년	1.09	1.12	1.16	1.19	1.23	1.26	1.3
4년	1.13	1.17	1.22	1.26	1.31	1.36	1.41
5년	1.16	1.22	1.28	1.34	**1.40**	1.47	1.54
6년	1.19	1.27	1.34	1.42	1.5	1.59	1.68
7년	1.23	1.32	1.41	1.5	1.61	1.71	1.83
8년	1.27	1.37	1.48	1.59	1.72	1.85	1.99
9년	1.3	1.42	1.55	1.69	1.84	2	2.17
10년	1.34	1.48	1.63	1.79	1.97	2.16	2.37

❷ 간편 전자계산기

 1.07*1.07*1.07*1.07*1.07

❸ 엑셀 활용

 $=(1+0.07)^5$

엑셀에서 =(1+0.07)^5를 입력하여 계산

❹ 공학용 계산기

1.07 →
X^Y → 5

잠깐만요

복리의 마법, 72의 법칙

72의 법칙이란 이자율을 복리로 적용할 때 원금이 2배로 늘어나는 데 걸리는 시간을 간단히 구할 수 있는 마법의 법칙입니다. 원금이 2배가 되기까지 걸리는 시간을 구할 때 72를 수익률(%)로 나누기 때문에 72의 법칙이라고 합니다. 예를 들어, 100만 원을 연간 복리수익률 5%로 투자할 때 200만 원이 되는 데 걸리는 시간은 72를 5로 나눈 14.4년(14.4=72÷5)이 됩니다. 이를 반대로 활용할 수도 있습니다. 100만 원을 10년 안에 2배로 만들기 위한 수익률을 구하기 위해 72를 10으로 나누면 복리수익률을 구할 수 있거든요(7.2%(7.2=72÷10)).

72법칙
- 72 ÷ 연수익률 = 원금을 2배로 만드는 데 필요한 투자 기간
- 72 ÷ 투자기간 = 원금을 2배로 만드는 데 필요한 연수익률
  ▶ 5%의 복리수익률로 원금을 2배로 만드는 데 필요한 시간
    = 72 ÷ 5 = 약 14.4년
  ▶ 20년 만에 원금을 2배로 만드는 데 필요한 수익률
    = 72 ÷ 20 = 약 3.6%

기간수익률을 복리수익률로 환산하는 계산법

투자금 10,000원이 10년 후 20,000원이 되었다면, 즉 원금이 10년간 총 100%의 수익을 얻어 2배가 되었다면 연환산 복리수익률은 얼마로 계산될까요? 이런 경우에는 10년에 복리승수가 2배에 해당하는 수익률을 찾으면 답이 나오지요. 즉 '$(1+x\%)^{10}$ = 복리승수 2배'에 해당하는 x%를 찾아야 하는데요. 복리승수조견표나 엑셀 계산 등 여러 복리승수 계산법을 활용하여 그 값을 찾으면 됩니다. '$(1+0.072)^{10}$ = 약 2배'로 계산되기 때문에 x%에 해당하는 값은 7.2%이겠죠? 개념을 확실하게 이해하기 위해 다음의 문제를 한번 연습해 보겠습니다.

문제 100만 원을 투자하여 7년 뒤 150만 원이 되었을 경우 이 상품의 연환산수익률은 얼마일까요?

풀이 복리승수가 1.5배 → 7년 1.5배에 해당하는 수익률 찾기
→ '$(1+x\%)^7$ = 1.5'에 해당하는 x%는?

	3%	4%	5%	❸ 6%	7%	8%	9%
1년	1.03	1.04	1.05	1.06	1.07	1.08	1.09
2년	1.06	1.08	1.1	1.12	1.14	1.17	1.19
3년	1.09	1.12	1.16	1.19	1.23	1.26	1.3
4년	1.13	1.17	1.22	1.26	1.31	1.36	1.41
5년	1.16	1.22	1.28	1.34	1.40	1.47	1.54
6년	1.19	1.27	1.34	1.42	1.5	1.59	1.68
❶ 7년	1.23	1.32	1.41	❷ 1.5	1.61	1.71	1.83
8년	1.27	1.37	1.48	1.59	1.72	1.85	1.99
9년	1.3	1.42	1.55	1.69	1.84	2	2.17
10년	1.34	1.48	1.63	1.79	1.97	2.16	2.37

조견표에서 투자기간이 7년인 행을 찾고, 그 행에서 복리승수 1.5에 해당하는 칸을 찾으면 됩니다. 그럼 그 칸에 해당하는 열이 수익률 6%라는 것을 알 수 있습니다.

정답 6%

복리승수의 개념이나 계산법에 조금 익숙해졌나요? 이제 여러분은 투자할 때 꼭 알아야 할 중요한 개념인 복리계산법과 복리식 사고법을 알게 되었습니다.

채권이야기

외환위기 당시 6만 원에 금을 매입했던 지인, 과연 투자에 성공한 것일까?

최근 금 가격이 많이 올랐지요? 2023년 7월 기준, 1돈(3.75g)에 30만 원 정도 하더라고요. 얼마 전 지인 한 분이 저에게 자랑을 하시더군요. 1998년 2~3월로 기억하는데요. 당시 IMF 외환위기 시기였고 '금 모으기 캠페인'에 많은 국민이 참여해 돌반지를 비롯해 아끼던 금붙이를 기증했습니다. 이때 금을 가져다주면 1돈에 6만 원 정도 받았던 것으로 기억합니다. 헌데 그 지인은 그때 금을 내지 않고 오히려 더 많이 샀다고 합니다. 그렇게 산 금 가격이 지금 30만 원이 되었으니 높은 수익을 거뒀다며 좋아하셨습니다. 물론 5배나 올랐으니 기간수익률로 따지면 400%의 수익률이 되겠네요. 하지만 그분께 25년 동안의 연환산 복리수익률을 계산해 드리니 크게 실망하는 눈치였어요.

어떻게 계산하는지 본문에서 배우셨죠? 25년 동안 복리승수가 5배인 수익률을 환산하려면 '$(1+x\%)^{25} = 5$'에서 x를 찾아야 하겠지요. 엑셀이나 복리승수조견표를 찾아보면 x가 약 7.43%인 것을 알 수 있습니다. 7.43% 수익률은 요즘에는 그리 나쁜 수익률이 아니지만, 25년 전 당시에는 장기국채 수익률이 20%를 넘나들었거든요. 당시 삼성전자 주가가 600원(액면분할 후 기준) 수준이었고요. 삼성전자 주가는 지금 100배 이상 상승했다는 것을 감안하면 금 투자의 수익률은 만족할 만한 수준이라고 하기는 어렵겠지요.

국채를 발행한 나라가 망하면 어떻게 되나?

중국은 청나라 채권을 갚아라

2020년 8월, 미국의 공화당 의원들이 중국 정부가 청나라 채권을 보유한 이들에게 1조 6,000억 달러에 달하는 금액을 갚을 것을 요구하는 내용의 법안을 마련했다는 뉴스가 보도되었습니다. 어떤 배경이 있기에 청나라 시절의 채권을 갚으라고 하는 것일까요?

1616년부터 1912년까지 거의 300년 동안 중국을 통치한 청나라는 19세기에 들어서 부정부패와 각종 민란, 영국과 프랑스 등 서구 열강들의 침탈로 망국의 길을 걷고 있었습니다. 그러던 중 1911년에 청나라 왕조는 후베이성과 광동성을 연결하는 철도 건설 자금을 마련하기 위해 5% 금리의 채권을 발행합니다.

✏️ **알아두세요**

보로운동(保路運動)

청나라 말기에 일어난 이권 수호 운동의 일종으로, 특히 사천성에서 일어난 것이 유명하며, 줄여서 '보로'(保路)라고도 부릅니다. 신해혁명이 발생하게 된 직접적인 원인 중 하나입니다.

신해혁명(辛亥革命)

1911년 청나라를 넘어뜨리고 중화민국을 성립시킨 중국의 민주주의 혁명을 말합니다. 이 혁명으로 인하여 기원전 221년에 550여 년 동안 분열과 혼란이 이어졌던 시기를 끝내고 중원을 통일한 진나라의 시황제 이래 2100년 이상 중화제국을 다스린 황제의 전제군주제가 종말을 고하고 중화민국 임시 대총통, 쑨원이 이끄는 민국혁명(民國革命)이 시작되었습니다.

채무불이행(債務不履行)

채무자에게 책임 있는 사유로 채무의 내용에 따른 이행이 이루어지지 않고 있는 상태를 통틀어 일컫는 말입니다. 영어로는 디폴트라고 합니다. 대륙법적 체계에서 보면, 채무불이행은 채무자의 귀책 사유가 없는 경우까지를 포함한 개념인 급부장애에 속합니다. 채무불이행은 위법행위를 구성하며 손해배상청구권이 발생한다는 점이 불법행위와 동일하며, 약속(계약)을 위반하면 채무불이행이 되며, 채무자의 귀책사유로 채무가 이행되지 않아야 합니다.

청나라 철도 채권   출처:-블룸버그

청나라 왕조의 계획은 자금을 마련하여 민간 철도 회사의 주식을 매입하는 것이었습니다. 그러나 당시 민자 철도를 소유하고 있던 지방 유력자들은 반발하였고, 이러한 반발의 일환으로 보로운동 같은 무장봉기가 일어났습니다. 이러한 봉기를 시작으로 청나라 왕조에 반발하는 감정이 확산되면서 1911년 신해혁명이 일어났고, 결국 청나라는 몰락하였습니다. 1912년 중화민국이 건국되어 채권의 상환 의무도 중화민국으로 이관되었습니다. 하지만 중국은 정치적 혼란과 경제 붕괴로 인해 1930년에 채무불이행을 선언합니다.

1979년 미국의 채권 보유자 그룹이 중국 정부를 상대로 채무 상환을 요구하며 소송을 제기했지만, 미국연방법원은 중국이 이 채권에 대해 지급이행 의무가 없고, 미국 정부는 이를 강제할 수 없다고 판결하였습니다. 채권단은 상고했지만 미국연방대법원도 이를 기각했습니다.

이 채권들은 미국 골동품 거래 사이트에서 발행가 20파운드짜리 채권이 120달러 정도에 시세가 형성되어 있습니다. 당시 20파운드의 가치는 현재 원화로 따진다면 약 470만 원 정도지만, 현재는 원래 가치와 무관하게 수집용 가격으로만 형성되어 있습니다.

통일되면 북한이 발행한 채권을 한국이 갚아야 하나?

남북 혹은 남·북·미 정상회담이 있을 때마다 북한 채권에 관한 관심이 높아집니다. 북한은 1970년대 중공업을 육성하고자 서방 국가들로부터 상당한 규모의 차관과 전략 설비를 도입하였는데요. 연간 1~2억 규모의 달러를 차입하여 1980년대에는 차관 규모가 총 13억 달러에 이르렀다고 합니다. 그러나 두 번의 석유 파동과 주요 수출품들의 가격 하락으로 경제 상황이 나빠진 북한은 1987년에 채무불이행 국가로 지정되어 국제사회로부터 신용을 잃고 말았습니다.

북한의 채무 규모에 대해 정확하게 알려진 것은 없으나 2013년 미국 일간지 워싱턴타임스는 미국 재무부 관리의 말을 인용하여 북한이 30여 개국에 140억 달러 규모의 부채가 있다고 전하였습니다. 또한, 2000년대 들어 중국은 북한 원유의 70~80%, 식량의 30~40%를 무상 또는 양허성 차관으로 지원하고 있는데, 이 중에 얼마가 차관인지 정확히 알 수 없는 실정입니다.

국제사회에서 북한은 신용할 수 없는 국가라는 인식이어서 북한의 채권은 시장에서 액면가의 15% 선에서 거래되고 있습니다. 그만큼 신용도가 나쁘다는 의미입니다. 2009년과 2018~2019년에 가격이 급등한 적이 있는데, 이것은 남북 정상회담 등으로 평화로운 상황이 도래하자 통일이 가능할 수도 있다 생각하여 통일 한국이 빚을 갚으리라는 기대심리가 생겼기 때문이라고 합니다.

왼쪽부터 2003년 북한이 발행한 액면가 5,000원짜리와 1,000원짜리 인민생활공채, 1950년 발행한 액면가 100원짜리 인민경제발전채권
출처:-한국예탁원 증권박물관

알아두세요

파리클럽

채권국이 채무를 정상적으로 상환할 수 없는 상황, 즉 채무불이행 위기일 때 이를 재조정하는 채권국들의 비공식 협의체입니다. 1956년 설립된 이래 채권국들이 지급보증한 채권과 채무를 조정하고 있습니다.

이 같은 기대심리의 원인은 베트남의 선례가 있기 때문입니다. 베트남전쟁에서 승리한 북베트남은 남베트남의 권리와 채무를 전부 승계하여 통일 베트남으로 거듭났습니다. 파리클럽으로 빚 규모를 약 50% 낮춘 덕분에 채무를 이행할 수 있었습니다. 독일도 베트남의 사례와 유사합니다. 독일은 비엔나 협약으로 서독이 동독의 채권과 채무를 모두 승계한다는 내용을 통일조약 제23조에 명기했습니다.

따라서 통일이 된다면 북한의 채무를 우리나라가 부담해야 하는지는 정확하게 예측하기 어렵습니다. 그러나 독일과 베트남이 통일할 때 상대의 채무를 이행하겠다고 한 것처럼, 통일이 되면 북한의 채무를 일부분이라도 부담할 가능성이 있습니다.

그렇기에 통일 한국 정부가 통일의 정통성과 정당성을 국제사회로부터 인정받기 위해 북한의 채무를 갚아줄 것이라는 채권자들의 기대가 신용을 불어넣고 있으며, 한국도 통일을 대비하여 북한의 대외 채무 해결을 위한 방안을 연구하고 있습니다.

010

미래의 돈 가치는 현재의 얼마일까?

시간이 지날수록 돈의 가치는 떨어진다

준식이 어느 날 진영의 차를 빌려 운전하다 파손시켰습니다. 진영은 100만 원을 들여 차를 수리하였지만 준식은 120만 원을 보상하겠다고 하는데요. 다만, 이 120만 원을 지금이 아닌 5년 뒤에 지불하겠다고 하네요. 진영의 입장에서 받는 돈이 20만 원 늘어났으니 더 좋은 일일까요? 5년 뒤의 120만 원은 현재의 120만 원과 같지 않기 때문에 5년 뒤의 120만 원과 현재의 100만 원 중 무엇이 더 가치가 높을지 계산해 봐야겠습니다.

5년 뒤에 120만 원 줄게!

파손된 진영의 차

수리비가 지금 100만 원인데 5년 뒤에 120만 원?

준식

진영

돈의 가치는 시간이 갈수록 떨어진다는 것을 우리는 알고 있습니다. 5%의 이자율을 가진 정기예금을 기준으로 삼는다면, 1년 뒤의 105만 원은 지금의 100만 원과 같은 가치를 가지게 되는 거죠. 우리는 살아가면서 수많은 금융상품을 접하게 되는데요. "30년 후에 1억 원을 지급하는 어떤 금융상품의 수익률이 8%라고 할 때, 이 금융상품의 현재가치(납입금)는 얼마일까요?"라는 식으로 미래에 받을 돈이 현재 얼마의 가치를 갖고 있는지 알고 싶을 때가 있습니다. 이처럼 미래의 돈 가치가 현재는 얼마의 가치가 있는지를 계산하는 개념은 투자할 때뿐만 아니라 일상생활에서도 매우 중요한 일입니다.

우리는 이미 앞절에서 현재가치(투자원금)에 복리승수를 곱하면 미래가치(원리금)가 계산된다는 개념을 이해하였습니다. 그렇다면 미래의 돈 가치가 현재엔 얼마의 가치가 있는지를 계산하는 개념도 간단히 이해할 수 있지요. 미래가치를 복리승수로 나누면 현재가치가 계산되기 때문입니다. 다만, 전자의 경우 수익률이라는 용어를 사용하지만 후자의 경우 할인율이라는 용어도 많이 사용하고 있다는 것을 알아두시면 좋을 것입니다. 미래가치를 복리승수로 나누어 복리로 현재의 가치를 구하는 식을 정리하면 아래와 같이 표현할 수 있지요.

현재가치 = 미래가치 ÷ (1 + 할인율)^{투자기간}

또는

현재가치 = 미래가치 ÷ 연복리승수

할인율, 상황에 따라 다르게 적용할 수 있다

앞선 예에서 현재의 100만 원과 5년 뒤의 120만 원을 비교해 볼 때 어떤 할인율을 사용할지가 중요한 변수가 될 것입니다. 만약 진영이 현재의 자동차 수리를 위해 드는 100만 원을 6%의 이자율로 5년간 대출을 받았다면, 미래가치와 현재가치의 비교를 위한 기준인 할인율을 6%로 사용하는 것이 합리적일 것입니다. 그렇다면 6%의 할인율을 이용한 5년 뒤 120만 원의 현재가치는 이렇게 계산되겠죠.

미래가치 ÷ 6%의 5년 복리승수

= 120만 원 ÷ $(1+0.06)^5$

= 120만 원 ÷ 1.34

= 약 90만 원

진영의 입장에서 5년 뒤 120만 원의 현재가치는 약 90만 원에 불과하므로 준식에게 5년 뒤 더 많은 금액을 요구하든지 지금 100만 원을 달라고 요구하든지 해야겠네요. 그렇다면 5년 뒤 정확히 얼마를 요구해야 할까요? 100만 원에 6% 수익률의 5년 복리승수인 1.34를 곱하여 나온 134만 원이 되어야겠지요(10,000 × $(1+0.06)^5$으로 계산). 진영은 현재의 100만 원과 5년 뒤의 134만 원을 똑같은 가치로 인식해야 하는 것이 당연합니다. 그러나 사람들은 복리의 개념이 익숙하지 않기 때문에 5년 뒤 120만 원 금액이면 현재의 100만 원보다 많다는 생각으로 흔쾌히 준식의 제안을 받아들이는 오류를 범합니다.

미래의 돈 가치를 현재의 가치로 바꿀 때 사용하는 도구인 '할인율'은 투자자의 상황, 금융상품의 종류 등에 따라 다른 수치가 적용될 수 있습니다. 진영의 예처럼 대출금리를 할인율로 사용할 수도 있고, 채권 투자

시 5년 뒤에 발생하는 이자의 현재가치를 계산할 때는 채권수익률을 할인율로 사용하죠. 평소 10% 이상의 수익률을 성취할 수 있는 투자자는 10% 정도의 할인율로 미래가치를 현재가치로 환산하면 되지만, 현금을 장롱 안에 쌓아두고 사는 사람들의 경우에는 할인율이 0%라고 하더라도 무방할 것입니다.

한편, 같은 금액이라도 미래의 시점이 멀어지면 멀어질수록 현재가치는 급격히 떨어지게 됩니다. 예를 들어 30년 후에 1억 원을 지급하는 어느 금융상품의 수익률이 8%라고 한다면 이 금융상품의 현재가치(투자금)는 다음과 같이 계산되는데요. 놀랍게도 약 994만 원에 불과합니다.

미래가치 ÷ 8%의 30년 복리승수

= 1억 원 ÷ $(1+0.08)^{30}$

= 1억 원 ÷ 10.06

= 약 994만 원

이처럼 시간이 지날수록 돈의 가치는 엄청나게 빠른 복리의 속도로 하락한다는 사실을 명심해야 합니다. 또한, 같은 기간 동안 미래 돈의 가치를 측정하는 기준인 할인율이 낮으면 낮을수록 현재가치는 높아지고, 할인율이 높을수록 현재가치가 낮아집니다. 30년 후의 1억 원은 30년 만기 국채를 4%에 매입하려는 투자자에게는 약 3,086만 원으로 인식이 되겠지만, 평균 10% 정도의 수익률을 성취하는 투자자에게는 573만 원 정도로밖에 인식이 되지 않을 수 있는 것입니다. 그 계산 과정은 다음과 같습니다.

미래가치 ÷ 4%의 30년 복리승수

= 1억 원 ÷ $(1+0.04)^{30}$

= 1억 원 ÷ 3.24

= 3,086만 원

미래가치 ÷ 10%의 30년 복리승수

= 1억 원 ÷ $(1+0.1)^{30}$

= 1억 원 ÷ 17.44

= 573만 원

이제 여러분은 복리로 미래가치를 구하는 법, 복리로 현재가치를 구하는 법 모두를 알게 되었습니다. 지금까지 알아본 다음의 두 수식만 똑똑히 기억한다면 채권투자를 위해 더 이상 알아야 할 계산법은 없습니다.

미래가치 = 현재가치 × $(1+\text{이자율})^{\text{기간}}$

현재가치 = 미래가치 ÷ $(1+\text{이자율})^{\text{기간}}$

011 복잡한 금리 용어,
싹 정리하기

명목이자율 vs. 실질이자율
– 물가를 감안하면 이 금리는 실제 수익이 나는가?

 알아두세요

물가상승률

일정한 기간 동안 물가가 올라간 비율로서 일반적으로 물가가 전년 대비 얼마나 상승했는지를 보여줍니다. 물가상승률은 중앙은행의 통화정책 운영의 중요 지표 중 하나이며, 일반적으로 물가상승률이 2~3% 수준을 넘어서면 경제에 물가 압력이 작용하고 있다고 평가합니다. 우리나라는 통계청에서 물가등락률을 매월 발표하고 있습니다.

물가상승률 등 화폐 가치의 변동을 고려하지 않은 이자율을 명목이자율이라 하고, 물가상승률을 고려해 이자의 실질적인 가치를 반영한 이자율을 실질이자율이라 합니다. 예를 들어 물가상승률이 3%일 때 3% 이자율의 예금에 가입해 이자를 받는다면 실질적으로 증가한 돈의 가치가 없으므로 실질이자율은 제로가 됩니다. 이때 예금의 이자율처럼 평소 사용되는 일반 이자율을 실질이자율과 구분하기 위해 명목이자율이라는 용어를 사용하지요.

정확한 실질이자율 계산 방식은 따로 있으나, 관행적으로 명목이자율에서 물가상승률을 차감한 수치를 실질이자율로 대략 계산하고 있습니다. 즉, 명목이자율이 5%고 물가상승률이 3%일 때 실질 이자율은 5% – 3% = 2%가 되는 것입니다.

RP금리 vs. 콜금리
– 금융시장에서 가장 중요한 초단기 금리

RP(Repurchase Paper, 환매조건부채권)란 형식적으로는 나중에 이자를 붙여 되사는 조건으로 채권을 매각하는 것이지만, 실질적으로는 보유 중인 채권을 담보로 자금을 빌리는 단기 금융거래입니다. A가 B에게 보유 중인 채권을 100만 원에 매도하고 1개월 뒤 101만 원에 다시 사주겠다는 계약을 맺는 것은 A가 B에게 채권을 담보로 돈을 100만 원 빌린 후 1개월 뒤 이자와 함께 101만 원을 돌려주는 것과 같은 효과겠지요? 여기서 1만 원에 해당하는 이자율이 RP금리라고 보면 되겠습니다.

일반인이 RP금리를 경험하는 일은 주로 증권사와 단기 금융거래를 할 때입니다. 어느 고객이 증권회사의 RP를 매수(단기금융상품인 RP에 가입)한다는 것은 증권회사가 보유하고 있는 일정 채권을 담보로 하여 증권사에 단기로 자금을 빌려주고 있다는 것과 같은 의미입니다. 금융기관들 간에도 콜(Call)거래와 함께 단기금리상품으로 RP가 많이 거래되고 있으며, 특히 한국은행이 시중 유동성을 조절할 때 RP를 많이 활용하고 있습니다. 한국은행은 시중의 자금을 흡수할 때에는 RP를 시중은행에 매각하고, 시중에 자금 유동성을 공급할 때에는 시중은행에서 RP를 매수하는 방법으로 통화정책을 펼치지요.

콜금리(Call rate)는 금융기관(주로 은행) 사이에서 하루나 이틀 동안 자금을 융통할 때 쓰이는 초단기 금리를 말합니다. 이는 과거 기관들 사이에 전화(Call)를 통하여 협상하여 금리가 결정되어 거래되었기에 붙여진 이름입니다.

기준금리 vs. 시상금리
– 기준이 움직이면 다른 금리도 따라 움직인다

 알아두세요

중앙은행
한 나라의 금융과 통화정책의 주
체가 되는 은행이며, 우리나라의
중앙은행은 한국은행입니다. 한
국은행은 공개시장운영, 여수신
제도, 지급준비제도를 통화정책
수단으로 사용하여 물가 안정을
도모하고 있습니다.

통화정책
중앙은행이 통화의 수량을 적당
히 늘리거나 줄여서 한 나라 안의
금융·경기·물가·생산 등을 적절히
통제·조절하려는 정책입니다.

각국 중앙은행에서는 통화정책의 일환으로 모든 금리의 기준이 되는 초단기 금리를 인위적으로 결정하는데 이를 기준금리 또는 정책금리라고 부릅니다. 우리나라에서는 한국은행 금융통화위원회(금융통화위원장은 한국은행장이 겸임)에서 매월 기준금리를 결정하는데 1999년 이후 2008년 3월 전까지는 콜금리가, 이후 2013년 말부터 현재까지는 7일 만기 RP금리가 기준금리의 역할을 하고 있습니다. 대부분의 금리는 자금시장에서 자금의 수요와 공급에 따라 결정되는데 이를 시장금리라고 하며, 수요가 많으면 금리가 상승하고 공급이 많으면 금리가 하락하는 원리를 가지고 있습니다. 하지만 기준금리는 시장의 수요·공급과 상관없이 인위적으로 결정되는 유일한 금리입니다.

세전수익률 vs. 세후수익률 vs. 은행예금 환산수익률
– 세금을 떼고 봐야 진짜 수익률이다

각종 금융상품에 투자하면 그에 따른 수익에 대해 세금이 부과됩니다. 예를 들어 금리가 5%인 1년 정기예금에 1억 원을 가입하면 이자소득으로 5백만 원을 받는다고 흔히 생각하지만, 실제로는 이자소득세 15.4%(이자소득세 14%+주민세 1.4% 원천징수 = 총 15.4%)에 해당하는 770,000원을 제외한 금액인 4,230,000원만 받을 수 있습니다. 세전수익률은 5%이지만 실제로 우리가 수취하는 세후수익률은 4.23%인 것입니다.

$$\text{예금의 세후수익률} = \text{세전수익률} \times (1 - 0.154)$$
$$= 5\% \times 0.846 = 4.23\%$$

채권의 경우 세후수익률의 계산이 조금 복잡해집니다. 2024년 기준, 채권은 표면금리(발행금리)에 해당하는 이자에만 15.4%의 세금이 부과되고 매매차익에 대해서는 비과세되기 때문에 표면금리가 낮은 채권을 잘 선별하여 투자한다면 세금 부분에서는 비교적 유리하다고 할 수 있지요(채권의 경우 표면금리(발행금리)가 실제 우리가 투자하는 채권 매수금리와 다를 수 있다는 사실은 추후에 학습할 것입니다). 예를 들어 표면금리가 3%인 채권을 5%의 금리에 1억 원을 매수했다면 표면금리 3%에 해당하는 3,000,000원의 이자에만 세금이 15.4% 부과되므로 462,000원의 세금을 제합니다. 세후수익은 5백만 원에서 462,000원을 제외한 4,538,000원이 되고 세후수익률은 4.538%가 됩니다.

$$\text{채권의 세후수익률} = \text{세전수익률} - (\text{표면금리} \times 0.154)$$
$$= 5\% - (3\% \times 0.154) = 4.538\%$$

한편, 은행예금환산수익률은 어떤 채권에 투자했을 때 몇 %의 예금에 투자했을 때와 세후 기준으로 같은 효과를 얻는지를 보여주는 금리입니다. 위의 예시처럼 3% 표면금리의 채권을 5%에 매수한다면 이 채권의 은행예금 환산수익률은 얼마가 될까요? 세후수익률이 4.538%가 되는 은행예금 수익률을 찾으면 되겠지요. 'X% × 0.846 = 4.538%'에서 X는 약 5.364%가 되기에 이 채권의 은행예금환산수익률은 5.364%가 됩니다. 은행예금환산수익률은 은행환산금리, 예금환산금리 등으로 불리기도 합니다.

금융소득에 붙는 세금을 알아봅시다

* 먼저 떼가는 세금, 원천징수

금융투자에서 발생하는 금융소득은 금융자산의 저축이나 투자에 대한 대가를 말하며, 소득세법에서는 이자소득과 배당소득을 총칭하는 개념입니다. 이자소득은 은행, 증권회사 등 금융기관에서 받는 예·적금, 예탁금 등의 이자 및 국·공채, 회사채 등 채권에서 발생하는 이자이며, 배당소득은 주식 및 출자금에서 발생하는 이익 또는 잉여금의 분배금을 말합니다. 각 금융기관은 금융소득을 지급할 때 15.4%(소득세 14%와 소득세에 대한 지방소득세 10%)의 세금을 원천징수한 후 이자와 배당금을 지급하고 있습니다.

* 금융소득 2,000만 원 이상이면 금융소득 종합과세

이자와 배당금이 2,000만 원 이상이 되면 근로소득이나 사업소득과 합산한 후 과표 구간에 따라 세금을 납부하는 금융소득 종합과세가 적용됩니다. 예를 들어 1년간 수령한 채권 이자가 2,000만 원, 배당금이 3,000만 원인 어느 개인투자자의 근로소득이 8,000만 원이라면 세 가지 소득을 합산한 1억 3,000만 원의 소득에 대하여 과세하는 것이지요. 물론 근로소득공제 등 각종 공제 후 소득이 적용됩니다. 배당의 경우 회사가 세금을 낸 후 주주가 배당을 받는다면 이중과세에 해당하기 때문에 일부 공제되는 비율이 있습니다. 각종 공제 후 소득이 1억 1,000만 원으로 계산되었다면 아래의 종합과세 표준구간에 따라 누진세가 적용되어 과세되는 것이지요. 이 경우 (1,400만 원×6.6%) + (3,600만 원×16.5%) + (3,800만 원×26.4%) + (2,200만 원×38.5%) = 약 2,537만 원의 세금으로 계산됩니다. 종합소득과세에 해당되는 개인은 매월 5월 말까지 전년도 종합소득에 해당하는 세액에서 작년에 이미 원천징수된 세금을 제하고 추가되는 세금을 국세청에 신고하고 납부하여야 합니다.

종합과세 표준구간	소득세율 + 지방세율
1,400만 원 이하	6% + 0.6% = 6.6%
1,400만 원 초과 5,000만 원 이하	15% + 1.5% = 16.5%
5,000만 원 초과 8,800만 원 이하	24% + 2.4% = 26.4%
8,800만 원 초과 1억 5천만 원 이하	35% + 3.5% = 38.5%
1억 5천만 원 초과 3억 원 이하	38% + 3.8% = 41.8%
3억 원 초과 5억 원 이하	40% + 4.0% = 44.0%
5억 원 초과 10억 원 이하	42% + 4.2% = 46.2%
10억 원 초과	45% + 4.5% =49.5%

* 채권의 이자소득세를 절약할 수 있는 방법

어느 한 가족의 일원에게 근로소득이나 사업소득, 금융소득이 집중되어 있다면 누진세가 적용되는 종합과세 금액 부담이 커지게 되지요. 그래서 많은 사람이 증여 등의 방법을 통해 가족 구성원들의 소득을 분산하는 방법을 사용하고 있습니다. 한편 우리나라에서는 일부 상품이나 계좌에 대해 금융소득에 대해 세금을 부과하지 않는 비과세 또는 금융소득종합과세에 합산하지 않고 별도로 정해진 세금을 부과하는 분리과세 제도를 두고 있어 이를 잘 활용하면 상당한 절세 효과를 얻을 수 있습니다. 채권 이자나 주식배당을 받는 경우 다음에 열거되는 상품을 잘 활용하는 것이 좋겠습니다.

① ISA(Individual Savings Account)

ISA는 개인종합자산관리계좌로, 국내 주식과 펀드, 채권, 리츠, ETF, 주가연계증권(ELS), 전환사채(CB), 신주인수권부사채(BW) 등 다양한 상품을 정해진 한도 내에 절세를 받으며 투자할 수 있어 자산 형성에 유리합니다. 투자상품을 직접 선택하는 ⓐ중개형 ⓑ신탁형이 있고 전문가가 운용하는 ⓒ일임형으로 구분되며, 증권사에서 계좌를 개설할 수 있습니다. 2024년 1월 기준 연 2천만 원씩 5년간 총 1억 원으로 납입한도가 제한되어 있고, 의무가입기간은 3년, 만기는 5년입니다. 만기 후 환급금을 연금 계좌로 이체하면 금액 10%가 세액공제되어 노후 준비로도 주목받습니다. 이자 소득은 200만 원(서민형은 400만 원)까지 비과세되며, 초과분은 9.9%로 분리과세 됩니다. 기획재정부가 2024년 1월 31일 발표한 경제정책 방향에 따라 '국내투자형 ISA' 신설 및 비과세 한도와 연 납입금액 한도의 혜택이 커질 예정입니다.

② 비과세종합저축

만 65세 이상인 거주자, 장애인 등 연간 금융소득이 2,000만 원 이하인 저소득 및 소외계층을 대상으로 하는 비과세 상품입니다. 전 금융기관에 가입된 금액을 합산해 5,000만 원 범위에서 이자·배당소득에 대해 비과세됩니다. 주식, ETF, ELS, 채권, 펀드 등 다양한 금융상품 투자가 가능하기에 고배당 주식이나 고금리 채권 또는 양도소득세 비과세 혜택을 위한 해외 펀드나 해외 ETF 투자에 유리한 계좌입니다. 단, 저축은행, 새마을금고, 신협, 농협 등에서 세금우대저축에 가입한 자는 5,000만 원에서 세금우대저축에 넣은 금액만큼 한도가 차감됩니다.

③ IRP(Individual Retirement Pension)

IRP란 개인형 퇴직연금을 뜻합니다. 개인이 퇴직금이나 추가 적립금을 자신의 퇴직연금 계좌에 적립하고 운용하다가 만 55세 이후에 연금이나 일시금으로 수령하는 제도입니다. 주요 세제 혜택은 첫째, 연간 납입한 금액의 최대 900만 원까지 세액공제(총 급여액이 5,500만 원 이하라면 16.5%, 초과 시 13.2%)를 받습니다. 둘째, 적립한 원금과 운용수익은 연금 수령 시까지 과세이연되어 복리 효과가 극대화됩니다. 셋째, 퇴직금을 일시금으로 수령하면 70%의 퇴직소득세가 적용되지만, 연금으로 수령하는 경우 연금소득세 3.3~3.5%로 저율 과세합니다. 세금 혜택을 누리지만 주의할 점도 있습니다. 노후 자금 용도로 설계된 제도이므로, 특정한 사유(무주택자 주택 마련, 재난, 파산, 장기 요양 등)가 아니면 중도 인출이 불가합니다. 이를 어기고 해약할 경우 세액공제받은 적립금과 운용수익에 대해 16.5%의 기타 소득세가 부과되니 유의하세요.

알아두세요

세금우대저축

만 19세 이상 상호금융기관에 소정의 출자금을 납부한 조합원을 대상으로 3,000만 원 한도 내에서 세금우대를 받을 수 있는 저축상품입니다. 상호금융기관은 새마을금고, 신협, 농협, 수협 등이 해당하며, 농협은행과 수협은행은 1금융권으로 상호금융기관에 해당하지 않습니다. 기간별 적용되는 세금은 2025년까지 발생한 이자소득은 1.4%(비과세, 농특세 1.4%), 2026년까지 발생한 이자소득은 5.9%(소득세 5%, 농특세 0.9%), 2027년 이후 발생한 이자소득은 9.5%(소득세 9%, 농특세 0.5%)로 분리과세되며 갈수록 세제 혜택이 줄어들 예정입니다.

④ 분리과세 제도

특정기간에 만기 10년 이상으로 발행된 채권의 보유자는 원할 경우 분리과세를 선택할 수 있습니다. 분리과세 세율은 총 33%이므로 금융소득종합 소득구간이 높은 자산가들에게 주효한 제도입니다. 금융소득 종합과세와 건강보험료 등을 고려하여 분리과세가 유리한 경우 증권사에 분리과세를 신청하면 됩니다. 2012년까지 발행된 장기채권은 매입하자마자 분리과세를 신청할 수 있으나 2013~2017년 발행된 장기채권은 3년 이상 보유 후 신청 가능합니다. 그러나 2018년부터 발행된 채권의 경우 10년 이상 발행물일지라도 분리과세가 불가능합니다.

코픽스금리 vs. CD금리
- 이 금리가 오르면 대출자들은 힘들어져요

코픽스금리는 은행들의 자금조달금리를 가중평균하여 산출한 자금조달비용 지수를 의미합니다. 조금 쉽게 얘기하자면 예금·적금 등 은행권에서 판매하는 금융상품들의 평균금리라 보면 됩니다. 코픽스금리를 보면 현재 은행들이 대출을 위해 조달하는 자금의 원가 금리가 대략 얼마인지 추정할 수 있습니다. 은행연합회는 8개의 정보제공은행으로부터 실제로 취급하는 정기예적금, 주택부금, CD, 금융채 등의 상품 금액과 금리를 받아 가중평균하여 매달 15일 신규 취급액 기준 코픽스, 잔액 기준 코픽스, 신 잔액 기준 코픽스, 단기 코픽스 금리를 산출·공시하고 있습니다. CD금리는 은행이 자금이 필요한 경우 판매하는 예금의 일종인 양도성예금증서(Credit of Deposit, CD)에 적용되는 금리입니다. CD금리는 금융투자협회가 평소 거래 실적이 많은 10개 증권사의 실거래 자료와 전문가적 판단에 기초하여 단계적으로 산출되는 방식으로 결정되고 있습니다. 2024년 기준 시중은행의 CD수익률은 '금융투자협회 채권정보센터'에서 오후 4시 30분에 공시되고 있습니다.

가산금리

대출이나 금융 상품에서 주로 사용되는 개념으로, 기준이 되는 금리(예를 들어, 중앙은행의 기준금리나 COFIX금리 등)에 추가로 더해지는 금리를 말합니다. 가산금리는 대출의 경우 위험성(신용등급, 담보의 가치)을 반영하여 이자율을 조정하고, 금융 상품의 경우에는 투자의 수익률을 조정하는 데 사용됩니다.

코픽스금리와 CD금리가 우리에게 중요한 이유는 '코픽스금리 + 가산금리'는 은행 등의 변동 대출금리 기준이 되며 'CD금리 + 가산금리'는 변동금리채권(FRN)들의 금리 기준이 되기 때문입니다.

채권의 만기수익률
= 유통수익률 = 시장수익률 = 시장금리 = 유통금리

만기수익률(YTM)은 채권의 만기까지 발생하는 모든 수익을 연환산 복리수익률로 계산한 수익률입니다. 유통수익률(시장수익률)은 채권시장에서 거래되는 채권들의 가격에 해당하는 금리를 의미하는데, 채권의 유통수익률을 표기할 때는 만기수익률로 표기해야 합니다. 따라서 채권시장에서 통용되는 만기수익률, 유통수익률, 시장수익률, 유통금리, 시장금리 등은 모두 같은 뜻입니다.

표면금리 vs. 실효금리
– 금리의 현상과 본질

표기되어 드러난 금리를 표면금리라고 하는 반면 실제 정확한 기준으로 평가되어 실질적으로 지급받거나 부담하게 되는 금리를 실효금리라고 합니다. 개인들에게는 실효수익률이 세후수익률로 계산되는 경우가 많습니다.

연 단위의 복리이자율로 환산한 실효수익률은 수많은 종류의 금융상품의 수익률 또는 금리를 동일조건으로 기준화하여 정확히 비교할 수 있게 하므로 올바른 투자판단지표가 됩니다. 현명한 투자자라면 많은 금융상품의 표면금리를 실효수익률로 재산출하여 인식하고 타 수익률과 비교하여 상품의 올바른 가치를 측정할 수 있어야 하겠지요. 한편 채권에서는 발행 시 최초 결정되어 겉으로 명시되는 이자율로 액면가에 대한 연간 이자지급률도 역시 표면금리라 부릅니다.

중앙은행 금리 인상 시 사용하는 용어
– 마이크로 → 베이비 → 빅 → 자이언트 → 점보

각국 중앙은행이 기준금리를 결정하여 발표할 때 이전 금리에 비해 어느 정도 폭으로 금리를 조정하는지를 나타낼 때 쓰는 단어이며, 뉴스 기사에서도 자주 접할 수 있는 단어입니다. 마이크로 스텝은 0.1%~0.15% 조정, 베이비 스텝은 0.25% 조정, 빅 스텝은 2배인 0.5% 조정, 자이언트 스텝은 0.75% 조정, 점보 스텝은 금리를 1% 조정하는 것을 의미합니다.

| 금리 인상 용어 |

용어	금리 조정 폭
마이크로 스텝	0.1%~0.15%
베이비 스텝	0.25%
빅 스텝	0.5%
자이언트 스텝	0.75%
점보 스텝	1%

채권 고수와의 인터뷰

채권업계 최고 연봉을 거머쥔 후 파이어 한 재야의 고수

이병곤 대표이사(비케이파트너스)

채권업계 경력 1994~2019년

1994년 한국산업증권 채권부에 입사하며 채권시장과의 인연이 시작되었다. IMF 위기로 산업증권이 청산되자 1998년 증권업계 최초로 만들어진 계약직 팀의 일원이 되었으며 이후 이 팀은 신흥증권(현 현대차증권), KIDB 채권중개, KB증권, 하이투자증권으로 이동하며 국내 최고의 채권 운용/영업본부의 명성을 구가했다. 2018년, 금융권 고액연봉자에 대한 보수를 공시하는 제도가 임원에서 전체 직원으로 확대되면서 채권업계 최고 수준의 연봉을 받는 딜러로 이목이 집중되기도 하였다. 전성기인 2019년 '박수칠 때 떠나라'란 평소의 바람을 이루며 퇴직 후 현재는 자신이 설립한 비케이파트너스에서 투자와 관련한 여러 활동을 하고 있다.

Q. 채권업계 최고 수준의 연봉을 받던 전성기에 스스로 파이어를 선택해 재야로 가신 지 4년 정도 되셨는데요. 특별한 은퇴 이유가 있으셨나요? 요즘은 어떻게 지내고 계신지요? 또 새롭게 도전하는 분야는 있으신가요?

업계 최고의 연봉을 받았다는 소문은 매우 과장된 듯하고요(웃음). 시장에 저보다 훨씬 큰 성과를 내고 있는 후배들도 많고 앞으로도 더 훌륭한 딜러들이 나올 거라고 생각합니다. 허리디스크 등 건강상 문제가 생기면서 힘들기도 했고, 더 열심히 하는 후배들에게 기회를 주는 것이 맞다고 생각해 2019년 말 은퇴를 결심했습니다. 다행히 은퇴 후 건강도 많이 회복하였고 여유를 즐기고 있습니다. 이제는 새로운 분야에 도전하기보다는 그동안 해왔던 일, 즉 채권을 통해 플러스 알파 수익률을 실현할 수 있는 자산배분 운용에 관해 나름대로의 고민을 계속하며 개인적인 투자 활동을 계속하고 있습니다.

Q. 증권사에서 어떤 부서에 계셨나요? 또 거기서 어떤 업무를 맡으셨는지 설명해 주시겠어요?

1994년부터 2004년까지는 채권영업부서에서 채권중개인을 했습니다. 채권중개인은 매수자와 매도자 사이에서 부동산 거래를 성사시키는 공인중개사처럼 많은 기관의 채권 매수매도 주문을 받아 장외시장에서 체결시킨 후 수수료 수입을 얻는 역할을 합니다. 기관 간 채권 거래의 대부분은 채권중개인과의 전화통화나 메신저 대화를 통해 장외에서 거래되지요. 채권중개인들을 보통 채권 브로커라고 불러요. 브로커 시절, 거래로 알게 된 훌륭한 펀드매니저, 딜러 들과 교류하며 운용에 대해 많은 영감을 받았는데요. 이런 경험과 지혜가 나중에 딜러로 활동할 때 큰 도움이 되었습니다. 그때 만난 분들을 아직도 만나며 교류하고 있습니다.

2004년에 채권 딜러 업무를 시작했는데요. 증권사의 자금을 이용하여 채권을 매수하고 매도하는 행위를 반복하면서 수익을 얻는 운용자들을 딜러라고 해요. 초기 딜러 시절엔 채권현물과 채권선물 간에 매우 큰 괴리가 있었고 장기채권과 단기채권 간, 크레디트 종목 간에 가격 불균형이 있어서 큰 리스크 없이 수익을 낼 수 있는 기회가 많았습니다. 산업증권 입사 때부터 같이 하던 동료가 현물/선물 간 차익거래를 담당하고 저는 채권/현물 간 스프레드 매매(상대가치 매매)를 맡아 협업하는 유기적인 운용체계를 업계 최초로 만들기도 했습니다.

 알아두세요

스프레드 매매

서로 다른 자산 간의 가격 차이를 이용한 투자 방법입니다. 한 자산이 다른 자산에 비해 과대평가 또는 과소평가 되었다고 판단될 때 사용되며, 두 자산 간의 가격 차이(즉, 스프레드)로 수익을 창출하는 것을 목표로 합니다.

Q. 다른 증권사의 딜러들보다 더 높은 수익을 낼 수 있었던 비결이 있다면 무엇일까요?

시장의 강세나 약세에 베팅하는 화끈한 운용보다는 싼 채권은 사고 비싼 채권은 파는 행위를 반복하는 차익거래나 상대가치 스프레드 매매를 꾸준하게 지속하며 수익을 쌓아간 것이 주효했습니다. 제 경험으론 항상 채권현물과 채권선물 간, 또는 채권과 다른 채권 간에는 여러 원인으로 가격 불균형이 존재했는데 시장에 과매수와 과매도가 있을 때 그 괴리는 더욱 커졌습니다. 저는 이런 가격의 불균형을 끊임없이 관찰하고 다양한 시장 참여자들과 소통하면서 운용 논리를 찾았습니다.

증권사 딜러들은 대부분 계약직인데요. 이들은 모두 절대수익을 추구합니다. 시중 금리가 폭등하는 약세장이 와도 절대수익을 내지 못하고 손실을 내면 재계약이 이루어지지 않는 구조이기 때문입니다. 따라서 시장의 강세나 약세에 무관하게 수익을 내야 하는데 그러기 위해서는 필수적으로 시장 정보와 매매의 흐름을 예의주시해야 합니다. 그런데 어떤 시장 환경에도 꾸준한 수익을 내기 위해서는 미래를 예측하기보다는 단기간에 벌어지는 이벤트나 시장 움직임에 민첩하게 대응하는 대응력이 관건이 아닐까 생각합니다. 증권사 고유계정 채권 운용의 성패는 미래에 대한 예측보다는 현재 벌어지고 있는 시장의 흐름에 대응하는 순발력과 관찰을 통한 가격 불균형의 원인을 발견하는 데 있고, 이렇게 해야 성공의 확률을 높일 수 있다고 생각합니다.

또한, 이러한 대응력이 생기기 위해서는 채권 중개 파트와 채권 딜링 파트의 유기적인 협력이 필수적이죠. 활발한 소통 과정에서 운용에 대한 새로운 아이디어가 지속적으로 창출되기 때문이지요. 이런 유기적 협력의 바탕은 서로에 대한 존중과 배려에 있다고 생각합니다. 어떤 분야에서든 최고의 퍼포먼스는 동료 간의 존중과 배려에서 나오는 것이라고 확신합니다.

알아두세요

과매수와 과매도

과매수는 시장에서 채권이 과도하게 매수되어 그 가치가 과장된 상태를, 과매도는 채권이 과도하게 매도되어 그 가치가 과소평가된 상태를 의미합니다.

Q. 현장에 오래 계시면서 혹시 기억에 남는 일이 있었다면 소개해 주시겠어요?

운용하는 동안 큰 위기가 한 번 있었는데요. 최초 포지션 진입 시 위기 대응에 대해 별다른 계획이 없는 상태로 막연하게 시작했다가 시장과 붙어서 이길 수 있다는 자만심으로 손실이 급속도로 불어나 거의 손실 한도에 다다른 적이 있습니다. 이때 손실한도 관리의 중요성을 뼈저리게 느꼈습니다. 제 자만심에 대해 통렬한 반성도 했고요. 그다음부터는 새로운 포지션에 진입할 때마다 그때 놓쳤던 것들을 돌이켜보며 꼼꼼히 점검하는 것이 일종의 관례가 되었습니다.

Q. 좋은 채권 딜러가 되기 위해 중요한 자질이 있다면 무엇일까요?

좋은 채권 딜러가 되기 위한 자질을 네 가지 꼽을 수 있는데요. 첫째는 성실함입니다. 긴 설명은 필요 없겠죠? 주위를 보면 좋은 딜러들은 언제나 예외 없이 성실한 것 같아요. 둘째는 유연함이라고 생각합니다. 자산운용사의 펀드매니저는 장기적 시각에서의 미래 예측력과 본인의 시장 뷰에 대한 운용철학이 절대적으로 필요합니다. 그에 반해 증권사의 딜러는 흔들리는 갈대 같은 유연함이 필요합니다. 오전에는 금리하락에 베팅했다가도 오후에 상승을 촉발할 뉴스가 나왔다면 오전 포지션을 손절하고 곧바로 과감하게 반대 포지션을 잡아야 하는 식으로요. 이렇듯 증권사 딜러에게는 유연한 사고의 전환을 통한 대응력이 매우 필요합니다. 셋째는 쩨쩨함이라고 생각해요. 증권사 딜러는 항상 절대수익을 추구합니다. 금리가 상승하든 하락하든 돈을 벌어야 생존할 수 있죠. 100이라는 수익을 한 번에 내려는 대담함보다는 1이라는 수익이라도 백 번 내면 된다는 쩨쩨함이 필요하죠. 끊임없이 시장의 가격 불균형을 찾아내려는 관찰을 통해 한 푼 한 푼 수익을 쌓아나가는 과정이 필요합니다. 넷째는 겸손함입니다. 나는 여전히 시장에 대해 잘 알지 못한다는 태도가 필요합니다. 그러니 시장 참여자 누구에게든 질문할 수 있죠. 무수한 질문 속에서 나름대로의 방향성을 찾을 수 있다고 생각해요. 제가 운용에서 실패를 최소화했던 원인을 생각해 보면 시장의 고수들과 끊임없는 소통을 통해 그들의 뷰를 커닝했던 덕분이라 생각해요. 재직 중에 후배 딜러들에게 가장 강조했던 덕목이 바로 겸손함이었습니다.

Q. 마지막으로, 현업에서 고군분투하고 있는 후배들에게 꼭 해주고 싶은 조언이 있으십니까?

후배들에 대한 조언이라면 거창하기도 하고 주제넘는 얘기일 듯도 합니다만, 동업자라는 인식을 서로 가졌으면 합니다. 수익을 놓고 다퉈야 하는 살벌한 정글 같은 시장이지만 경쟁자이자 동업자라는 마음으로 때로는 배려와 양보도 필요하다고 생각해요. 현재 채권시장이 수익을 내기 어렵다 보니 경쟁이 치열한데, 가끔은 시기와 질투도 있고 다른 동업자를 깎아내리기도 한다는 얘기를 들으면 안타까워요. 돌이켜보면 배려와 양보는 오히려 제가 채권 브로커나 채권 딜러로 성공하는 데 큰 도움을 주었고 그런 자세로 살아가는 삶 자체가 인생의 큰 가치가 되어주었다 생각합니다.

분류에 따라
다양한 채권과
종류별 금리

알아두세요 ──────

하이일드채권

신용등급이 낮은 대신 수익률이
높은 고위험·고수익 채권을 말
합니다. 무디스 평가 기준으로
'Ba1' 이하, 스탠더드앤드푸어스
(S&P) 평가기준으로 'BB' 이하인
채권이 이에 속합니다.

채권의 종류를 나누는 기준은 여러 가지가 있습니다. 발행되는 채권의
통화에 따라 달러채권, 원화채권 등으로 나눌 수도 있고 채권에 대한 신
뢰도에 따라 우량채권, 하이일드채권, 정크본드 등으로도 나눌 수 있지
요. 하지만 채권을 분류하는 가장 중요한 기준은 그 채권의 출신성분이
라 할 수 있는 발행자의 종류와 신용등급, 그리고 그 채권의 잔존만기입
니다.

채권은 채무를 이행해야 하는 발행자가 누구냐에 따라 채권의 이름과
종류, 부여되는 신용등급이 달라집니다. 우리나라에서 발행되는 모든
채권은 발행자에 따라 국채, 지방채, 공사채, 금융채, 회사채로 크게 나
누고 있으며 신용등급에 따라 'A+등급 캐피탈채', 'BBB+등급 회사채'처
럼 좀 더 세분화되어 분류되기도 합니다.

한편, 같은 발행자의 채권일지라도 잔존만기에 따라 그 채권의 성격은
완전히 달라지게 됩니다. 국채 2년물과 국채 10년물은 투자자 입장에서
는 단기물과 장기물로 다른 채권이 되는 거지요. 때문에 시장 참여자들
사이에서는 발행자의 종류와 신용등급, 그리고 그 채권의 잔존만기라는
세 가지 기준으로 채권이 분류되어 통칭되고 있습니다. "AA0 등급 카드
채 2년물 매물 나온 것 있나요?", "A등급 회사채 1년짜리 하나 팔고 싶
은데 지금 금리가 어느 정도 해요?", "4년 반 남은 지방채 좋은 물건 있
으면 좀 알려주세요."라는 식으로 말이지요. 채권 잔존만기의 개념은 워
낙 중요하기에 시장에서 채권의 이름을 부를 때 붙여서 부르는 것이 일
반적입니다. '한전채 3년물', '우리금융지주 5년물'처럼 말이지요.

| 채권 발행 주체에 따른 구분 |

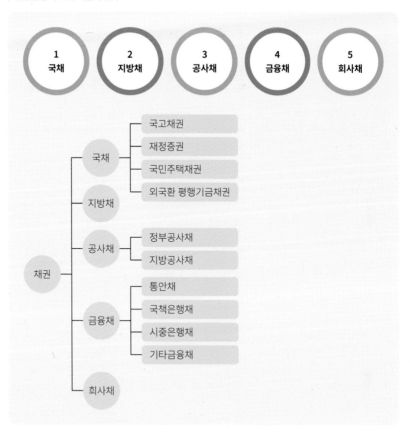

| 채권 종류별 발행액 규모 |

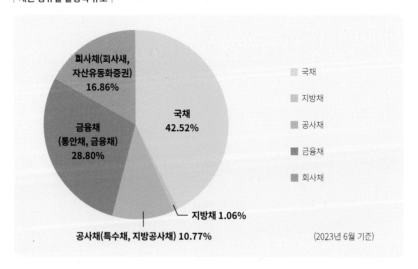

(2023년 6월 기준)

채권의 종류 1-
돈 떼일 염려 전혀 없는 국채

최초의 채권은 중세 이탈리아의 도시국가 정부에서 다른 나라들과 전쟁을 치를 자금을 마련하기 위해 탄생했습니다. 이처럼 정부에서 공공 목적을 위해 자금이 필요할 때 국회의 동의를 받아 발행하는 채권이 국채입니다. 2023년 6월 기준, 국채는 국내 시장에서 발행되어 유통되는 모든 채권의 42%에 달할 정도로 채권시장에서 가장 큰 비중을 차지하고 있습니다. 정부가 원리금 지급의 주체이기 때문에 신용도가 가장 높은 채권으로 간주되며 부도 위험이 없는 채권으로 인식됩니다. 국채도 발행 목적에 따라 다시 분류되는데요. 기획재정부에서 발행하는 국고채와 재정증권, 첨가소화채의 일종인 국민주택채권, 외화자금 조달을 위해 발행하는 외국환 평형기금채권(외평채) 등입니다.

알아두세요

첨가소화채(添加消化債)
집이나 자동차 등을 살 때 의무적으로 매입해야 하는 준조세적 성격의 채권입니다. 주로 국가나 지방자치단체가 공공의 목적을 위한 자금조달을 위해 발행하며, 매입하는 즉시 되파는 경우가 일반적입니다.

국채 종류	발행 목적	특징	근거 법률
국고채권 (국고채)	사회복지정책 등 국가의 재정정책 수행에 필요한 자금 조달	- 매월 수차례 미리 공고된 예정일에 입찰을 통해 정기 발행 - 국채 중 발행 물량이 가장 많고 거래가 활발함	국채법
재정증권	정부의 일시적 재정 부족자금 조달	- 발행 주체에 따라 국채와 지방채로 구분	재정증권법
국민주택채권	주택안정을 위한 정부 정책 수행	- 첨가소화채로 발행 - 금리가 없거나 1%로 낮음	주택도시기금법 국채법
외국환 평형기금채권	환율 안정, 국제금융시장 내 한국 지위 강화	- 필요 시 수시로 발행 - 달러 등 외화로 표시된 채권으로 발행	외국환거래법

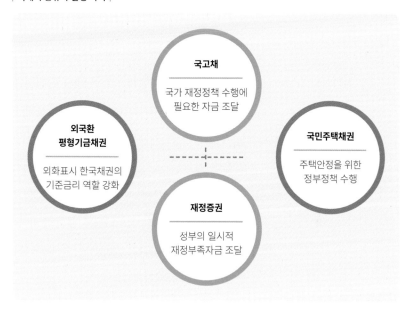

이 중 발행량이 많은 국고채권과 국민주택채권은 채권투자자에게 매우 중요한 투자 대상입니다. 특히 국고채권은 기관투자자들에게, 국민주택채권은 개인투자자들에게 더욱 중요하게 여겨지고 있는데 그 이유는 뒤에서 자세히 살펴보겠습니다.

① 채권시장의 대표, 국고채권

정부는 기본적으로 그해에 거둬들이는 세금을 재원으로 삼아 복지정책 등 나라의 살림살이를 해야 하는데요. 할 일이 많아져 세금만으로는 자금이 부족할 때 국고채권을 추가로 발행하여 재원을 충당하게 됩니다. 거둬들인 세금보다 정부의 지출이 많아 국고채권을 추가로 발행해야 하는 상황을 적자재정(적자예산)이라고 하지요. 반대로 거둬들이는 세금보다 정부 지출이 적은 경우를 흑자재정(흑자예산)이라고 하고, 거둬들이는 세금과 정부의 지출이 거의 같을 때 균형재정(균형예산)이라고 합니다.

국고채권은 매월 기획재정부에서 주관하는 정기적인 입찰을 통해 3년, 5년, 10년, 20년, 30년, 50년 등 다양한 만기물로 발행하고 있습니다. 다양한 만기물이 존재하고 유동성이 뛰어나 다양한 전략을 활용하여 투자할 수 있다는 장점이 있어, 평소 거래량과 거래빈도가 높은 기관투자자들이 매우 선호하는 채권이죠. 특히 시세변동폭이 큰 장기물은 시세차익을 노리거나 금리하락에 대비하는 투자자들에게 좋은 투자 대상이 됩니다. 시장에서 가장 높은 비중을 차지하고 거래가 활발하므로 국고채권의 가격변동(금리변동)이 다른 유통금리에도 크게 영향을 미치며, 이러한 이유로 국고채권은 채권시장을 대표하고 기준이 된다 하여 '지표채권'으로도 불립니다.

| 23년 7월 국고채권 발행일정 예시 |

<table>
<tr><th colspan="8">'23년 7월 국고채권 발행일정(단위: 억원)</th></tr>
<tr><th colspan="2">구 분</th><th>입찰
공고일</th><th>입찰일</th><th>대금
납입일</th><th>발행일</th><th>통합발행기간*</th><th>발행
예정액</th></tr>
<tr><td>2년물</td><td>국고03375-2503(23-3)</td><td>6.29.(목)</td><td>7.4.(화)</td><td>7.6.(목)</td><td>'23.03.10.</td><td>발행일부터 6개월</td><td>17,000</td></tr>
<tr><td>3년물</td><td>국고03125-2606(23-4)</td><td>6.28.(수)</td><td>7.3.(월)</td><td>7.4.(화)</td><td>'23.06.10.</td><td>발행일부터 6개월</td><td>25,000</td></tr>
<tr><td rowspan="2">5년물</td><td>국고03250-2803(23-1)</td><td>7.12.(수)</td><td>7.17.(월)</td><td>7.18.(화)</td><td>'23.03.10.</td><td>발행일부터 6개월</td><td>14,000</td></tr>
<tr><td>(선)국고00000-2809(23-6)</td><td>7.12.(수)</td><td>7.17.(월)</td><td>7.18.(화)</td><td>'23.09.10.</td><td>발행일부터 6개월</td><td>9,000</td></tr>
<tr><td>10년물</td><td>국고03250-3306(23-5)</td><td>7.5.(수)</td><td>7.10.(월)</td><td>7.11.(화)</td><td>'23.06.10.</td><td>발행일부터 6개월</td><td>26,000</td></tr>
<tr><td>20년물</td><td>국고03250-4209(22-11)</td><td>7.13.(목)</td><td>7.18.(화)</td><td>7.19.(수)</td><td>'22.09.10.</td><td>발행일부터 1년</td><td>9,000</td></tr>
<tr><td>30년물</td><td>국고03250-5303(23-2)</td><td>6.22.(목)</td><td>6.26.(월)</td><td>6.27.(화)</td><td>'23.03.10.</td><td>발행일부터 6개월</td><td>35,000</td></tr>
<tr><td>50년물</td><td>국고03500-7209(22-12)</td><td>7.4.(화)</td><td>7.7.(금)</td><td>7.10.(월)</td><td>'22.09.10.</td><td>발행일부터 2년</td><td>5,000</td></tr>
<tr><td rowspan="2">교환</td><td>명목채</td><td>7.6.(목)</td><td>7.11.(화)</td><td>7.11.(화)</td><td>'23.03.10.</td><td>발행일부터 6개월</td><td>2,000</td></tr>
<tr><td>물가채</td><td>6.27.(화)</td><td>6.30.(금)</td><td>7.4.(화)</td><td>'22.06.10.</td><td>발행일부터 2년</td><td>1,000</td></tr>
</table>

* 통합발행제도 : 표면금리·만기 등이 같아 동일 종목으로 취급되는 국고채권을 일정기간
(2년·3년·5년·10년·30년물-6개월, 20년물-1년, 물가채·50년물-2년) 동안 통합하여 발행하는 제도

기획재정부가 22일 발표한 2023년 7월 국고채권 발행일정. [도표=기재부]

지표채권은 채권시장의 대표 수익률을 나타내는 채권을 의미합니다. 우리나라는 2013년부터 공식적으로 '국고채 10년물'이 지표채권으로 지정되었으며, 국고채 10년물의 금리가 채권시장의 대표금리로 쓰이고 있습니다. 이전에는 국고채 5년물이 지표채권이었고, 또 그 이전에는 회사채 3년물이 지표채권이었던 때도 있었습니다. 그런데 아직도 네이버 등

주요 포털 사이트나 언론에서는 관행적으로 3년 만기 국고채 금리를 주요 금리로 게시하고 있어 일반인에겐 국고채 3년 만기 금리 동향이 더욱 익숙할 것입니다. 우리나라처럼 장기채권시장이 발달한 선진국들은 대부분 국고채 10년물을 지표채권으로 정하고 있습니다. 일반인에게 장기채권시장을 인식시키기 위해, 또 국가 간 적정한 금리 비교를 위해 우리나라도 국고채 10년물을 언론 등에서 대표 채권으로 취급하고 다뤄야 할 필요가 있습니다.

한편 채권시장에서는 일반적으로 여러 만기물 중에 가장 최근에 발행되거나 거래가 많은 특정한 국채를 '3년 지표물', '5년 지표물', '10년 지표물' 등 지표물이라 부르고, 이들 외의 다른 모든 채권은 경과물 또는 비지표물이라 부릅니다. 각종 지표물의 수익률은 한국거래소의 KRX 정보데이터시스템을 통해 조회할 수 있습니다.

| KRX 정보데이터시스템 지표 채권수익률 고시 |

출처: KRX 정보데이터시스템(http://data.krx.co.kr)

② 물가상승 위험을 헤지, 절세 효과도 뛰어난 물가연동국채

물가연동국채는 원금 및 이자 지급액을 물가에 연동해 물가상승에 따른 손실을 보전해주는 채권으로, 재정경제부가 매월 입찰을 통해 발행하는 국채입니다. 이 국채는 물가가 오를수록 이자나 원금을 더 받는 채권이기 때문에 개인이 재테크용으로 활용하기에 유리한 점이 많습니다.

해외 사례를 보면 물가연동국채는 크게 두 가지로 나눌 수 있습니다.

첫째는 이자를 '고정이자율+물가상승률'로 정하여 이자를 받을 때마다 인플레이션에 따라 조정해 지급하는 방법입니다. 예를 들어 '3%+물가상승률' 이자율로 정해진 물가연동채는 물가상승률이 5%가 되면 3%+5%로 계산된 이자 8%를 이자지급일에 지급해야 합니다.

둘째는 원금을 물가상승률만큼 지속적으로 상향 조정하면서 정해진 이자율만큼의 금액을 이표로 지급하는 방법입니다. 현재 우리나라에서 발행하는 물가연동국채는 두 번째에 해당합니다. 가령 1,000만 원을 3% 이자율의 물가연동국채에 투자하고, 1년 후 물가가 5% 올랐을 경우 원금은 1,050만 원으로 조정되며 이 1,050만 원의 3%에 해당하는 이자가 지급되는 식이지요. 즉, 채권 보유 기간에 물가상승률이 높으면 높을수록 만기일에 상환되는 원금이 더 많아지고 중간중간 나오는 이자 지급액도 더 높아지는 채권입니다.

일석삼조인 물가연동국채의 장점

물가연동국채는 개인투자자에게 일석삼조(一石三鳥)의 채권입니다. 그 이유를 하나씩 살펴볼까요?

첫째, 인플레이션으로 화폐 가치가 많이 떨어질 때 오히려 가치가 오르는 인플레이션 방어용 자산입니다. 위의 설명처럼 물가상승률이 높으면 높을수록 채권에서 지급되는 원금과 이자가 많아지기 때문이지요. 둘째, 물가상승률만큼 원금이 복리로 증가하는 수익에 대해서는 세금이 없으므로(2024년 기준) 이자소득세가 크게 감면되는 효과를 얻을 수 있습니다. 10년 만기 채권이기 때문에 2018년 이전에 발행된 채권의 경우 분리과세가 가능해 종합과세 부담이 있는 투자자라면 특히 큰 효과를 얻을 수 있습니다. 셋째, 다른 장기채권과 마찬가지로 매입 후 경기 불안 등으로 시장금리가 하락할 때 이자는 물론 매매 차익까지 기대할 수 있습니다. 전반적인 채권시장의 금리하락이 있을 때에는 물가연동채의 매매금리 수준도 하락하여 채권 가격이 상승하므로 자본이익이 발생하게 됩니다. 금리하락이 왜 채권의 가격 상승을 뜻하는지는 추후 셋째마당에서 상세히 설명할 예정입니다.

우리나라에서는 물가연동국채가 아직 활성화되어 있지 않은 까닭에 일반적인 채권에 비해 다소 싼 가격에 매입할 수 있어, 자금력이 풍부한 개인투자자에게 어떤 장기채권이나 예금보다도 유리한 투자가 될 수 있습니다. 다만, 채권 매입 후 물가상승률이 낮아진다면 예상보다 이자소득이 낮아질 수 있고, 가능성은 미미하나 극심한 디플레이션(위 예에서 물가상승률이 -3.5% 이상을 지속하는 경우)이 발생한다면 원금손실의 우려도 있음을 염두에 두어야 합니다.

물가연동국채는 증권사 HTS를 이용해 소매 채권시장에서 매입할 수 있습니다. 매월 정기적으로 정부에서 입찰하는 채권이기 때문에 국채 전문 딜러(PD)나 증권사를 통해 직접 입찰에 참여·매입할 수도 있습니다.

알아두세요

채권의 분리과세
만기 10년 이상인 장기채권을 3년 이상 보유한 후 분리과세를 신청하면 33%(소득세 30%, 지방소득세 3%)로 분리과세되어 금융소득종합과세 대상자들에게 유리합니다.

알아두세요

국채 전문 딜러(PD)
국채 발행시장에서 우선적인 입찰참여권 국채 인수 및 유통금융 지원 등의 혜택을 부여받는 대신, 국채 유통시장에서 여타 딜러나 일반에 국채 매매가격을 제시하고 매매를 원하는 경우 주선해주는 '시장조성자'로서의 의무를 수행하는 딜러입니다.

채권의 종류 2-
지방정부의 살림살이를 위해 발행되는 지방채

지역채권(또는 지방채)은 특별시, 광역시, 군 등의 지방자치단체가 지방재정 규정에 따라 특수한 목적으로 자금을 조달하기 위해 발행하는 채권입니다. 지방자치단체는 기본적으로 지방세 수입으로 행정을 꾸려나가고 있지만 부족할 경우 국고보조금으로 충당하는 경우가 많기 때문에 국고채권처럼 정기적으로 채권을 공모하여 발행하지는 않습니다. 지역채권은 자동차를 구입하고 등록할 때 의무적으로 매입해야 하는 첨가소화채가 대부분입니다. 서울도시철도채권, 경기지역채권, 강원지역채권 등의 지역과 재원조달 목적에 따른 명칭이 붙습니다. 첨가소화채로 발행된 지역채권은 또다른 첨가소화채인 국민주택채권과 함께 개인투자자들에게 인기가 많습니다.

우리나라 지방정부는 재정적으로 정부와 완전히 독립되어 있지 않으므로 필요한 경우 국가로부터 보조를 받아 원리금 지급에 대한 책임을 지고 있습니다. 이 때문에 지방채는 국채만큼은 아니어도 최고 수준의 신용도를 갖고 있다고 판단되어 국채와 마찬가지로 별도의 신용등급 평가를 받지 않습니다. 한편, 지방정부는 지역개발공사 등 지방정부 산하 공사에 출자하여 크고 작은 지역의 사업을 실행하고 있는데요. 이들 지방 공사채는 회사채와 마찬가지로 신용도에 따라 등급을 평가받고 있습니다.

대부분 바로 되파는 첨가소화채, 부자들은 사들인다?

각종 세금에 '첨가'해 의무적으로 '소화'해야 하는 '채권'을 첨가소화채권 (첨가소화채, 添加消化債)이라 합니다. 국가나 지방자치단체가 공공 목적으로 자금을 조달하기 위해 발행하며, 관공서로부터 면허·허가·인가를 받거나 등기(주택)·등록을 신청할 때 의무적으로 구입하는 채권입니다. 우리가 일상에서 접할 수 있는 첨가소화채권에는 집을 등기할 때나 아파트 채권 입찰 시 소화해야 하는 국민주택채권, 자동차 등록 시 소화해야 하는 지역채권이 있습니다. 첨가소화채의 만기는 대부분 5년이지만 서울에서 자동차를 등록할 때 매수해야 하는 서울도시철도채권은 7년물로 발행됩니다.

첨가소화채는 표면금리(발행금리)가 시중금리에 비하여 매우 낮다는 특징이 있습니다. 정부나 지방정부에서 시장보다 낮은 금리로 자금을 조달하기 위해서지요. 2023년 6월 기준, 국민주택 1종채권 5년물의 시장금리는 3.8%이지만 표면금리는 1.3%에 불과하며 경기지역채권 5년물의 시장금리는 3.9% 수준이지만 표면금리는 2.5%입니다. 시장에서 매입하면 3.8%, 3.9%에 매수할 수 있는 채권을 억지로 1.3%, 2.5%에 사야하니 금리의 차이만큼 손해를 보는 것과 마찬가지입니다. 발행하는 정부는 그만큼 이득이고요. 결국 이런 과정에서 발생하는 손실분만큼이 일종의 세금이라고 보면 됩니다.

2023년 6월 주택을 취득한 사람은 국민주택채권을 무조건 1.3%의 금리로 일정 금액을 정부로부터 매입(소화)해야 합니다. 대부분 취등록 시점에서 매입한 첨가소화채를 시장금리 3.8%에 곧바로 매도합니다. 이 채권을 바로 매입해주는 은행에서도 수수료 명목으로 시장가격보다 싼 가격으로 매입하기 때문에 개인의 손실은 더욱 커집니다. 만약 1천만 원의 국민주택채를 소화한 후 곧바로 매도한다면 적어도 100만 원 이상의 손실을 입게 됩니다.

따라서 국민주택채권을 매입했다가 곧바로 매도하는 과정을 대부분의 사람은 그냥 100만 원 이상의 추가 세금을 납부하는 과정으로 인식하지만 일부 사람들은 이 첨가소화채를 매입 후 바로 매도하지 않고 본인의 증권계좌에서 보유하기도 합니다.

반면 자금력이 풍부한 부자들의 경우 서민들이 파는 첨가소화채를 시장금리로 투자하는 것을 선호합니다. 그 이유는 채권은 투자금리가 아닌 표면금리에 이자소득세가 부과되므로 표면금리가 유통금리(시장금리)보다 낮은 첨가소화채권의 세금 부담이 낮기 때문입니다.

예를 들면, 3.8%로 매입한 국민주택채권에서 투자자는 3.8%의 이자소득을 얻지만, 이자소득에 부과되는 이자소득세는 표면금리인 1.3%에만 부과됩니다. '강원지역개발채권 22-04'라는 표면금리 1.05%, 매수금리 3.44%, 예금환산수익률 4.42%, 12개월 복리채에 약 100만 원을 투자하고 3년이 되었을 때의 현금흐름은 아래와 같습니다.

- 매수금액 : 100만 원
- 상환금액 : 111만 7천 원
- 세금 : 5,300원(이자소득세 15.4% = 소득세 14% + 1.4%)
  * 세전수익 11만 7천 원 기준 이자소득세 부과 시
    11만 7천 원 × 15.4% = 1만 8천 원이어야 하나,
    표면금리 1.05%를 기준으로 부과하기에 세금이 적다.
- 세후금액 : 111만 2천 원

세후수익률에 대해서는 추후 상세히 설명드릴 예정이니 지금은 표면금리가 낮은 첨가소화채에 투자할 경우 이자소득세를 줄이는 데 매우 유리하다는 정도로만 이해하면 됩니다.

등록·등기 시 받은 첨가소화채권을 어떻게 처리하는 게 가장 유리할까?

국민주택채권이나 지방채권 등 첨가소화채권을 '의무적으로' 매입하게 되었을 경우 어떻게 하는 것이 가장 덜 손실을 볼까요? 자금 여유가 있다면 채권 금액을 지불하고 본인의 증권계좌로 입고해 보유하는 것이 가장 좋습니다. 이렇게 하면 채권을 좋은 금리에 매입하는 효과를 얻을 수 있습니다.

예컨대 오래전 주택을 매입했을 때 필자가 소화해야 했던 국민주택채권 금액은 1,000만 원 정도였습니다. 당시 동 채권의 시장금리는 5% 수준이었으나 주택 취득 절차를 대행하던 법무사 측에서 제시한 매입 시 채권할인율(채권매수금리의 또 다른 말로, 보통 '채권깡' 또는 '채권와리깡'이라는 속어로 부른다)은 7% 수준이었습니다. 나는 세후수익률이 좋은 이 채권을 7%나 되는 높은 금리로 팔아야 할 이유가 없었기 때문에 채권 보유를 결정했습니다. 그 자리에서 '깡'을 하는 것이 편하기는 하지만 법무사나 부동산중개사, 자동차 판매소에서 제시하는 채권할인율은 시장금리보다 다소 높을 가능성이 높아 금전 면에서는 불리한 경우가 많았습니다. 5년 만기 첨가소화채권의 경우 시장 금리보다 1% 높은 금리로 '깡'을 한다면 액면 금액의 5% 정도 추가 손실을, 2% 높은 금리로 '깡'을 한다면 액면 금액의 10% 정도 추가 손실을 보게 됩니다.

필자의 사례처럼 과거엔 사설업체를 통한 '깡'으로 첨가소화채로 인한 비용 부담이 컸던 반면 지금은 다행히 취등록을 담당하는 관공서(자동차의 경우 차량등록사업소) 내에 상주하는 은행출장소에서 적정 수익률로 채권을 '깡(할인)'해 주고 있어 비교적 저렴한 비용을 부담하며 채권을 처분할 수 있습니다. 채권을 매입할 만한 자금 여유가 없을 때는 법무사 등 취등록 대행자에게 은행에서의 채권할인을 요청하면 됩니다.

한편 채권을 곧바로 매도하지 않고 본인의 증권 계좌에 보유하는 경우 언제든지 증권사 HTS 또는 창구에서 매도 주문을 내어 적정 가격에 매도할 수 있습니다. 앞에서 설명한 것처럼 첨가소화채권은 세후수익률이 유리해 수요가 많기 때문에 소매 채권시장을 통해 매도하는 것이 어렵지 않습니다. 이렇게 하면 실제 시장가격에 가깝게 매도할 수 있습니다.

채권투자에 익숙치 않은 개미투자자들의 경우 첨가소화채를 소화해야 할 상황이 생긴다면 채권을 바로 내다 팔지 말고 본인의 계좌에 보유할 것을 권합니다. 채권을 보유하며 좋은 가격에 매도할 시점을 모색하거나 만기를 기다리며 채권 경험치를 '레벨업' 해보는 것도 좋을 것입니다.

채권의 종류 3-
공기업이 발행하는 공사채

정부의 업무를 수행하기 위해 특별법에 의거해 설립된 공기업들이 발행하는 채권을 공사채라고 합니다. 공기업은 예금보호공사, 한국토지주택공사(LH), 한국전력공사, 한국도로공사 등 정부가 출자하여 주요 주주 및 경영의 주체가 되는 정부 산하 공기업과 경기주택도시공사, 강원도개발공사 등 지방정부가 주요 주주 및 경영의 주체가 되는 지방공기업을 말합니다. 공사채는 금융채와 함께 특수채로 불리기도 하는데요. 모두 특별법에 의해 설립된 기관들이 발행하기 때문입니다.

정부 산하 공사채는 대부분 국가의 보증 또는 신용보강을 수반하고 있기 때문에 최고 등급인 AAA를 부여받습니다. 지방정부가 설립했기에 신용보강 고리가 다소 약한 지방공사채의 경우에는 이보다 낮은 AA^+ 정도의 신용등급을 부여받는 경우가 많지요. 이처럼 공기업의 신용도에 따라 이자율이 결정되는 공사채는 그 숫자만큼이나 다양한 수익률을 제공하므로 채권투자자들이 다양한 선택을 할 수 있습니다.

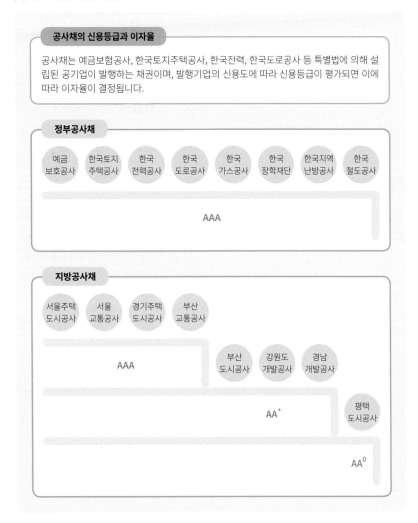

공사채의 신용등급과 이자율

공사채는 예금보험공사, 한국토지주택공사, 한국전력, 한국도로공사 등 특별법에 의해 설립된 공기업이 발행하는 채권이며, 발행기업의 신용도에 따라 신용등급이 평가되면 이에 따라 이자율이 결정됩니다.

정부공사채

예금보호공사 · 한국토지주택공사 · 한국전력공사 · 한국도로공사 · 한국가스공사 · 한국장학재단 · 한국지역난방공사 · 한국철도공사

AAA

지방공사채

서울주택도시공사 · 서울교통공사 · 경기주택도시공사 · 부산교통공사

AAA

부산도시공사 · 강원도개발공사 · 경남개발공사

AA^+

평택도시공사

AA^0

신용 안전성을 대표하는 이름, 국공채

정부와 공공단체, 공기업이 발행하는 채권을 합쳐서 국공채라고 합니다. 일반적으로 국채, 지방채, 공사채 및 한국은행, 산업은행, 중소기업은행, 수출입은행 등의 국책은행 채권을 포함하므로 신용위험이 상당히

낮습니다.

국공채에 투자하는 방법은 크게 두 가지로 나눌 수 있는데 여러 국공채 중 한 개 또는 여러 개에 직접 투자하는 방법과 국공채 펀드에 투자하는 간접 투자 방법이 있습니다.

자산의 대부분을 채권에 투자하는 펀드를 채권형 펀드라고 하고 자산의 대부분을 주식에 투자하는 펀드를 주식형 펀드라고 하는데요. 이처럼 자산의 대부분을 국공채에 투자하여 신용위험을 최소화한 펀드를 국공채 펀드라고 부릅니다. 국공채 펀드는 채권형 펀드나 회사채 펀드에 비해 기대수익률은 다소 낮아도 안전성을 중시하는 투자자에게 알맞은 투자상품 중 하나입니다.

채권의 종류 4-
금융기관도 돈이 필요할 땐
금융채

금융채는 은행, 카드, 캐피털사 등 특별법에 의해 설립된 금융기관이 발행하는 채권입니다. 그중 한국은행이 발행하는 통안채를 제외하고 발행하는 금융기관의 신용도에 따라 신용등급을 부여받습니다.

| 금융채의 종류 |

금융채의 분류	
○ 통안채	한국은행이 발행
○ 국책은행채	산업은행 및 중소기업은행이 발행(산금채, 중금채)
○ 시중은행채	KB은행, 우리은행, 신한은행 등 시중은행이 발행
○ 기타금융채	카드사, 캐피탈 등이 발행

시중은행채

은행은 평소 고객들의 예금으로 자금을 조달하고 있습니다. 그리고 들어온 예금 자금의 대부분은 다시 대출금으로 나갑니다. 은행 입장에서는 예금과 대출의 양을 급박하게 돌아가는 금융시장의 상황에 맞춰 재빠르게 줄이거나 늘이기에는 한계가 있습니다. 유동성이 부족하다고 해서 아직 만기가 돌아오지 않은 대출을 갑자기 회수하거나 보유현금이 남아돈다고 갑자기 예금을 고객들에게 돌려줄 수는 없기 때문입니다.

그 때문에 은행들은 보유현금의 유동성 조절을 주로 채권을 통해서 하고 있습니다. 현금이 일시적으로 부족할 때 보유 중인 채권을 시장에서 매도하거나 은행채를 발행하는 방법을 통해서 말이지요. 은행들은 1년 이상의 자금 조달을 위해서는 주로 은행채를, 1년 이하의 단기 자금 조달을 위해서는 CD(양도성 예금증서)를 발행합니다. 한편, 대출이 잘나가지 않거나 갑작스레 예금이 많이 들어와 보유현금이 남아도는 경우에는 그 돈으로 채권시장에서 채권을 적극 매입하기도 합니다. 결론적으로, 시중은행들은 채권시장에서 아주 큰 매수 세력이 되기도 하고 매도 세력이 되기도 하며 채권들을 발행하는 발행자이기도 합니다.

은행채의 성격을 지닌 예금, CD

은행은 일반적으로 자금을 조달하기 위해 예금과 적금을 유치하고 은행채를 발행하지만 1년 이하의 단기 자금 조달을 목적으로 CD도 발행하고 있습니다. CD(Certificate of Deposit, 양도성 예금증서)는 예금과 달리 중도에 해지할 수 없으나 채권처럼 매매로 타인에게 양도할 수는 있습니다. 예금과 마찬가지로 3개월, 6개월, 1년 만기가 많습니다. 금융투자협회에서 다수 증권사의 집계를 평균해 매일 게재하는 3개월 CD의 고시금리(91일)가 은행 대출금리(CD 연동금리 대출)의 기준이 되기도 합니다. 기관투자자는 현금이 필요할 때 다른 기관투자자에게 중도 매각할 수 있는 CD를 예금보다 선호하므로, 기관을 대상으로 하는 CD 금리는 기관 대상 예금 금리보다 낮은 경우가 많습니다. 반면 개인은 CD가 보관상 문제가 있고 급전이 필요한 경우 해지가 불가하며 매도하기에도 절차가 까다로워 예금을 더 선호하기 때문에 개인용 CD 금리는 예금 금리보다 높은 경우가 많습니다.

기타금융채

한편 증권사, 캐피털사, 카드사 등 기타금융업자들의 경우 예금을 예치할 권한이 없기 때문에 보유한 현금(자기자본)으로 대출을 하거나 투자를 하게 되는데요. 대출이나 투자 규모가 커져 보유한 자금으로 부족한 경우에 채권을 발행하여 필요한 자금을 조달하게 됩니다. 이렇게 발행되는 수많은 종류의 금융채들은 투자자들에게 다양한 만기별·신용도별 수익률을 제공하고 있습니다. 특히 카드사나 캐피털사의 경우 대출 활동을 통한 이익 극대화를 위해 상당히 적극적으로 카드채권이나 캐피털채권을 발행하고 있습니다. 금융사에서 발행하는 채권이 상당히 많은 편이라 유사한 신용등급의 회사채에 비하여 금리 수준이 높은 편입니다. 그런 이유로 많은 개인투자자의 주요 투자처가 되고 있습니다. 당연히 금융채 역시 공사채나 회사채와 마찬가지로 발행 금융기관의 신용도에 따라 투자 위험이 크게 다를 수 있으므로 투자자들은 금융채를 선택하기 전 발행자의 신용등급 등을 잘 살펴보아야 합니다.

많이 발행하면 통화량이 줄어든다, 통안채

한편 한국은행이 통화정책의 일환으로 시중의 유동성을 조절하기 위해 발행하는 채권을 통화안정증권 또는 통안증권이라고 합니다. 시중의 자금을 흡수할 때(시중 유동성 축소)는 통안채 발행량을 만기량보다 많게 하고, 시중에 자금을 공급할 때(시중 유동성 확대)는 발행량을 줄여 만기량보다 적게 합니다. 통안채 발행 잔액이 많아지는 양만큼 통안채를 매입하는 자금으로 인하여 시중의 통화량은 줄어들게 되는 거지요. 통안채는 국채와 함께 신용등급이 부여되지 않는 무위험 등급 채권으로 분류됩니다.

금융회사에서 많이 발행하는 후순위채, 신종자본증권, 코코본드

은행이나 보험사 등 많은 금융회사에서 후순위채나 신종자본증권, 또는 코코본드라고 불리는 자본성증권을 많이 발행합니다. 자본성증권에 대한 상세한 설명은 여섯째마당에서 다루고 있습니다. 일반채권보다 상당히 높은 이자를 지급해야 하는 부담이 있는데도 금융회사에서 자본성증권을 많이 발행하는 이유는 무엇일까요? 자본성증권은 청산이나 파산 등 회사에 문제가 발생했을 때 고객들의 예금이나 보험금보다 원금 상환의 순위가 뒤로 밀리게 되어있지요. 때문에 예금이나 보험금의 안전성에 기여하며 회사의 신뢰성을 높이는 자금으로 국제결제은행(BIS) 등에서 인정받을 수 있습니다. 예금, 보험금, 일반채권 같은 선순위 부채의 금액에 비하여 주식으로 조달한 자본과 자본성증권으로 조달한 자금의 비중이 높을수록 BIS 비율 같은 금융사의 건전성 지표가 좋아집니다.

채권의 종류 5-
주식회사가 자금을 조달할 땐 회사채

기업(주식회사)이 운영자금 또는 투자자금을 조달하는 방법으로는 크게 주식을 추가로 발행하거나 채권을 발행하는 방법이 있습니다. 그런데 주식을 추가로 발행할 경우 기존 주주들의 자금부담이 생기고 제3자 주주에게 주식을 교부할 경우에는 주주권이 희석되는 부작용이 있습니다. 이러한 이유로 많은 기업이 자금 조달을 해야 할 때 은행 대출을 받거나 회사채를 발행하고 있습니다. 기업 입장에서는 회사채 발행이 은행 대출보다 유리한데요. 대출보다 다소 유리한 금리조건으로 자금을 조달할 가능성이 높고, 무엇보다 1~2년 후 상환하거나 재심사를 받아야 하는 대출과 달리 채권의 경우 3년 이상의 장기 자금을 조달할 수 있기 때문입니다.

공사채, 금융채와 마찬가지로 회사채도 발행회사의 채무 이행 능력에 따라 AAA부터 D까지의 신용등급을 부여받습니다. 회사채 중에는 금리 수준이 현격히 높아지는 BBB 등급 채권도 다수 있기 때문에 정기예금보다 높은 이자율을 원하는 투자자들에게 인기입니다. 그러나 공기업이나 금융기관에 비해 기업의 영업환경은 불안정하거나 급변하는 경향이 있으므로 회사채에 투자하는 경우에는 더욱더 기업의 신용도 변화에 신경을 써야 합니다. 만약 회사채를 발행한 기업이 도산하거나 청산하는 경우, 회사채 채권자는 주주에 우선해 기업의 잔존자산에 대한 청구권

알아두세요

주주권 희석
새롭게 주식이 발행되면서 기존 주주의 소유 비율이 줄어드는 현상을 말합니다. 회사가 신규 주식을 발행하여 자금을 조달하거나 주식 옵션 또는 전환사채와 같은 파생상품이 행사될 때 발생합니다. 회사는 필요한 자금을 조달할 수 있으나 기존 주주는 주식 히나당 이익(EPS, Earnings Per Share)이 감소하므로 투자 수익이 감소할 수 있습니다.

을 인정받습니다.

한편, 회사채는 주식회사가 발행하는 채권이기에 일반적인 회사채 외에도 전환사채(CB), 신주인수권부사채(BW), 교환사채(EB) 등 주식으로 전환되거나 교환되는 채권도 상당수 발행되고 있습니다. 이렇게 채권과 주식의 성격을 동시에 가지는 채권을 주식관련 사채라고 부릅니다. 투자자의 입장에서 이자율 수준은 일반 회사채보다 낮지만 이 채권에 붙은 부가적 권리 때문에 주식시장 상황에 따라서는 일반 회사채보다 유리할 수도 있습니다.

| 주식관련사채의 종류 |

구분	의미
전환사채 (CB, Convertible Bond)	채권을 발행회사의 주식으로 전환할 수 있는 권리를 포함하는 채권
신주인수권부사채 (BW, Bond with Warrant)	발행회사의 신주를 인수할 수 있는 권리를 포함하는 채권
교환사채 (EB, Exchangeable Bond)	채권을 발행회사가 보유하고 있는 주식으로 교환할 수 있는 권리를 포함하는 채권

단기자금 조달을 위한 CP와 전자단기사채

기업은 주로 2년 이상 사용할 자금을 조달하기 위해 회사채를 발행하지만, 1년 이하(대부분 3개월물)의 단기 자금을 조달할 때는 CP(기업어음, Commercial Paper)와 전자단기사채(전단채, Short Term Bond)를 발행하기도 합니다. CP는 차용증 형식의 실물 증권이지만 전단채는 예탁원에서 전산으로 관리되는 증권이라는 차이가 있습니다. A1으로 시작되는 CP와 전단채의 신용등급은 AAA로 시작되는 일반 채권의 신용등급 체계와는 다르게 표기됩니다.

등급		내용	상용하는 회사채 등급
투자등급	**A1**	원리금 상환 능력 최상	회사채 AAA 및 AA 등급 수준
	A2	원리금 상환 능력 우수	회사채 A 등급 수준
	A3	원리금 상환 능력 양호	회사채 BBB 등급 수준
투기등급	**B**	상환 능력은 있으나 단기적 여건 변화에 따라 안정성에 불안 요인 있음	회사채 BB 및 B 등급 수준
	C	상환 능력에 문제 있음	회사채 CCC~C 등급 수준
	D	상환 불능 상태	회사채 D 등급 수준

자산을 담보하는 회사채, ABS와 MBS

ABS(재산담보부증권, Asset Backed Securities)는 자산이 뒤에서 받쳐주는 증권, 즉 자산을 담보로 하는 채권이라 할 수 있습니다. 부동산 같은 자산을 담보로 하는 단순한 ABS도 있지만 일반적으로 ABS는 다소 복잡한 유형의 담보 자산을 토대로 발행됩니다. 발행방식을 조금 구체적으로 설명하자면, 자산 보유자가 그 자산을 특수목적회사(SPC)에 매각하고 이 회사는 매입한 자산을 담보로 ABS 채권을 발행하는 형식입니다.

| ABS의 발행 구조 |

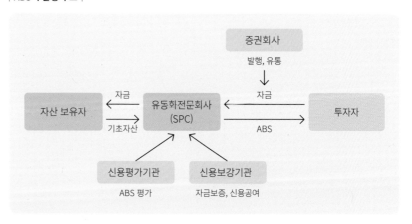

ABS의 담보가 되는 기초자산은 매우 다양합니다. 예를 들어 항공사는 향후 3년간 들어올 항공 운임을 담보로, 카드사는 고객 대출금을 담보로, 가전회사는 여러 대리점에 준 외상매출금을 담보로 ABS를 발행하기도 합니다. 과거 유명한 록 가수 데이비드 보위는 자신의 목소리로 벌어들일 수 있는 향후 수입을 담보로 거액의 ABS를 발행한 일화도 있습니다. 자산 담보가 구조화된 ABS는 보통 해당 기업의 신용등급보다 신용등급이 높기 때문에 자본조달 비용이 적게 드는 이점이 있습니다. 예를 들자면 대한항공의 신용등급보다 대한항공이 앞으로 받을 항공 운임을 담보로 발행한 ABS의 신용등급이 더 높은 편이고, 이를 개인대출에 비유하자면 신용대출보다 담보대출의 이자가 더 저렴한 이치와 같습니다.

한편, 금융기관이 개인들에게 주택을 담보로 대출해주는 것을 담보대출(모기지, Mortgage)이라고 하는데, 금융기관이 수많은 개인에게 준 담보대출을 다시 모아 담보로 설정해 발행한 ABS를 MBS(주택저당담보증권, Mortgage Backed Securities)라고 합니다. MBS는 금융기관이 주로 개인 담보대출의 자금을 조달하기 위해서 발행합니다. MBS는 한 건의 담보는 위험할 수 있어도 많은 건의 담보가 모이면 크게 부실화될 위험이 없다는 '대수의 법칙' 또는 '위험 분산의 효과'를 이용해 신용도를 높인 것입니다. 하지만 미국에서는 2006년 이후 서브프라임 모기지(프라임등급 미만의 신용도 낮은 담보대출)들의 부실화가 가속되어, 이를 담보로 설정한 수많은 MBS나 관련 보험상품들이 동시에 부실화되면서 2008년 세계 금융 위기의 원인이 되었습니다.

알아두세요

외상매출금

상품이나 서비스를 판매하고 아직 받지 못한 금액으로 '받을 돈'을 의미합니다. 기업의 재무상태표에서 자산 항목 중 하나로 표시되며, 현금흐름을 관리하는 데 중요한 역할을 합니다. 일반적으로 매출이 많아질수록 외상매출금도 증가하지만, 고객으로부터 수금이 지연되고 있다는 신호일 수도 있습니다.

알아두세요

대수의 법칙

표본의 수가 많으면 통계추정의 정밀도가 높아진다는 통계 이론입니다. 투자 이론에서는 위험이 높은 개별자산이라도 많은 수가 모일수록 위험이 낮아진다는 의미로 많이 쓰입니다.

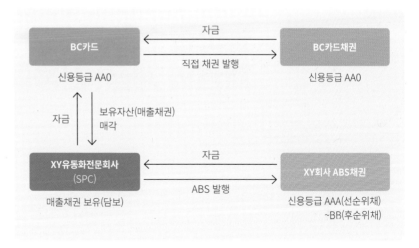

제3자가 보증하는 채권, 보증채

원리금 상환을 발행회사 이외에 제3자가 보증해주는지에 따라 보증채와 무보증채로 나눌 수 있습니다. 보증채는 보증 주체가 정부인 정부보증채와 시중은행, 기타 금융기관이 보증하는 일반보증채로 나눌 수 있습니다. 무보증채는 정부나 금융기관의 지급보증 없이 발행회사의 신용도에 의해 발행되는 채권입니다. 보증채에 비해 위험부담이 크므로 발행금리가 보증채보다 높은 편이며 발행회사의 신용도에 따라 발행이율이 날라십니다. 국내외에서 빌행되는 채권의 대부분은 무보증채입니다.

높아질수록 대우가 좋아지는 채권의 계급! 신용등급

앞서 채권의 종류를 배우며 신용등급 또는 신용도에 대한 얘기를 계속해왔습니다. 그만큼 채권투자에 있어서 신용등급은 매우 중요한 요소입니다. 이번에는 신용등급에 대해 자세히 알아보겠습니다.

AAA? AA? 채권의 계급, 신용등급

진영 : 더 높은 신용등급을 부여받는 건 어떤 의미가 있나요? AAA등급에 포함된다는 것은 다른 등급에 포함된 것과 어떤 차이가 있을까요?

준식 : 더 좋은 등급의 한우가 마트에서 더 높은 가격에 판매되는 것과 같다고 보면 돼요. 채권의 금리, 즉 가격은 채권의 신용등급에 크게 영향을 받습니다. 예를 들어 AAA등급 금융채는 2년 만기 채권을 4% 수준에 발행할 수 있는 것으로 시장이 형성되어 있다면 그보다 낮은 AA등급 금융채는 대략 4.5% 수준에서 발행할 수 있고, A등급인 경우에는 6%가 되어야 겨우 자금을 조달할 수 있게 되는 식이죠. 대부분의 채권들이 시장에서 자신의 등급에 해당하는 금리를 기준으로 거기에서 벗어나지 않는 수준의 금리로 거래됩니다.

진영 : 아하! 그렇다면 채권 발행자는 더 높은 신용등급을 받아 더 낮은 금리로 채권을 발행하려는 노력을 하겠군요. 그만큼 자금을 조달하는 데 드는 금융비용이 줄어드니까요.

지혜 : 그렇다면 어떤 기업들의 신용등급이 더 높아지는 거죠? 신용등급을 결정할 때 어떤 요소들이 중요한 변수가 될까요?

준식 : 그건 돈을 빌려주는 쪽의 입장을 잘 살펴보면 되겠죠. 만약 지혜가 돈을 빌려주는 입장이라면 어떤 채무자가 돈을 잘 갚을 수 있다는 생각이 들까요?

지혜 : 그야 가지고 있는 재산이 많거나 앞으로도 수입이 안정적인 채무자이겠죠. 안정적으로 월급을 받는 사람들은 대출금리도 낮잖아요. 또 부모가 부자라면 더 좋겠죠.

준식 : 기업의 경우도 마찬가지예요. 기업이 부채를 감당할 수 있는 자산과 수익이 충분한가가 가장 중요한 변수죠. 또 하나 중요한 요소가 있다면 기업의 계열사나 대주주가 얼마나 이 기업을 금전적으로 잘 지원해 줄 수 있냐는 거고요.

지혜 : 국가도 신용등급이 매겨지던데요. 어떤 기준이 중요할까요?

준식 : 국가의 신용등급도 개인이나 기업의 신용등급과 같은 기준으로 볼 수 있어요. 국가의 무역수지나 정부의 보유자산도 상당히 중요하지만 제일 중요한 것은 국가부채가 GDP 대비 어느 정도 수준인가인데요. 국가부채를 책임지는 정부의 세금수입이 GDP와 비례하기 때문이죠. GDP의 20~30% 수준이 세금으로 거둬진다고 보면 돼요. 부채가 많은 국가의 GDP 증가 속도가 낮아지면 국가 신용등급에 빨간불이 켜지는 이유지요.

지혜 : 아하, 우리나라의 신용등급이 일본이나 이탈리아, 영국보다도 높은 이유가 아직 우리나라 GDP 대비 국가부채 비율이 상당히 낮은 국가에 포함되기 때문이겠군요.

준식 : 맞아요!

국내에서는 신용위험이 없다고 간주되는 국채와 지방채를 제외한 공사채, 금융채, 회사채에는 신용등급을 부여하도록 하고 있습니다. 신용등급이란 발행자의 부도 위험성을 판단하는 등급, 즉 원리금을 잘 갚을 수 있는지를 판단하는 등급이라고 할 수 있습니다.

채권을 발행하기 위해서는 최소 2곳 이상의 신용평가기관으로부터 해당 채권에 대한 신용등급을 받도록 자본시장법에서 정하고 있습니다. 국내 신용평가기관으로는 한국기업평가, 한국신용평가, NICE신용평가, 서울신용평가(전단채, CP 등 단기채권 평가만 가능) 등 총 4곳이 허가되어 있습니다. 각 신용평가기관 사이트에 들어가면 해당 기관에서 작성한 신용보고서를 확인할 수 있고, 우리는 이 보고서를 통해 투자하려는 채권에 대한 자세한 정보를 확인할 수 있습니다. 투자 전 반드시 확인해 볼 필요가 있습니다.

잠깐만요

국내 신용평가기관에서 신용등급을 직접 찾아보세요

신용평가정보는 각 신용평가사 홈페이지에도 공시하고 있고 누구나 열람 가능합니다. 채권을 매수하기 전 판단 지표로 반드시 참고하기 바랍니다.

- 한국신용평가 : https://www.kisrating.com/

- NICE신용평가 : https://www.nicerating.com/

- 한국기업평가 : http://www.korearatings.com/

- 서울신용평가 : http://www.scri.co.kr/

Credit Opinion

(주)우리금융지주

평가일: 2023.04.27

김경률 책임연구원
정문영 실장

유효등급

무보증사채	AAA(S)
CoCo(후)	AA(S)
CoCo(신종)	AA-(S)
ICR	AAA(S)

등급 추이

(무보증사채)

AAA

19.01 20.01 21.01 22.01 23.01

평가 개요

평가대상		종류	직전등급	현재등급
ICR		본		AAA(안정적)
무보증사채	우리금융지주4-1 외	정기	AAA(안정적)	AAA(안정적)
CoCo(후)	005 외	정기	AA(안정적)	AA(안정적)
CoCo(신종)	014 외	정기	AA-(안정적)	AA-(안정적)

주요 재무지표

(단위 십억원,%)

구분	2017(12)	2018(12)	2019(12)	2020(12)	2021(12)	2022(12)
총자산			361,981	399,081	447,184	480,474
자기자본			25,492	26,726	28,850	31,627
충당금적립전영업이익			3,194	2,881	4,200	5,323
재배주주지분순이익			1,872	1,307	2,588	3,142
대손준비금 반영후 조정이익			1,683	1,288	2,198	3,267
총자산이익률(ROA)			0.5	0.3	0.6	0.7
자기자본이익률(ROE)			12.7	5.9	10.6	11.5
BIS기준 총자본비율			11.9	13.8	15.1	15.3
총자산/자기자본(배)			14.2	14.9	15.5	15.2
부채비율(별도기준)			5.5	6.6	8.6	9.7
이중레버리지비율(별도기준)			98.8	102.5	102.2	97.8
주력자회사의존도(자산기준)			90.5	88.5	87.0	86.1
주력자회사의존도(순이익기준)			93.1	81.5	80.9	80.7
적용재무지표			연결	연결	연결	연결

주) 1. 상기 재무실적 및 비율은 동사 자료를 근거로 하되 일부는 분석목적상 항사 기준으로 재분류하였음
2. 주력 자회사는 우리은행을 의미함

평정 논거

- 우수한 시장지위 및 프랜차이즈 보유
- 수익성 및 재무건전성 우수
- 고금리 및 영업환경 불확실성 증가에도 불구하고 우수한 재무건전성 유지 전망
- 주력자회사인 우리은행과 실질적인 경제적 단일체로, Enterprise Approach 적용
- 동사의 위험이 시스템적 위험으로 간주되어 정부지원가능성 높은 수준
- 조건부자본증권(후순위) 및 조건부자본증권(신종) 신용등급을 책정 밴치사 대비 각 사채에 있어 손실부담 반영

www.korearatings.com 1

신용보고서를 통해 확인할 수 있는 정보?   출처: 한국기업평가

국내 3대 신용평가기관 중 한 곳인 한국기업평가의 '우리금융지주 제5회 외 무보증사채'의 신용보고서입니다. 보고서의 양식은 기관마다 다르지만 대개 첫 번째 페이지에 요약된 정보가 있고 이후 상세한 설명이 나오는 형식입니다. 신용보고서를 통해 가장 중요한 발행자, 평가대상

(채권), 평가등급은 물론 발행자의 재무지표와 평가등급에 대한 간략한 근거들을 확인할 수 있습니다. 이 외에도 발행자와 관련된 주요 이슈, 향후 전망, 등급 변동 요인 등을 설명해두어 우리가 알기 어려운 발행자 관련 정보들을 쉽고 자세하게 알 수 있습니다.

수많은 발행자의 채무 이행 능력을 분류하고자 신용평가기관은 최고 등급인 AAA부터 부도 등급인 D까지의 신용등급을 부여하고 있습니다. AA등급부터 BB등급까지는 각 단계 내에서 +, 0, −의 3등급으로 세분화되어 총 18개의 등급으로 구분됩니다(AAA, AA+, AA, AA−, A+, A, A−, BBB+, BBB, BBB−, BB+, BB, BB−, B, CCC, CC, C, D 순). 일반적으로 BBB등급 이상의 채권을 투자등급 채권이라 하며 그 미만을 투기등급 채권이라 합니다. 한편, 특별법에 의해 설립된 공기업이 발행한 공사채는 대부분 국가의 보증 또는 신용보강을 받아 AAA등급을 획득합니다. 지방공사채의 경우 AA 이하 등급이 많이 존재하지요. 특별법에 의해 설립된 금융기관이 발행한 금융채 중 시중은행채는 주로 AAA등급을 받지만, 카드사나 캐피털사가 발행한 기타금융채는 AA와 A등급도 꽤 많습니다.

투자자들은 신용등급을 참고하여 채권의 위험 수준을 판단할 수 있습니다. 높은 신용등급은 낮은 위험을 의미하며, 낮은 신용등급은 높은 위험을 의미합니다. 따라서 자신의 투자 목표와 감내 가능한 위험성을 고려하여 적절한 채권을 선택해야겠습니다.

| 회사채 신용등급별 구분과 정의 |

등급 구분	신용 등급	등급별 정의
투자 적격 등급	AAA	원리금 상환가능성이 최고 수준
	AA (+, 0, −)	원리금 상환가능성이 매우 높지만, AAA등급에 비해 다소 낮음
	A (+, 0, −)	원리금 상환가능성이 높지만, AA등급에 비해 경제여건 및 환경변화에 따라 영향을 받기 쉬운 면이 있음
	BBB (+, 0, −)	원리금 상환가능성이 일정 수준 인정되지만, A등급에 비해 경제여건 및 환경변화에 따라 저하될 가능성이 있음

	BB (+, 0, −)	원리금 상환가능성에 불확실성이 내포되어 있어 투기적 요소를 갖고 있음
	B	원리금 상환가능성에 대한 불확실성이 상당하여 BB등급에 비해 투기적 요소가 큼
투기 등급	CCC	채무불이행의 위험 수준이 높고 원리금 상환가능성이 의문시됨
	CC	채무불이행의 위험 수준이 매우 높고 원리금 상환가능성이 희박함
	C	채무불이행의 위험 수준이 극히 높고 원리금 상환가능성이 없음
	D	상환불능상태

국가 경제에 큰 영향을 끼치는 국가신용등급, 어디에서 부여하나?

국가신용등급은 국가가 발행하는 국채의 금리에 큰 영향을 미칠 뿐만 아니라 해당 국가의 주요 기업들과 금융기관들의 신용등급에도 영향을 끼칩니다. 이렇게 각 나라의 경제권에 막대한 영향을 주는 국가신용도는 세계 3대 신용평가회사인 스탠더드 앤드 푸어스(S&P), 무디스, 피치IBCA에서 평가하고 있습니다. 이 3개 신용평가사는 전 세계적으로 광범위하게 인정받고 있으며, 특히 S&P와 무디스가 세계 신용평가 시장의 80%를 차지하고 있습니다. 신용평가사들은 국가 및 회사의 장·단기 신용등급을 부여하고 수시로 재평가하여 발표하는데, 이렇게 공개되는 신용등급은 투자 시장에서 중요한 참고 지표로 활용됩니다.

세계 3대 신용평가사의 세부적인 내용은 다음과 같습니다.

① **스탠더드 앤드 푸어스(Standard & Poor's, S&P)**: S&P는 1860년에 설립되어 세계 3대 신용평가사 중 가장 오랜 역사를 갖고 있습니다. S&P는 헨리 바넘 푸어가 아들 헨리 윌리엄 푸어와 함께 설립했습니다. 주식시장 지수인 S&P 500을 포함하여 다양한 금융시장 지수를 제공하는 것으로 잘 알려져 있으며, 세계 각국의 정부, 기업, 은행 등의 신용등급을 책정하는데 AAA에서 D까지 부여합니다.

② **무디스(Moody's)**: 1900년에 증권분석사인 존 무디가 설립한 무디스는 1909년 미국 최초로 200여 개 철도채권에 대한 등급을 발표하며 미국 굴지의 신용평가사로 떠올랐습니다. 특히 1929년 미국 대공황 당시 많은 기업이 쓰러졌는데, 무디스가 우량하다고 평가한 기업들은 생존하여 더욱 명성을 쌓았습니다. 무디스의 신용등급 체계는 Aaa에서 C까지이며, 각 등급은 1, 2, 3의 숫자로 세분화하여 표기합니다.

③ **피치IBCA(Fitch Ratings)**: 피치는 1913년에 설립되어 영국 런던에 본사를 두고 있습니다. 1975년에 세계 3대 신용평가사 중 최초로 미국에서 국가공인 신용평가기관 인증을 받았습니다. S&P, 무디스와 동일하게 국가와 기업의 신용도를 평가하고 등급을 부여하는데, 신용등급 체계를 AAA에서 D까지로 구분하고, 각 등급은 +와 −로 세분화하여 표기합니다.

우리나라 국가신용등급은 어느 정도일까?

나라마다 자국의 화폐로 발행된 국채는 신용위험이 거의 없는 것으로 평가되는데, 이는 정부가 부도 위험을 낮추기 위해 필요한 경우 국채를 추가로 발행할 수 있기 때문입니다. 만약 추가로 발행되는 국채를 누군가가 사주지 않을 경우, 정부는 금리를 크게 높여 투자를 유도하거나 중앙은행이 직접 국채를 매입할 수 있습니다.

그러나 외화로 발행된 채권의 경우, 해당 국가의 외화보유고가 부족할 경우 채무 이행에 어려움이 생길 수 있어 모라토리엄(채무 유예)이 발생할 수 있습니다. 이러한 이유로 국채를 발행하는 국가들은 세계 3대 신용평가사(S&P, 무디스, 피치)로부터 신용등급을 부여받으며 이 등급에 따라 발행금리가 결정됩니다.

주요 국가(G7)와 한국 신용등급

국가	신용등급
미국	Aaa
독일	Aaa
캐나다	Aaa
프랑스	Aa2
영국	Aa3
일본	A1
이탈리아	Baa3
대한민국	Aa2

2023년 기준, 대한민국의 신용등급은 S&P에서 AA, 피치에서 AA-, 무디스에서 Aa2로 평가받았습니다. 이는 미국이나 독일과 비교했을 때 한두 단계 낮은 등급이지만, 프랑스와 동일하며 중국, 일본, 대만에 비해 한두 단계 높은 수준입니다. 대한민국은 아시아 국가 중에서는 싱가포르와 홍콩을 제외하고는 가장 높은 신용등급을 보유하고 있습니다.

채권은 나이를 거꾸로 먹는다?
만기에 따른 종류

채권의 발행정보에 담긴 내용은 발행 시 정해져서 만기까지 절대 변하지 않는다는 것을 앞에서 배웠는데요. 당연히 만기일도 변하지 않는 내용 중 하나입니다. 때문에 잔존기간, 즉 만기일까지 남은 기간은 발행일부터 매일 하루씩 줄어들게 됩니다.

시간이 지날수록 줄어드는 채권의 나이

 알아두세요

잔존만기

현 시점에서 만기일까지 남은 기간을 의미합니다. 예를 들어, 5년 만기 채권이 발행된 지 3년이 지나면 산손만기 2년 채권이 되며 이 채권에 적용되는 이자율은 2년 만기 채권과 같습니다.

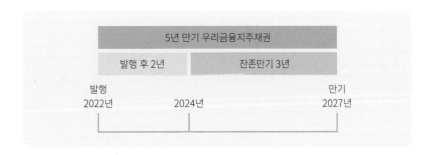

위의 그림처럼 2022년에 5년물로 발행된 채권은 시간이 지날수록 잔존만기가 줄어들어 발행 후 2년이 지난 2024년에는 만기일까지 잔존만기가 3년 남은 채권이 됩니다. 우리금융지주채 5년물로 발행된 이 채권의 이름도 2024년에는 우리금융지주채 3년물로 바뀌게 되고, 이후에도 채

권의 나이는 거꾸로 계산되며 마지막에는 하루짜리 만기 채권으로 존재하다 그다음 날 소멸하게 됩니다.

잔존만기는 채권을 구분하는 중요한 기준

만 38세, 만 72세, 20대, 50대, 청년층, 노년층 등 나이로 사람들을 구분하곤 합니다. 채권도 마찬가지입니다. 잔존만기 1년 1개월, 잔존만기 9년물, 3~4년물, 단기물, 장기물 등 만기일까지 남은 기간이 다른 채권들과 구분하는 중요한 기준이 됩니다. 언제 태어났는지, 즉 채권의 발행일은 채권의 특성에 영향을 주지 않지만 만기일까지 남은 잔존만기는 채권의 특성을 결정짓는 중요한 기준이 됩니다. 동일한 발행자가 발행한 비슷한 잔존만기의 채권은 비슷한 가치와 가격으로 평가받는 식입니다. 예를 들어 2년 전 5년물로 발행되어 현재 잔존만기가 3년이 된 우리금융지주 채권과 오늘 새로 발행하는 우리금융지주 채권 3년물은 같은 채권으로 취급받아 비슷한 금리 수준에서 거래됩니다.

채권은 주식이나 단기금융상품에는 존재하지 않는 나이, 즉 잔존만기라는 개념 때문에 상품의 특성이 다소 복잡해집니다. 주식시장에 '우리금융지주'란 종목은 단 하나 있지만 채권시장에는 '우리금융지주'가 '2025년 6월 9일 만기 우리금융지주채', '2027년 6월 8일 만기 우리금융지주채'와 같이 만기일별로 수많은 종목이 존재하게 되죠. 그리고 이런 종목들은 잔존만기에 따라 각기 다른 금리나 위험을 지니고 있기 때문에 우리는 채권을 분류할 때 채권의 나이를 함께 부르고 있습니다. 신한은행 채권 1년 3개월물, 현대자동차 채권 3년물, 국고채권 8년물 등으로 말이죠.

한편 규정으로 딱히 정해진 바는 없지만, 시장 참여자들은 일반적으로 잔존만기가 2년 이하인 채권을 단기채로 보며, 잔존만기 2년에서 7년 채권을 중기채, 잔존만기 7년 이상의 채권을 장기채, 잔존만기 15년 이상 채권을 초장기채로 구분하는 경향이 있습니다. 과거에는 5년 초과 채권을 장기채로 보는 견해가 많았으나, 최근 10년 이상 채권 비중이 급증하면서 이미 시장에 존재하는 채권들의 평균 잔존만기가 5년을 넘어선 상황이라 7년을 초과해야 장기채로 구분하게 된 것이죠. 장기채 시장이 발달한 미국이나 유럽에서는 잔존만기가 10년을 초과하는 경우에 장기채로 분류하고 있습니다. 일부 선진국에는 영구채라 하여 만기가 없이 영원히 일정한 이사액을 지급하는 초상기 채권도 존재합니다. 자존만기는 시간이 지날수록 짧아지므로 처음엔 장기물로 발행되었다고 해도 기간이 경과하면 중기채가 되고 또 단기채가 되면서 종류가 달라진다는 점은 이제 이해가 되시죠?

잠깐만요

발행자나 투자자의 의사에 따라 만기가 종결될 수 있는 채권이 있다?

채권 발행 후 발행자 또는 투자자의 입장에서 그 채권의 존속이 불리해졌을 때 채권의 해지를 강제할 수 있는 권한을 발행자가 가진 채권을 콜옵션부채권(Callable Bond)이라 하며 그 권한을 투자자가 가진 채권을 풋옵션부채권(Putable Bond)이라 합니다.

콜옵션부채권의 경우 발행자는 발행 후 시장에서의 채권금리 수준이 크게 하락했을 경우 채권 해지 옵션을 행사 후, 낮아진 금리로 다시 새 채권 발행을 시도하겠죠. 발행자에게 유리한 이 옵션 때문에 이 채권의 가격은 동급의 일반채권보다 싸게 발행되고 거래됩니다(발행금리나 거래금리가 높게 형성). 금융기관들의 신종자본증권이나 코코본드가 콜옵션부채권으로 많이 발행됩니다.

풋옵션부채권의 경우 투자자는 매입 후 채권금리 수준이 크게 상승했을 경우, 채권 해지 옵션을 행사 후, 높아진 금리로 다시 투자를 시도할 것입니다. 이 옵션 때문에 이 채권의 가격은 동급의 일반채권보다 비싸게 발행되고 거래됩니다(발행금리나 거래금리가 낮게 형성).

이자를 언제 받느냐에 따라 달라지는 채권의 종류

채권을 보유하는 동안에는 미리 정해진 조건과 기간별로 이자를 받을 수 있습니다. 일반적으로 채권 이자는 3개월이나 6개월 또는 1년 단위로 발생해 투자자에게 현금으로 지급되는데요. 발생한 이자를 중간중간 지급해 주는지, 만기일에 전액을 지급하는지에 따라 각기 다른 종류의 채권으로 분류되기도 합니다. 특히 개인투자자가 채권투자를 할 때 이자 지급 시기는 투자자의 현금흐름 계획과 더불어 세금 문제 등에서 중요한 경우가 많습니다. 따라서 이자 지급 시기에 따른 채권의 종류를 잘 알고 투자해야 합니다.

한편 채권의 현금흐름을 잘 이해하기 위해 만기까지 이자 지급 시기에 따라 직선상에 표시해놓은 것을 현금흐름표 또는 타임라인(time line)이라고 합니다. 채권 분석에서 유용한 기초 수단으로 이용되고 있으니 이번 기회에 함께 이해해보도록 하시죠.

① 정기적으로 꼬박꼬박 이자를 받는 이표채

예전에는 채권자가 채권증서 실물을 직접 보유해야만 했습니다. 채권자는 채권을 매입한 후 정해진 날짜가 되면 증서에 붙은 이표(Coupon, 구폰)

를 떼어 발행자에게 주고 이자를 받았습니다. 이런 이유로 이표채라는 이름이 붙었으나 현재는 채권자의 요구가 없어도 이자 지급일마다 채권자의 증권 계좌로 직접 지급되고 있죠.

아래의 실물 사진은 과거 이표채의 이자가 어떻게 지급되었는지를 보여주고 있습니다.

대한민국 임시정부 독립공채, 1919.12.01.

출처: 독립기념박물관

'대한민국 임시정부 재무총장 이시영 명의'로 발행한 독립공채의 오른쪽에 이자표가 보이죠? 이처럼 과거에는 채권증서에 이자표가 있어 이자를 받을 때마다 직접 발행자에게 찾아가 도장을 받으며 이자를 수령했음을 알 수 있습니다.

사진을 보면 짐작할 수 있듯이 이표채는 정해진 기간마다 발행금리에 따라 이자를 정기적으로 받는 채권입니다. 회사채, 공사채, 2년 만기 이상의 금융채는 주로 이자를 3개월 주기로 지급하는 3개월 이표채로 발행됩니다. 국내 국고채의 경우는 6개월 이표채로 발행되고 있죠. 이자를 정기적으로 받을 수 있는 이표채는 투자자들에게 안정적인 현금흐름을 제공합니다.

이표채를 현금흐름표로 살펴보면 좀 너 이해가 쉽겠지요? 발행금리가 8%인 3년 만기 연 이표채에 원금 1만 원을 투자할 경우 아래와 같이 표현할 수 있습니다.

| 수익률 8%인 연 이표채의 타임라인 |

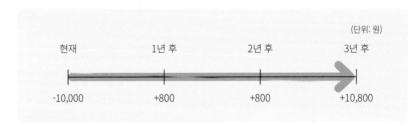

실제로는 3개월, 6개월 이표채가 더 많지만 이해를 쉽게 하기 위해 이 책에서는 1년에 한 번 이자를 지급하는 연 이표채라 가정하고 설명을 드리겠습니다. 예를 들어 6개월에 200원(2%)씩 지급하는 6개월 이표채를 이 책에서는 1년에 400원(4%)씩 지급하는 연 이표채로 동일시하여 설명할 예정입니다.

엄밀히 따지면, 6개월에 200원(2%)씩 지급하는 6개월 이표채는 1년에 400원(4%)씩 지급하는 연 이표채보다 먼저 받은 200원의 6개월 이자만큼 실효수익률이 아주 살짝 더 높습니다. 하지만 그 차이가 크지 않기에 무시해도 무방할 것 같네요.

지급할 때마다 이자가 달라지는 이표채, 변동금리채권

은행에서 대출을 받을 때 대부분의 경우 변동금리로 대출을 받습니다. 이때 채무자가 내는 이자금액의 기준이 되는 금리를 '준거금리'라고 합니다. 주택담보대출의 경우, 이자를 낼 때마다 은행연합회에서 공시하는 코픽스(COFIX, 자금조달비용지수) 준거금리에 가산금리를 더하는 방식으로 이자를 계산하여 납입하는 식입니다. A라는 대출자에게 적용되는 가산금리가 2%라면 A는 이자를 내는 날 코픽스 금리가 4%일 경우, 4%

+ 2% = 총 6%에 해당하는 이지를 납부해야 하는 것이지요.

이러한 변동금리대출과 같은 유형의 채권도 있습니다. 이 채권은 채권 발행 시 지급 이자를 변동금리 조건으로 미리 확정해 놓습니다. 변동금리 조건은 주로 '준거금리 + 가산금리'로 명시되지요. 예를 들어 발행 시 이자지급 조건을 'CD금리 + 2%' 식으로 정하면 이표일 당시의 CD금리가 반영된 이자금액을 받게 되는데요. 이를 변동금리채권(FRN, Floating Rate Note)이라고 부릅니다. 우리나라 변동금리채권의 준거금리는 금융투자협회에서 매일 고시하는 3개월 CD금리인 경우가 대부분입니다. 따라서 채권자는 중도이자를 지급하는 날의 CD금리에 미리 정해진 가산금리가 더한 이자를 받게 되는 거지요. 금리 수준(CD금리)이 상승하면 지급받는 이자액이 늘어 유리해지고, 금리 수준이 하락하면 지급받는 이자액이 줄어 불리해집니다.

변동금리의 반대되는 용어로 확정금리라는 말도 쓰지만 대부분 고정금리라는 용어를 사용합니다. 변동금리라 할지라도 이자가 어떻게 지급되는지 그 조건만큼은 발행 당시 확정(Fixed)이 되기에 변동금리채권이 확정금리부증권(Fixed Income Securities)의 범주를 벗어난다고는 보기 어렵습니다.

알아두세요

준거금리

변동금리의 기준이 되는 금리인데, 은행이 자금을 끌어오는 원가격에 해당하는 금리입니다. 은행 대출금리는 '준거금리+가산금리-우대금리'로 산출됩니다. 가산금리와 우대금리에 비해 준거금리는 시장 상황에 따라 좌우되는 측면이 강합니다.

② 이자가 복리로 적립되어 매력적인 복리채

이표채와 마찬가지로 복리채도 발행이율에 따라 정기적으로 이자가 발생한다는 것은 같습니다. 다만, 이자가 중간에 투자자에게 지급되는 것이 아니라 자동으로 재투자되어 만기일에 원금과 함께 누적된 이자를 받는다는 특징이 있어요. 즉, 복리채는 지급받는 이자를 유보하는 대신 계속해서 유보된 이자에 이자가 추가되는 복리 형태로 원리금이 불어나는 채권인 것이지요. 복리채의 대표적인 예로는 국민주택채권과 지방채가 있고, 은행 후순위채와 같은 일부 장기 금융채 및 특수채도 복리채로 발행되기도 합니다. 복리채는 만기까지 투자자에게 이자를 지급하지 않아 중도에 현금흐름을 관리할 필요가 없어 편리하고, 복리효과로 인해 시간이 지날수록 원금에 더해지는 이자가 커져 투자 효과가 높은 아주 매력적인 이자지급 방식입니다.

발행금리가 7%인 4년 만기 복리채에 원금 1만 원을 투자할 경우 아래와 같은 현금흐름표로 표현할 수 있습니다. 복리로 이자를 계산하는 방법은 추후 상세히 설명할 예정이니 지금은 '복리채는 만기일에 모든 원금과 이자를 수령한다'는 정도로 이해하고 넘어가면 되겠습니다.

| **수익률 7%인 연 복리채의 타임라인** |

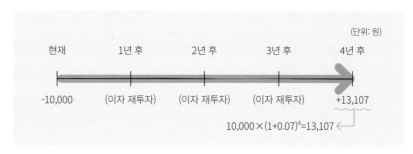

| 현재 | 1년 후 | 2년 후 | 3년 후 | 4년 후 |

(단위: 원)

-10,000 (이자 재투자) (이자 재투자) (이자 재투자) +13,107

$$10,000 \times (1+0.07)^4 = 13,107$$

③ 받을 이자만큼 싸게 사는 할인채

만기일에 지급되는 액면가를 이자만큼 싸게 발행하는 방식의 채권입니다. 주로 1년 이하 만기 은행채가 할인채로 발행되며 2년 이상의 채권이 할인채로 발행되는 경우는 거의 없습니다. CD, CP, 전단채 등 단기상품이 할인채 방식으로 계산되어 발행됩니다. 일반적으로 액면 10,000원을 기준으로 할 경우 할인채의 발행가액은 $10,000 \div (1+할인율)^{투자기간}$이 되는데, 구체적인 계산 방법은 나중에 자세히 배우고 지금은 할인채가 금리만큼 싼 가격으로 발행된다는 것만 이해하고 넘어가도록 하지요.

발행금리가 6%인 1년 만기 할인채 10,000원의 경우 10,000원에서 6% 할인된 10,000원÷(1+0.06) = 9,433원이 발행 시 가격이 되며, 1년 후 만기일에는 10,000원을 지급받게 되는데요. 이 경우 아래와 같은 현금 흐름표로 표현할 수 있겠습니다.

| 수익률 6%인 할인채의 타임라인 |

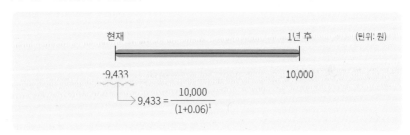

분류에 따라 금리의 기준이 달라진다

여러분이 구매하려고 하는 상품의 공정가격 표시가 잘 되어 있다면 그 상품을 적정한 가격으로 구입하는 데 큰 도움이 되겠죠? 투자자가 보유하고 있거나 투자하고자 하는 채권이 시장에서 어느 정도의 금리로 유통되고 있는지를 알 수 있다면 내가 매수하거나 매도하고자 하는 채권의 적정 금리, 즉 적정 가격을 판단하기 쉬워지겠지요. 다행히 채권시장에는 적정한 공정가격이 제공되고 있는데, 이를 '조견표'라고 합니다.

채권 시가평가표로 보는 등급별·만기별 채권금리

채권의 금리는 발행자의 종류와 신용등급, 잔존만기에 따라 구분되어 대략 정해집니다. 예를 들어 신용등급이 AA+인 X 회사의 잔존만기 3년 채권의 금리는 같은 신용등급인 Y 회사의 잔존만기 3년 채권의 금리와 비슷한 수준에서 시장에서 평가받고 거래되는 식입니다. AAA 신용등급을 지닌 신한은행과 국민은행이 같은 만기의 채권을 발행한다면 시장금리 수준은 거의 같다고 보아도 무방합니다. 이렇듯 시장에 존재하는 수많은 종류와 만기를 지닌 채권들의 대략적인 시장금리 수준을 시장 참여자들이 알 수 있도록 각 채권평가사들은 시가평가표라는 것을 제공하고 있습니다. 그리고 금융투자협회는 매일 모든 표를 종합한 이자율 표를 사이트에 게시하고 있습니다.

| 채권시가평가기준 수익률표 예시 |

① 종류	② 종류명	③ 신용등급	④ 기간									
			3월	6월	9월	1년	5년	10년	15년	20년	30년	50년
국채	국고채권	양곡,외평,재정	3.428	3.666	3.575	3.646	3.912	3.995	3.934	3.880	3.830	3.805
	제2종 국민주택채권	–	3.304	3.419	3.472	3.492	3.994	4.082	–	–	–	–
	제1종 국민주택채권	기타국채	3.531	3.677	3.695	3.710	4.225					
지방채	시울도시철도공채 증권	–	3.586	3.697	3.772	3.794	4.300		–	–	–	–
	지역개발공채증권	기타지방채	3.586	3.697	3.772	3.794	4.300		–	–	–	–
특수채	공사채 및 공단채	정부보증채	3.734	3.797	3.828	3.847	4.232	4.252	4.228	4.180	–	–
		AAA	3.834	3.913	3.942	3.968	4.286	4.313	4.288	4.243	4.245	–
		AA+	3.888	3.995	4.042	4.093	4.455	4.517	4.509	4.493	–	–
		AA	3.972	4.094	4.158	4.241	4.605	4.678	4.687	4.676	–	–
	한국주택금융공사 유동화증권	MBS	3.827	3.921	3.961	3.998	4.332	4.352	4.326	4.285	4.280	–
통안증권	–		3.628	3.645	3.653	3.678			–	–	–	–
금융채I (은행채)	무보증	AAA(산금채)	3.792	3.905	3.967	3.998	4.267	4.713	4.710	4.709	–	–
		AAA(중금채)	3.792	3.905	3.967	3.998	4.275	4.743	4.740	4.745	–	–
		AAA	3.845	3.972	4.019	4.047	4.475	4.820	4.813	4.815	–	–
		AA	4.047	4.178	4.250	4.302	4.834	5.247	5.311	5.374	–	–
		A+	4.296	4.493	4.588	4.656	5.209	5.726	5.764	5.800	–	–
**금융채II (금융기관채)	무보증	AA+	3.929	4.022	4.147	4.181	4.709	5.605	–	–	–	–
		AA0	3.968	4.060	4.168	4.203	4.910	5.785	–	–	–	–
		AA-	4.034	4.235	4.332	4.388	5.111	6.017	–	–	–	–
		A+	4.480	4.909	5.140	5.205	6.074	6.608	–	–	–	–
		A0	5.024	5.496	5.763	5.911	6.711	7.015	–	–	–	–
		A-	5.571	6.159	6.414	6.501	7.378	7.665	–	–	–	–
		BBB	7.034	7.885	8.285	8.485	9.732	10.304	–	–	–	–

	보증	특수은행, 우량시중은행	3.871	3.970	4.031	4.094	4.501	–	–	–	–	–
		시중은행	3.950	4.046	4.127	4.194	4.738	–	–	–	–	–
		우량지방은행	4.167	4.315	4.403	4.457	5.158	–	–	–	–	–
		기타금융기관	4.548	4.811	5.021	5.133	6.418	–	–	–	–	–
회사채I (공모사채)	무보증	AAA	3.892	3.977	4.043	4.120	4.555	5.132	–	–	–	–
		AA+	3.964	4.048	4.131	4.206	4.719	5.315	–	–	–	–
		AA0	4.005	4.089	4.168	4.249	4.782	5.651	–	–	–	–
		AA-	4.041	4.119	4.203	4.286	4.891	6.010	–	–	–	–
		A+	4.417	4.632	4.708	4.756	5.698	6.554	–	–	–	–
		A0	4.566	4.789	4.882	4.932	6.130	7.020	–	–	–	–
		A-	4.796	5.036	5.148	5.204	6.724	7.529	–	–	–	–
		BBB+	5.548	6.098	6.524	6.790	8.861	9.243	–	–	–	–
		BBB0	5.920	6.600	7.100	7.466	9.912	10.345	–	–	–	–
		BBB-	6.594	7.397	8.030	8.454	11.332	11.771	–	–	–	–
회사채II (사모사채)	무보증	AAA	3.961	4.091	4.168	4.258	4.781	5.427	–	–	–	–
		AA	4.100	4.247	4.342	4.433	5.061	5.974	–	–	–	–
		A+	4.615	4.873	4.971	5.032	6.099	7.029	–	–	–	–
		A0	4.785	5.063	5.176	5.237	6.575	7.539	–	–	–	–
		A-	5.051	5.348	5.486	5.556	7.202	8.070	–	–	–	–

※ ** 금융채II - 카드채, 리스채, 할부금융채 등의 금융기관채(이표채 기준)

출처: 금융투자협회 채권정보센터

금융투자협회 채권정보센터(https://www.kofiabond.or.kr/)에서 채권시가평가기준 수익률의 특정 일자를 지정하면 위의 그림과 같은 이자율(수익률)표가 조회됩니다. 일자별 조회로 보는 채권시가표는 왼쪽부터 종류, 종류명, 신용등급, 기간으로 구분되어 한눈에 파악하기 용이합니다. 기간별 조회도 가능하여 설정한 기간 동안 채권금리가 어떻게 변동되었는지도 볼 수 있답니다. 이것만 알면 어떤 채권의 금리가 대략 이느 정도에 거래되는지 볼 수 있습니다.

채권 시가평가표 금리들을 선으로 연결하면
수익률 곡선이 된다

앞에서 본 발행자별/만기별 금리를 요약하여 그래프로 그리면 아래와 같이 되는데요. 이렇게 채권의 종류별 금리 수준을 선으로 연결해놓은 그래프를 수익률 곡선, 영어로는 일드커브(Yield-Curve)라고 부릅니다.

| 발행자별/만기별 일드커브 |

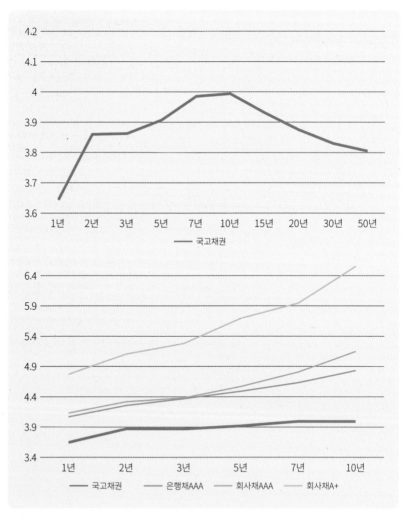

시장 참여자들 대부분이 일드커브라 부르고 있기에 여기서는 일드커브라는 용어로 통일하겠습니다.

이 그래프를 조금 더 단순화시켜 볼까요? 아래는 국채의 일드커브와 여러 신용등급 채권들의 일드커브 그래프입니다. 일반적인 일드커브는 만기가 길수록 금리가 높아져 우상향하는 모습을 보입니다. 여러분이 은행 정기예금에 가입할 때 3개월보다는 6개월 예금의 금리가, 6개월보다는 1년 예금의 금리가. 1년보다는 2년 예금의 금리가 더 높은 것이 자연스러운 것처럼 채권도 만기가 길면 길수록 금리 수준이 높아지는 것이 자연스럽기 때문이랍니다. 경제학자들은 채권의 만기가 길면 길수록 가격변동 위험이 커지고 유동성이 줄어들기 때문이라고 설명하지만 상식적으로 생각해도 채권의 일드커브는 아래의 모습을 보이는 것이 자연스럽겠지요.

| 일반적인 국채의 일드커브 |

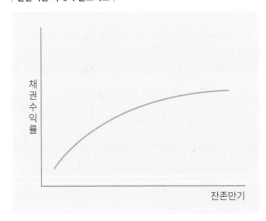

| 일반적인 신용등급별 채권의 일드커브 |

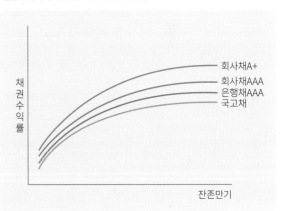

하지만 실제 시장의 일드커브는 항상 이론대로 우상향하는 모습을 보이는 것은 아니랍니다. 다음 페이지의 그래프들처럼 다양한 모습의 일드커브가 관찰되기도 합니다.

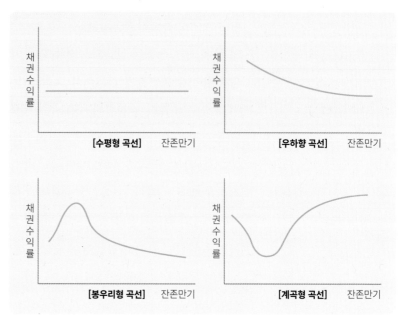

일드커브가 일시적으로 또는 일정 기간 우상향 모습을 보이지 않는 경우가 발생하는 이유는 무엇일까요? 일반적으로 단기채권의 금리는 그 나라의 기준금리(정책금리)의 영향을 크게 받지만 중장기채권 금리는 현재의 기준금리보다는 향후 경기나 물가에 대한 예상치 그리고 이에 따른 미래의 기준금리 예상치를 크게 반영하기 때문에 단기금리 시장과는 다른 시장을 형성합니다. 예컨대 현재의 기준금리가 5%로 당분간 유지될 것 같으나 향후 경제 상황이 급속히 악화되어 약 1년 후부터는 급격한 기준금리 인하가 있을 것으로 시장이 예상한다면 국채 1년물의 금리는 5% 내외에서 거래되지만 국채 2년 이상물의 경우 3%나 4%대에서 거래되어 우하향 일드커브가 형성될 수도 있는 것입니다. 만약 향후의 기준금리가 하락할 것으로 예상은 되지만 확신하기는 어렵다고 시장 참여자들이 판단할 경우 수익률 곡선은 수평형으로 나타날 가능성이 높을 것입니다.

한편, 채권시장은 단기, 중기, 장기, 초장기 채권시장으로 분리되어 있는데 여러 제도적 요인과 투자자들의 성향에 따라 각각의 시장 안에서의 수급에 따라 각각의 금리가 따로 형성된다는 '시장분할 이론'도 이런 상식적이지 않은 일드커브 모습들을 설명하고 있습니다. 예를 들어 우리나라의 채권시장에서는 20년, 30년 만기의 초장기채권 금리가 10년물 장기채권 금리보다 낮아지는 이상한 상황이 빈번히 발생하는데요. 국가경제 규모에 비해 대형 생명보험사들의 초장기물에 대한 수요가 워낙 많기 때문입니다. 보험사들의 수요 때문에 우리나라는 다른 국가에서는 잘 찾아볼 수 없는 50년 만기 국채도 발행하고 있습니다.

이처럼 일드커브는 특정한 논리에 따라 일정한 모습으로 형성된다기보다는 혼재된 여러 힘들이 작용하여 다양한 모습으로 형성되는 것이라 이해하면 될 것입니다.

채권이야기 **영국의 국채금리, 대영제국의 기틀이 되었다?**

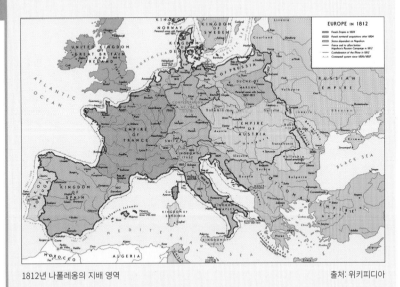

1812년 나폴레옹의 지배 영역

출처: 위키피디아

젠트리(Gentry)

16·17세기 영국의 중신적 도지
소유자층인 젠트리는 농업, 수공
업, 목축업 등을 통해 부를 축적
하며, 초기 자본주의 발전에 기여
했습니다. 이들은 국가와 귀족 사
이에서 힘을 얻어 부르주아 세력
을 형성하였고, 이 과정에서 귀족
의 특권에 도전하여 자신들의 이
익을 확장하였습니다. 귀족보다
는 지위가 낮지만, 상인보다는 상
위인 신분적 영향력으로 하원에
서 다수를 차지하였고, 지역에서
는 치안 판사를 맡아 지방 행정을
장악하였습니다. 일부 법률가나
대상인은 토지를 매입하여 젠트
리가 되기도 하는 등 영국 사회에
서 계층 간의 유동성이 두드러졌
습니다.

서준식 교수는 주위 국가에 비해 군사력도 경제력도 약했던 영국이 세계 최초의 산업화와
민주화를 이루며 300년 이상 패권을 기머질 수 있었던 근원적인 이유를 '헨리 8세의 구교
회 토지 몰수 후 저가 매각'에 있다고 봅니다. 국가로부터 저가로 토지를 매입한 시민들이
수공업, 목축업에 효율적으로 토지를 활용하며 '젠트리'라는 부르주아 세력을 형성했고,
이들의 경제력과 정치력으로 산업화와 의회 민주화를 이룰 수 있었다는 것이지요. 청교도
혁명 후 동인도 회사의 주식회사 전환, 명예혁명 후 린던 시티 금융가 형성 등 많은 징치적
요인들 역시 자본주의 경제 시스템의 형성과 연결되며 '해가 지지 않는 나라'의 기틀을 마
련하였습니다.

하지만 나폴레옹 1세의 등장으로 영국은 위기를
맞았습니다. 나폴레옹 1세가 황제로 즉위한 후
프랑스는 유럽 대부분을 지배했는데, 영국보다
많은 인구와 군대 육성에 필요한 재원을 보유했
기 때문이었죠. 1인당 소득은 영국보다 낮았지만
인구수가 많아 1780년대 말에는 프랑스의 국민
총생산이 영국의 두 배 이상이 되며 영국을 위협
하였습니다.

이렇듯 불리한 여건 속에서도 영국이 세계 패권
을 유지할 수 있었던 비결 중 하나로 1688년 영
국의 명예혁명 이후 크게 낮아진 영국의 국채금
리를 꼽는 견해가 있습니다. 17세기 후반까지 영
국의 국채금리는 15%에 달할 정도로 높았지요.
1671년 찰스 2세가 채권 지급을 중단하는 등 왕
실의 잦은 채무불이행으로 인해 위험 프리미엄
이 매우 높았기 때문입니다. 그런데 명예혁명으
로 나라의 주권이 의회로 넘어가자 채무는 더 이
상 왕의 채무가 아닌 국가의 채무로 바뀌었고, 의
회가 미래의 세금으로 상환할 것임을 확신시키며
영국 국채는 매우 안정적 투자처가 되었습니다.

1688년 명예혁명 후, 1689년 국민과 의회의
권리를 최종적으로 확인한 권리장전 문서
출처: 네이버 지식백과

명예혁명 이후 위험 프리미엄이 크게 줄어들자 단기간에 채권금리는 10%대에서 6%로
하락하고, 1755년에는 2.74%를 기록하기도 하였습니다. 영국 정부는 경쟁력 있는 금리
와 잘 정비된 채권 제도 덕분에 쉽게 조달할 수 있었던 자금을 기반으로 대규모 함대와 군
대를 유지할 수 있었습니다. 신용이 높은 자본시장이 형성되면서 전 세계 부호들의 돈이
영국 유가증권 시장에 모여들었고, 이 돈의 힘으로 영국은 프랑스와 치른 전쟁에서 승리를
거두고 대영제국을 유지할 수 있었던 것입니다.

채권 고수와의 인터뷰

열정과 사명감으로 80조 원 고객 자산을 안전하게 지킨다

조도형 크레딧리서치 팀장(신한자산운용 채권운용본부)

기업 신용분석 경력 1998년~현재

안건회계법인(현 한영회계법인)에서 회계사로 사회에 첫발을 디딘 후 당시 IMF 위기 여파로 혼란스러웠던 기업들의 구조조정 재무 실사, 기업가치 및 채무 재조정 규모 산정 등의 업무를 수행하였다. 2002년 신한자산운용으로 이직한 후 주식리서치와 채권 신용분석을 병행하며 명실상부한 자산운용업계의 1세대 크레딧 애널리스트로 자리매김하였다. 업계 최대 규모의 펀드를 운용하고 있는 신한자산운용 채권운용본부에서 막대한 규모의 신용물 분석을 책임지고 있다.

Q. 신용분석 업무는 어떤 일을 수행하나요?

자산운용사의 신용분석 업무는 크게 '투자대상 기업분석'과 '섹터별 자산배분'의 두 가지 측면으로 구분해 볼 수 있습니다. 첫째, 기업분석의 경우 기업의 수익성 및 안정성 분석이 핵심입니다. 회사채 또한 주식과 마찬가지로 기업 내재가치에 연동하며 끊임없이 가격이 변화하기에 향후 기업들에서 발생 가능한 호재 및 악재를 선제적으로 파악하여 투자 가능종목군(투자 풀 또는 투자 유니버스라고도 부릅니다)을 선정하고 종목별 투자가능금액을 산정하지요. 저희가 선정하고 산정한 범위와 한도 내에서

149

우리 회사의 펀드매니저들이 투자할 수 있는 것이고요. 둘째, '섹터별 자산배분'이란 포트폴리오에 유리한 채권 종류와 비중 조절에 대한 방향성을 펀드매니저들에게 제안하는 일입니다. 향후 더욱 좋은 성과를 내어줄 채권 종류를 선정하여 비중을 높이는 전략이지요. 예를 들어, 2022년 4분기에 국내 크레딧 시장이 매우 혼란스러워져 AAA 공사채 금리 수준이 AA 회사채 금리 수준보다 높아지는 보기 드문 상황이 발생했는데요. 저희 부서는 분서을 통해 이런 현상이 단기적일 것이다 판단하여 공사채를 적극 매입하고 회사채를 매도하는 전략을 제안했고 운용부서는 이 전략을 적극 받아들여 좋은 성과를 낼 수 있었지요. 자산운용사에서의 신용분석 업무는 기업분석에 그치지 않고 포트폴리오 운용에 이 분석들이 어떻게 접목되어야 하는지 방향을 제시하는 것이 매우 중요합니다.

Q. 지금의 업무가 어떤 면에서 매력적인가요? 또한 어떤 능력이 많이 필요할까요?

일종의 금융 스페셜리스트로서 제가 맡은 일에 집중하여 노력을 많이 할수록 우리 채권운용본부가 맡고 있는 80조 원 자금을 맡긴 고객분들이 편안하게 발 뻗고 주무실 수 있습니다. 고객분들 상당수가 연기금 등 공적 기능을 가진 곳인데, 제가 잘할수록 이들의 수익률이 올라가 사회에 기여할 수 있다는 점에 보람을 느낍니다. 지금의 회사에서 일하는 동안 한 번도 디폴트 같은 크레딧 이슈가 발생하지 않아 고객들의 자산을 어느 누구보다 안전하게 지켜왔다는 사실에도 자부심을 가지고 있습니다. 기업 신용분석업무는 감사보고서와 같은 단순하고 과거 지향적인 수준을 넘어서 미래의 예상을 면밀하게 할 수 있어야 하기에 높은 재무 이해력뿐 아니라 인문학적이고 창의적인 사고력도 매우 필요합니다.

Q. 크레딧리서치팀의 적은 인력으로 시장의 수많은 신용물들을 모두 분석하고 점검하기가 만만치 않을 것 같은데요?

분석해야 하는 공사, 금융사, 회사들의 숫자도 엄청나지만 기업들의 신용도에 각각 영향을 끼치는 수많은 경제변수, 산업변수에 실시간으로 대응해야 하는 일도 업무부담이 꽤 되지요. 매일 커버해야 하는 국내외 경제·산업·기업 자료 메일이 300건 이상 됩니다. 2005년 스탠퍼드 대학 졸업식에서 애플 창업자 스티브 잡스 연설의 마지막 멘트인 'Stay Hungry, Stay Foolish'를 저희의 모토로 삼고 있습니다(웃음). 한마디로 열성이 없으면 못한다는 얘기지요.

Q. 그런 열정이 어디서 나오는 걸까요? 연봉이 많이 높아서요?(웃음)

머리가 아닌 가슴으로 한다고 보시면 될 거예요. 어느 심리학 책에서 감성이 이성을 통해 결과를 이끈다는 얘기를 보았는데요. 창의성과 생산성을 높이는 활력의 동인은 이해타산보나 외부 헌신인 경우가 더욱 높다고 해요. 운동선수의 신기록이 메달에 대한 욕구보다는 어떤 대상에 대한 사랑과 헌신에 의해 달성되는 경우가 더 많다고 하더군요. 크레딧 애널리스트(신용분석 전문가)들의 연봉은 일반 사무직보다는 높겠지만 성과 좋은 펀드매니저들을 따라갈 정도는 아닙니다. 저의 열정을 이끄는 힘은 높은 연봉이 아니라 '내가 조금만 더 노력하면 우리 채권운용본부에 80조 원의 자금을 맡긴 고객들이 편히 잠잘 수 있다'는 제 직업에 대한 사명감에서 나온다고 생각합니다.

채권 가격과 수익률, 계산법과 개념 이해하기

채권의 가격, 모든 이자와
원금의 현재가치를 더하라

첫째마당에서 미래가치를 현재가치로 환산하는 수식을 공부했는데요.
이 수식 하나면 모든 채권의 가격을 계산할 수 있으니 반드시 기억하시
길 바랍니다.

현재가치 = 미래가치 ÷ $(1 + 할인률)^{투자기간}$

또는

현재가치 = 미래가치 ÷ 연복리승수

하지만 실제 투자할 때 여러분이 채권의 가격을 일일이 계산해야 할 일
은 별로 없을 거예요. 증권사 매매 화면에서 자동으로 계산해서 보여주
기 때문입니다. 채권 전문가들도 내부나 외부 전산시스템에서 자동으로
계산되어 나오는 채권 가격을 참조할 뿐이지 본인이 일일이 계산하는
일은 거의 없습니다. 하지만 채권 가격이 어떤 논리로, 어떤 방식으로 계
산되는지에 대해 잘 알고 있다면 채권투자를 더 잘할 수 있겠죠?

채권 가격은 모든 미래 현금의 현재가치의 합이다

| 3년 만기 5% 이표채의 현금흐름표 |

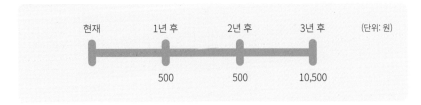

위의 현금흐름표처럼 현재 시장금리가 5%일 때 매년 500원씩의 이자를 지불하다가 3년 뒤엔 원금과 이자 10,500원을 지급해 주는 이표채를 예로 들어서 채권 가격이 어떻게 계산되는지를 살펴보겠습니다. 미래에 지급되는 현금들의 현재가치를 따로따로 구해서 합산하면 현재의 가치, 즉 채권의 가격이 될 것입니다.

아래 그림처럼 매년의 현금흐름을 5%로 할인하여 현재가치를 구하고, 이들을 합산하면 채권 가격 10,000원이 계산됩니다.

| 시장금리 5%일 때의 현재가 계산 |

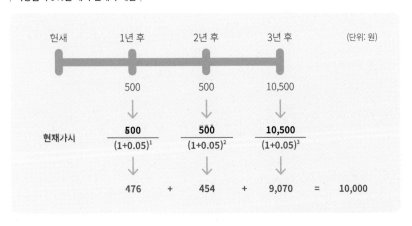

매년 500원씩 지급하는 똑같은 채권일지라도 시장금리가 5%에서 6%로 바뀐다면 채권 가격은 어떻게 바뀔까요? 미래의 수익을 현재가치로 환산할 때의 할인율을 5%에서 6%로 바꿔 적용하면 됩니다.

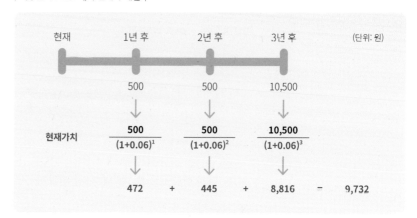

어떤가요? 이론과 방법을 알면 어렵지 않죠? 여러분은 미래의 수익이 확정된 채권의 현재가격이 어떤 식으로 계산되는지, 그리고 금리의 변동에 따라 채권의 가격이 어떻게 계산되는지를 살펴보았습니다.

미래의 모든 가치를 현재의 가치로 환산하는 방식을 현금흐름할인법(DCF)이라고 하는데요. 채권뿐 아니라 여러 투자자산의 가치를 측정하는 데에도 응용되고 있습니다. 따라서 채권의 가격을 계산하는 방법을 제대로 이해하고 있다면 수많은 투자자산의 가치를 제대로 측정하는 데에도 큰 도움이 될 것입니다.

알아두세요 ─────

현금흐름할인법(Discounted Cash Flow, DCF)

미래에 얻을 이익의 현금흐름을 현재가치로 할인하여 나타내는 방법을 말합니다.
이때의 기대되는 현금흐름이란 기업이 영업활동을 유지 또는 확대하면서도 자유롭게 사용이 가능한 현금을 의미하며 이를 잉여현금흐름(Free Cash Flow, FCF)이라 합니다.

왜 채권금리가 상승하면
채권 가격은 하락할까?

금리의 변동에 따라 예금자의 기분이 좋았다 나빴다 한다

어느 날 여러분이 가지고 있던 1억 원을 5% 이자를 준다는 한 은행의 정기예금에 가입했다고 가정하겠습니다. 그런데 바로 다음날 은행에서 똑같은 정기예금 상품을 6% 이자로 판매하지 뭡니까? 하루만에 여러분이 가입한 상품의 시장금리가 상승한 것입니다. 이때 여러분의 기분은 어떨까요? 당연히 나쁘겠죠. 이 기분은 투자금액이 클수록, 금리가 더 높아질수록, 만기까지 남아있는 기간이 길수록 더 나빠지겠지요.

조금 엉뚱한 질문을 해볼게요. 이럴 경우에 '얼마치만큼 기분 나빠야 할까요?' 이를 계산할 수 있을까요?

투자금액 1억 원에서 금리상승분 1%만큼의 약 1년 치, 즉 '1억 원×1%×1년 = 약 100만 원'만큼 기분이 나빠야 할 것입니다. 여러분은 이 계산만큼 사실상 손해를 본 것이나 마찬가지이기 때문입니다. 반대로 여러분이 정기예금에 가입한 후 시장의 정기예금 금리가 크게 하락한다면 기분은 좋아질 것이고 이 경우에는 사실상 이익을 본 것과 같습니다.

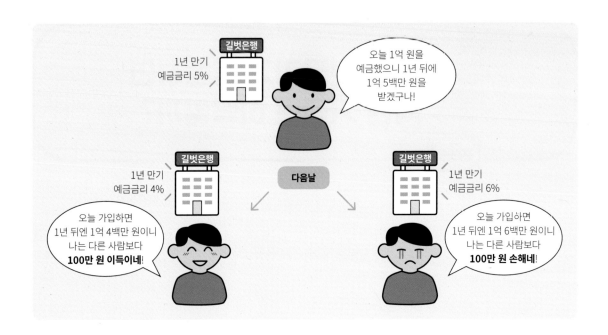

사람들은 정기예금이 만기일에 정해진 원금과 이자를 받아가면 되는 것으로만 생각하기에 중도에 발생하는 손해나 이익에 대해서는 대부분 잘 인지하지 못하고 있습니다. 그냥 금리의 변화에 따라 기분이 좀 좋았다 나빴다 할 뿐입니다.

금리의 변동에 따라 채권은 실제 손익이 왔다 갔다 한다

하지만 중도 매각이 가능한 채권의 경우라면 얘기는 조금 달라집니다. 채권의 경우 가격이 시시각각 변하고 시장에서 매매가 가능하다는 특성이 예금과 크게 다른 점이라고 준비마당에서 설명해 드렸는데 기억하시나요? 이제는 1년 만기 은행채에 투자한 상황을 살펴보겠습니다.

어느 날 지혜가 1억 원을 1년 만기 은행채에 5% 이자율로 투자하였습니다. 이 경우, 지혜는 1년 후에 원금인 1억 원과 더불어 5%의 이자인 500만 원을 받게 되며 그 현금흐름표는 다음과 같습니다.

| 지혜의 5% 채권 매수 현금흐름표 |

그런데 다음날, 지혜는 똑같은 종류의 1년 만기 은행채 금리가 6%로 상승했다는 사실을 알게 되었습니다. 새로 발행되는 1년 만기 은행채에 만약 준식이 1억 원을 투자한다면 1년 후에 1억 원의 원금에 더해 6%의 이자인 600만 원을 받게 되는 거지요. 이때 준식의 현금흐름표는 다음과 같습니다.

| 준식의 6% 채권 매수 방법 1: 새로 발행되는 은행채 매수 |

단 하루 차이로 같은 금액을 같은 상품에 투자한 준식에 비해 100만 원의 이자를 덜 받게 된 지혜는 아마 화가 나거나 후회가 될 것입니다. 사실상 지혜는 약 100만 원 정도의 손해를 본 것이기 때문입니다. 이런 상황에서 손해금액은 '투자금액 × 금리변동% × 잔존기간'으로 계산할 수 있습니다.

> 투자금액 × 금리변동% × 잔존기간
>
> = 1억 원 × 1% × 1년
>
> = 약 100만 원
>
> ※ 엄밀하게 따지자면 1년에서 하루가 경과했기에 364/365로 계산해야 합니다.

약 100만 원 정도의 손실을 보았다는 얘기는 지혜가 전날 매수했던 채권의 평가금액이 약 9,900만 원이 되었다는 의미입니다. 만약 이날 이 채권을 판다면 약 100만 원 손실을 보고 약 9,900만 원에 팔아야 한다는 얘기입니다. 새로운 투자자 준식은 6% 1년 만기 은행채에 투자하기 위해 지혜가 파는 이 채권을 약 9,900만 원에 매입하는 방법을 선택할 수도 있습니다. 1년 뒤 1억 500만 원의 원리금이 나오는 이 채권을 약 9,900만 원에 매입한다면 이 채권의 수익률은 약 6%가 되기 때문입니다(600만 원 ÷ 9,900만 원 = 약 6%로 계산했는데 이는 이해를 위한 대략적인 계산입니다. 만약 좀 더 정확한 계산을 원한다면 하루가 경과했기 때문에 '1억 500만 원 ÷ (1+0.06)(364/365) = 9,907만 원'으로 매입금액이 계산됩니다).

| 준식의 6% 채권 매수 방법 2: 지혜로부터 표면금리 5% 채권 매수 |

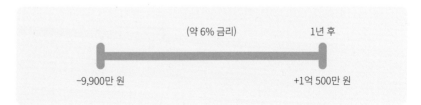

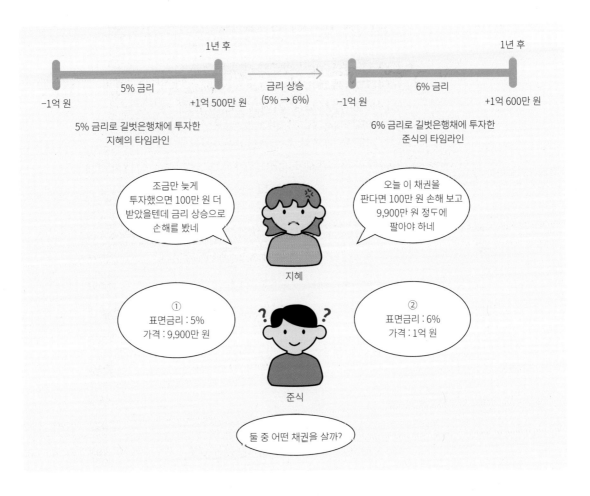

만약 반대로 지혜가 가진 1년 만기 은행채 금리가 4.5%로 하락한다면 지혜는 시장에서 바로 채권을 매도하여 약 50만 원의 이익을 실현할 수 있습니다. 계산은 다음과 같이 한다는 것을 이제 알고 계시죠?

> 투자금액 × 금리변동% × 잔존기간
> = 1억 원 × 0.5% × 1년
> = 약 50만 원

만약 준식이 채권 매입을 원한다면 ⎾는 4.5%로 발행되는 새로운 은행 채 1년물을 1억 원어치 매입하여 1년 후 450만 원의 이자를 수령하거나 아니면 지혜가 매도하는 채권을 1억 50만 원에 매수하여 364일 후 원리금 1억 500만 원을 수령하여 총 450만 원, 약 4.5%의 수익을 얻는 방법 중 한 가지를 선택할 수 있습니다(이 역시 대략적인 계산입니다. 정확하게는 '1억 500만 원 ÷ (1+0.045)(364/365) = 1억 49만 원'으로 매입금액이 계산됩니다).

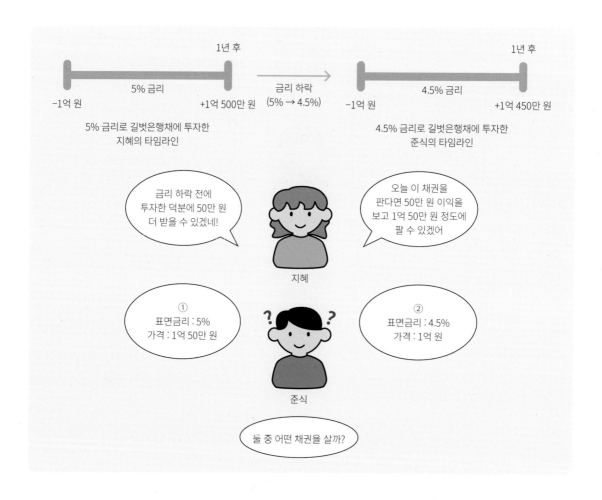

금리와 채권 가격은
반대로 움직인다

| 금리의 변동에 따라 울고 웃는 채권 투자자들 |

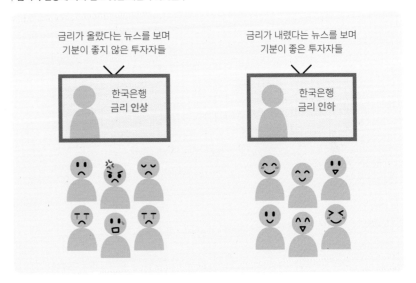

채권을 보유하고 있는 투자자가 시장금리의 변동에 따라 기분이 어떻게 달라지는지, 그리고 그 기분만큼 실제로 이이을 보기나 손실을 보고 있다는 사실을 배웠는데요. 채권금리와 채권 가격의 관계가 서로 반대라는 것을 눈치채셨나요? 채권금리가 오르면 채권 가격은 하락하고, 채권금리가 내리면 채권 가격은 상승하지요. 그리고 그 모습을 그래프로 표현하면 다음의 그림과 같습니다.

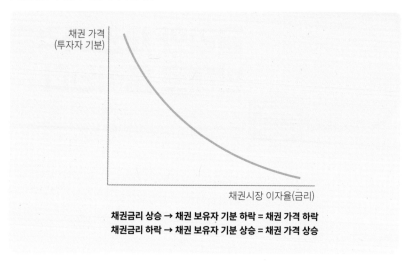

채권금리 상승 → 채권 보유자 기분 하락 = 채권 가격 하락
채권금리 하락 → 채권 보유자 기분 상승 = 채권 가격 상승

채권의 가격과 금리가 반비례한다는 것을 보여주는 이 그림이 직선이 아니라 곡선인 이유는 차후 설명해 드리겠습니다. 우선은 반비례하는 모양을 잘 기억해 두세요. 채권금리의 변동은 채권의 가격을 변동시키고, 이는 곧 채권 보유자의 이익이나 손실을 결정짓는 요인이라는 것이 이해되시나요? 즉, 금리가 오르면 보유한 채권의 가치가 하락하기에 채권 보유자는 기분이 나빠질 것입니다. 반대로 금리가 내리면 갖고 있는 채권 가치가 상승하기에 채권 보유자의 기분이 좋아집니다. 이는 채권 가격과 금리가 역방향으로 움직인다는 기본적인 원리를 잘 설명해 줍니다. '채권금리가 올랐다'라는 표현은 곧 '채권 가격이 빠졌다'라는 말과 같은 뜻이고 '채권이 비싸게 거래되었다' 혹은 '채권이 더 비싸게 발행되고 있다'와 같은 표현은 곧 '채권금리가 하락하였다'라는 말과 같습니다. 반대로 움직이는 채권금리와 가격의 관계에 빨리 익숙해지시길 바랍니다.

채권 가격과 채권수익률의 관계를 직관적으로 이해해 보자

10,000원 투자하여 1년 후 원리금 11,000원을 받는 채권의 수익률 = 10%

→ 만약 이 채권의 가격이 갑자기 5,500원으로 떨어졌다면?

 (채권의 원리금은 고정되어 있으므로 11,000원에는 변동이 없다)

→ 5,500원 투자하여 1년 후 원리금 11,000원을 받는 채권의 수익률 = 100%

10,000원 투자하여 1년 후 원리금 11,000원을 받는 채권의 수익률 = 10%

→ 만약 이 채권이 시장금리가 갑자기 100%로 상승했다면?

→ 채권의 가격은 5,500원으로 떨어져 거래되어야 할 것이다.

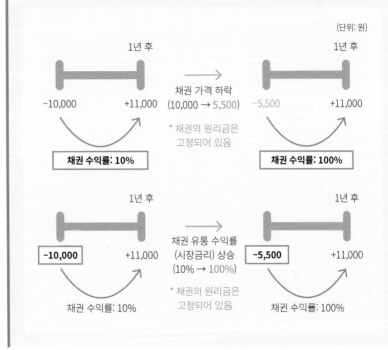

만기가 길수록
가격의 변동폭도 크다

지금까지 채권의 가격과 금리의 관계를 설명하기 위해 1년 만기 채권을 계속 예로 들어왔습니다. 이제 만기가 긴 채권을 예로 들고자 합니다. 채권이 발행된 후 만기까지 남은 기간을 '잔존만기'라고 하는데요. 잔존만기는 채권의 매우 중요한 특성이라고 앞에서 강조한 바 있습니다.

지혜는 5% 금리의 은행채를 1억 원어치 매입했습니다. 이번에는 1년물이 아닌 3년물을 매입했지요. 그런데 이번에도 5%에 매입한 바로 다음 날, 시장금리가 6%까지 올라버렸습니다. 이때 지혜의 기분은 어떨까요? 당연히 나쁘겠죠. 그런데 1년물을 매입한 후 금리가 올랐을 때와 3년물을 매입한 후 금리가 올랐을 때 중에서 언제 더 기분이 나쁠까요? 그리고 얼마나 더 기분이 나빠야 할까요? 계산이 되시나요? 3년물을 가지고 있을 때 금리가 오른다면 3년 치만큼 이자를 적게 받는 셈이 되기에 1년물을 가지고 있을 때보다 3배쯤 더 기분이 나빠야 합니다. 1년물을 보유한 경우보다 3배나 큰 손실이 발생했으니까요.

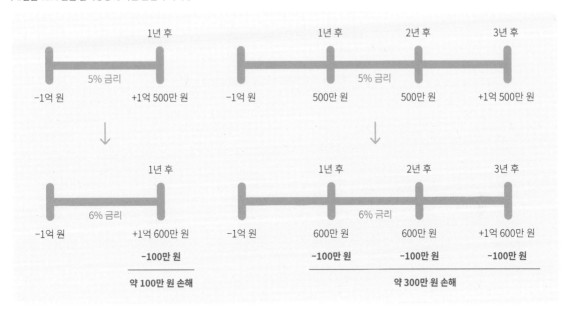

지혜의 예시에서 '300만 원 손해'가 아닌 '약 300만 원 손해'라고 표현한 이유가 있습니다. 미래의 −100만 원은 현재의 −100만 원이 아니라는 것 다들 아시지요? 1년 뒤 −100만 원의 현재가치는 −100만 원÷(1+0.06) = 약 94.3만 원이며, 2년 뒤 −100만 원의 현재가치는 −100만 원÷(1+0.06)² = 89만 원이고, 3년 뒤 −100만 원의 현재가치는 −100만 원÷(1+0.06)³ = 84만 원이기에 지혜의 손해를 정확하게 계산하면 −300만 원이 아니라 −267.3만 원(= −94.3−89−84)이 됩니다. 하지만 편의상 약 300만 원 손실로 설명하는 것입니다. 지금 중요한 것은 정확한 계산이 아니라 개념의 이해이기 때문입니다.

기분 나쁜 만큼 사실상 손해를 본 것이라는 설명은 앞에서 여러 번 드렸습니다. 실제 위의 경우 지혜의 손해를 대략 계산해 보면, 투자금액 1억 원의 금리상승분 1%만큼의 3년 치(예금 만기가 하루 줄어들었기에 정확하게는 '3년−1일'로 계산해야 하지만 실제 이 채권을 시장에서 매도하려면 약 9,700만 원을 받아야 하기에 약 300만 원의 원금손실이 발생했다고 설명했습니다)입니다.

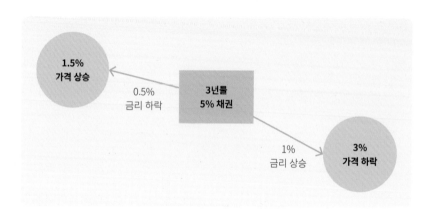

만약 이 3년물의 금리가 매입한 다음날 5%에서 4.5%로 0.5% 하락했다면 이때는 지혜의 기분도 좋아지고 지혜의 채권에서 이익이 발생하겠지요. 정확하게 얼마나 이익인지 계산하면 '1억 원×0.5%×3년 = 약 150만 원'이 될 것입니다. 실제로 이 채권을 매도하면 약 1억 150만 원을 받아 약 150만 원의 이익을 챙길 수 있어요. 역시 1년물을 보유한 경우보다 3배의 이익이네요.

1년물 채권에 투자했을 때와 3년물 채권에 투자했을 때, 그리고 5년물에 투자했을 때 금리의 변동폭에 따른 가격의 상황을 표와 그래프로 비교하면 다음과 같습니다.

	1년물	3년물	5년물
금리 1.0% 하락	약 100만 원 이익	약 300만 원 이익	약 500만 원 이익
금리 0.5% 하락	약 50만 원 이익	약 150만 원 이익	약 250만 원 이익
금리 0.5% 상승	약 50만 원 손실	약 150만 원 손실	약 250만 원 손실
금리 1.0% 상승	약 100만 원 손실	약 300만 원 손실	약 500만 원 손실

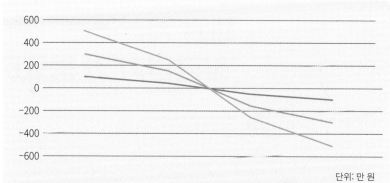

단위: 만 원

	금리 1.0% 하락	금리 0.5% 하락	금리 0.5% 상승	금리 1% 상승
——1년물	100	50	−50	−100
——3년물	300	150	−150	−300
——5년물	500	250	−250	−500

이제 감이 오시나요? 금리변동에 따른 가격의 변동, 즉 손익의 변동폭은 채권의 만기에 비례한다는 것을요. 이처럼 채권의 만기는 수익률의 변동에 따른 채권 가격의 변동폭, 즉 변동성을 의미합니다. 3년 만기 채권의 경우, 금리가 1% 변동할 때 가격이 약 3% 변동하게 되며 10년 만기 채권은 금리가 1% 변동할 때 가격이 약 10%, 즉 1%의 10년 치가 변동하게 된다는 식으로 기억하시면 됩니다. 만기가 길면 길수록 금리변동에 따른 가격변동폭이 커진다는 사실을 머릿속에 새겨놓기를 바랍니다.

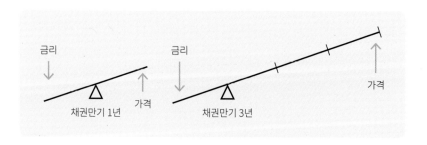

채권 계산에는
'평균만기'가 중요하다

기분의 변동폭도, 가격의 변동폭도 평균만기에 따른다

금리의 움직임에 따른 채권 가격의 변동폭은 채권의 만기에 비례한다는 설명을 앞에서 드렸습니다. 하지만 말입니다. 채권 가격을 계산할 때 사용하는 만기는 잔존만기가 아닌 '평균만기'라는 개념을 사용합니다. 평균만기는 또 뭐냐고요?

예를 들어서 살펴보겠습니다. 만약 1만 원 액면가의 채권을 투자하면 1년 뒤에 5,500원, 2년 뒤에 5,500원을 지급해 주는 채권이 있다고 가정하겠습니다. 이 채권의 만기(잔존만기)는 모든 원리금 지급이 완료되는 2년이겠지만, 이 채권의 평균만기는 1년과 2년의 평균치인 1.5년이 되겠지요?

그런데 어째서 채권의 수익을 계산할 때 평균만기 개념을 사용해야 할까요? 또 다른 예를 하나 살펴보겠습니다. 만약 준식이 다음의 현금흐름표처럼 8% 이표채 3년 만기물을 가지고 있는데 금리가 갑자기 1% 상승했다면 정확히 3년 치만큼 기분이 나쁘고, 정확히 3년 치만큼 가격이 하락하는 것이 맞는 걸까요?

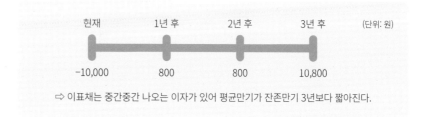

➡ 이표채는 중간중간 나오는 이자가 있어 평균만기가 잔존만기 3년보다 짧아진다.

그렇지 않습니다. 위의 현금흐름표를 자세히 보세요. 금리가 올랐을 때 준식은 3년 후 받는 이자인 10,800원만큼 3년 치 기분 나빠야 하는 것이 맞지만 2년 뒤 나오는 이자 800원에 대해서는 2년 치만 기분 나빠야 하고 1년 뒤 나오는 이자 800원에 대해서는 1년 치만 기분 나빠야 정확하지 않을까요? 즉, 준식은 채권의 평균만기만큼 기분이 나빠야 한다는 거지요. 위 이표채 예시의 경우 만기(잔존만기)는 3년 뒤에 오지만 평균만기는 3년보다 짧다고 보아야 합니다. 그래서 평균만기는 가중평균법으로 계산하는데요. '((800×1년) + (800×2년) + (10,800×3년)) ÷ (800 + 800 + 10,800) = 2.8년'으로 보아야 합니다. 그 말인즉슨 이 채권의 경우 금리가 1% 상승했을 때 3년×1%만큼이 아니라 2.8년×1%만큼의 가격 변동이 좀 더 정확한 계산이 된다는 의미입니다. 가장 정확한 계산은 챕터 21 현금할인법을 통해 실제로 계산된 267.3만 원입니다.

한편 만기 이전에 현금흐름이 없는 할인채나 복리채는 평균만기와 만기(잔존만기)가 동일합니다.

| **수익률 7%인 복리채의 타임라인** |

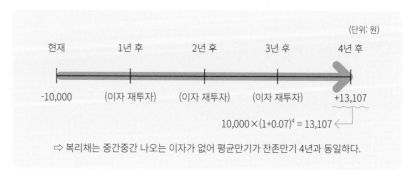

➡ 복리채는 중간중간 나오는 이자가 없어 평균만기가 잔존만기 4년과 동일하다.

만기가 길수록, 표면금리가 높을수록 이표채의 만기와 평균만기의 간격이 커진다

이표채의 평균만기가 잔존만기보다 짧아지는 현상은 만기가 길면 길수록, 그리고 이표금리가 높으면 높을수록 더욱 심해집니다. 예를 들어 8% 이표채 30년물의 평균만기를 계산해 보면 약 20년에 불과합니다. 만약 금리가 1% 상승한다면 30년×1%의 가격변동이 아니라 20년×1%만큼 가격변동이 되는 것이 보다 정확한 계산이라는 것이죠.

그런데 같은 30년물이라도 표면금리가 4%인 경우 평균만기는 약 22년으로 조금 더 길어집니다. 발행 이후 30년 동안 중간중간 지급되는 이자가 표면금리가 8%인 경우보다 더 적기 때문에 생기는 현상입니다. 그렇다면 중도에 이자 지급이 전혀 없는 30년 만기 복리채의 경우는 어떨까요? 모든 원리금이 30년 뒤에 지급되므로 평균만기는 잔존만기와 같은 30년이 됩니다. 이표채 30년물과 복리채 30년물의 평균만기는 이렇게 크게 차이가 납니다. 채권의 평균만기는 채권의 이자지급 방법과 만기에 따라 크게 달라질 수 있다는 것을 꼭 기억하세요.

평균만기는 전문 용어로 '듀레이션'

금리의 변동에 따른 가격의 변화를 대략적으로 측정할 때, 잔존만기가 아니라 중도 지급될 이자까지 고려한 평균만기 개념을 사용해야 한다는 사실을 잘 기억하시길 바랍니다. 전문가들은 채권의 평균만기 개념을 '듀레이션'이라 부릅니다. 채권 듀레이션은 '채권의 투자 원리금을 모두 회수하는 데 걸리는 평균 기간'이라고 정의할 수 있습니다. 사실 전문가들은 평균만기 개념을 조금이라도 더 정확히 계산하기 위해서 복잡한 방식으로 변형하여 계산한 '맥컬레이(F. R. Macaulay) 듀레이션'이나 '수정 듀레이션'을 사용하기도 해요. 하지만 일반 투자자라면 이렇게까지 자세하게 알지 않아도 괜찮아요. '평균만기' 개념만 알고 있어도 충분합니다. 어떻게 계산해도 그리 큰 차이가 나지 않기 때문입니다.

전문가들의 듀레이션 계산법인 '맥컬레이 듀레이션'과 '수정 듀레이션'은 평균만기와 어떻게 다를까?

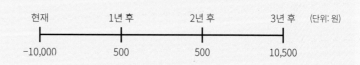

3년 만기 5% 이표채의 듀레이션을 여러 방식으로 계산하여 그 차이를 알아보겠습니다.

① 평균만기 = 2.87년
본문에서 보여드린 방법입니다. 가장 단순하게 계산하는 평균만기는 '((500×1년) + (500×2년) + (10,500×3년)) ÷ (500 + 500 + 10,500) = 2.87년'으로 계산됩니다.

② 맥컬레이 듀레이션 = 2.86년
캐나다의 경제학자 맥컬레이가 체계화한 맥컬레이 듀레이션은 채권에서 발생하는 현금흐름을 현재가치로 환산한 후 연수에 가중평균합니다. 미래에 발생하는 현금흐름인 500원, 500원, 10,500원의 현재가치를 구하면 476원, 454원, 9,070원이 나옵니다. 따라서 맥컬레이 듀레이션은 '((476×1년) + (454×2년) + (9,070×3년)) ÷ (476 + 454 + 9,070) = 2.86년'으로 계산됩니다.

| 3년 만기 5% 이표채의 듀레이션 |

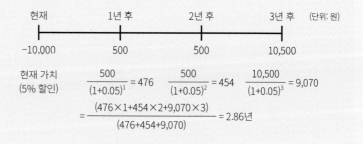

듀레이션을 활용하는 이유와 방법

평균만기, 듀레이션 개념을 왜 알고 있어야 할까요? 여러분이 어느 채권을 보유하고 있을 때, 혹은 투자하려고 검토할 때 이 개념을 알고 있어야 금리의 변화에 따른 가격의 변동폭이 어느 정도인지 대략 예상할 수 있기 때문입니다.

예를 들어, 여러분이 평균만기(듀레이션)가 5년인 채권을 보유하고 있는데 오늘 뉴스에서 5년물 금리가 0.3% 상승했다고 한다면 '아, 내가 보유한 채권의 가격이 '5년×0.3% = 1.5%' 정도 하락했구나'라고 알 수 있겠죠. 또 듀레이션이 9년인 5% 금리의 10년물 국채를 매입하려 할 때에도 '이 채권을 사면 매년 5%의 이자가 나오지만, 만약 1년 동안 금리가 1% 상승하면 '8년×1% = 8%' 정도의 가격손실이 나므로 3% 정도의 마이너스 수익이 날 수도 있겠구나'라는 식으로 투자 검토가 가능해집니다.

채권의 평균만기, 즉 듀레이션은 채권 가격의 변동성을 의미합니다. 그리고 이 듀레이션에 비례하는 가격의 변동성을 '시장위험'이라고 해요. 경제학자들은 '가격의 변동성이 곧 위험'이라고 정의하거든요. 어쨌든 듀레이션이란 채권금리가 변화할 때 채권 가격이 대략 어느 정도 변하는지를 미리 예측할 수 있는 척도라는 사실을 확실히 기억한다면 채권 투자가 두렵지 않을 것입니다.

듀레이션을 활용한 가격의 변화 추정치

다음은 5% 금리의 듀레이션 3년물을 가정한 가격변동의 추정치 표와 그래프입니다. 맥컬레이 듀레이션이든 수정듀레이션이든 금리의 변화에 따라 듀레이션만큼 정확히 가격이 움직여 준다면 금리와 가격은 다음의 표와 그래프처럼 움직일 것입니다.

| 듀레이션으로 추정하는 가격 변동 |

	가격 변동률	듀레이션 추정가격
금리 2% 하락	6% 상승	10,600원
금리 1% 하락	3% 상승	10,300원
금리 불변(5%)	불변	10,000원
금리 1% 상승	3% 하락	9,700원
금리 2% 상승	6% 하락	9,400원

| 듀레이션에 따른 채권 가격의 변화 |

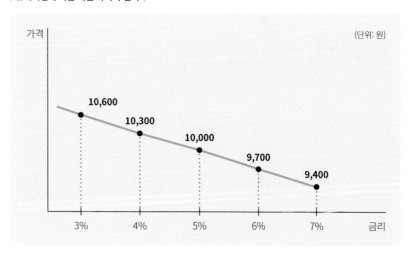

채권 가격을 제대로 계산하면 그래프가 볼록해진다?

'채권의 금리와 가격은 반비례한다', '금리의 움직임에 따른 채권 가격의 변동폭은 채권의 평균만기(듀레이션)에 비례한다'는 설명을 앞에서 했습니다. 그런데 뭔가 이상하다고 느낀 점이 없었나요? 앞에서 가격의 변동에 대해 설명할 때 정확한 금액을 표기하지 않고 '약 100만 원'이나 '약 300만 원'과 같이 대략적인 수치로 표시했던 것을 눈치채셨나요?

사실 채권의 금리변동에 따른 가격변동폭은 앞에서 서술했던 평균만기에 단순히 변동된 금리를 곱하는 방식으로는 대략적인 수치만 알 수 있을 뿐 정확한 수치를 계산하기는 어렵습니다. 만약 채권의 가격이 듀레이션의 계산과 정확히 맞아떨어진다면 이전 페이지의 그래프처럼 직선으로 보여야겠지요. 하지만 앞에서 배운 계산법으로 하나하나 금리별 채권가격을 구해보면 실제로는 오른쪽 페이지의 그래프처럼 곡선으로 그려집니다. 표면금리와 실제 시장금리의 차이가 크면 클수록 가격의 괴리가 커지는 것도 보이시죠?

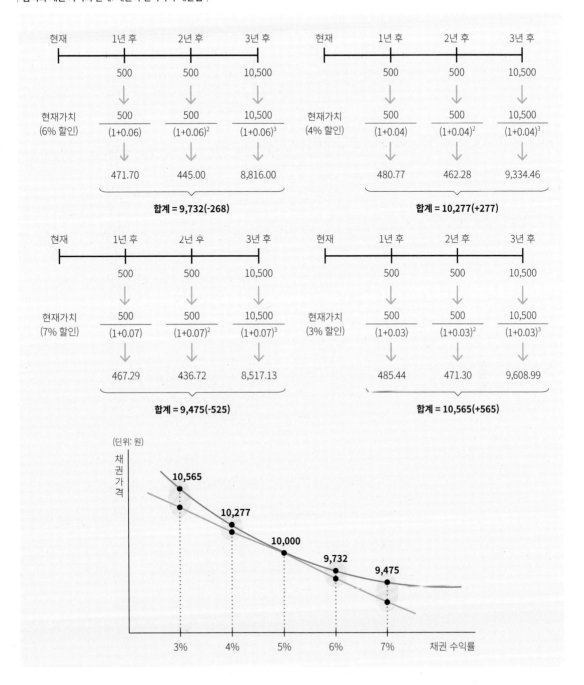

| 금리변동에 따른 듀레이션 3년물의 듀레이션 추정 가격과 실제 가격 변동 |

	가격 변동률	듀레이션 추정가격	실제 계산 가격	가격 등락폭
금리 2% 하락	6% 상승	10,600원	10,565원	+288원
금리 1% 하락	3% 상승	10,300원	10,277원	+277원
금리 불변	불변	10,000원	10,000원	
금리 1% 상승	3% 하락	9,700원	9,732원	−268원
금리 2% 상승	6% 하락	9,400원	9,475원	−257원

이런 현상이 나타나는 이유를 설명하기 위해서는 고등수학의 개념이 필요한데요. 독자 여러분이 직관적으로 이해할 수 있도록 다음과 같이 조금 과장해서 설명해 보겠습니다.

5% 금리의 듀레이션 3년물 채권의 금리가 1% 올라가면 액면가 10,000원의 3%인 300원이 하락한 9,700원이 되겠지요. 하지만 여기서 금리가 1% 더 상승하면 9,700원의 3%인 291원이 하락하므로 9,409원이 되어 듀레이션 계산법보다 9원 더 높게 가격이 형성됩니다. 이런 식으로 금리가 상승하면 상승할수록 가격 하락폭은 둔화되는 개념인데, 실제로는 1% 단위가 아니라 더 작은 금리 변화에서부터 이런 현상이 나타나기 때문에 그래프가 곡선으로 휘어지는 것이랍니다. 반대로 금리가 하락하면 하락할수록 가격 상승폭은 점증합니다. 이 역시 듀레이션 3년인 채권의 금리가 1% 하락하면 처음엔 액면가 10,000원의 3%인 300원이 상승한 10,300원이 되지만 그다음 1%의 움직임엔 10,300원의 3%인 309원이 상승한 10,609원이 되고 그다음엔 10,609원의 3%인 318원이 상승한 10,927원이 되는 식으로 가격 상승폭이 커지는 것입니다.

이렇게 채권 가격이 금리변동에 대해 볼록한 곡선 형태를 보이는 특성을 컨벡시티(볼록성)라고 합니다. 금리가 상승하면 상승할수록 실제 채권 가격의 하락 속도는 조금씩 감소하고, 금리가 하락하면 하락할수록 실제 채권 가격의 상승 속도는 조금씩 증가하는 현상입니다.

이런 컨벡시티 현상은 채권투자자들에게 상당히 유리합니다. 듀레이션이 긴 채권일수록 컨벡시티 효과는 더욱 커진다는 점도 알아두면 좋습니다. 채권 가격 계산, 듀레이션 계산, 컨벡시티 이론 등을 대하면서 명심해야 할 것은 이런 복잡한 것들을 정확히 척척 계산해 내는 것이 아니라 이들의 개념을 잘 이해하는 것이 중요하다는 사실입니다.

잠깐만요

복잡한 채권의 가격 메커니즘을 어린이에게 어떻게 설명할 수 있을까?

5년간 매년 5%의 이자를 지급하는 채권은 5년간 매년 5개씩 사탕을 꺼내먹을 수 있는 사탕주머니에 비유해볼 수 있습니다.

10,000원을 주고 산 이 사탕주머니(5년 후 가게에 반납하면 10,000원 환불)에는 '5년 × 5개 = 총 25개'의 사탕이 들어있으며 구입 후 1년이 지날 때마다 딱 5개씩의 사탕만 꺼내먹을 수 있지요. 그런데 준식이 사탕주머니를 산 바로 다음날, 사탕가게에서는 5년짜리 사탕주머니에서 매년 4개씩의 사탕을 꺼낼 수 있다고 발표하였습니다. 이날부터 가게에서 판매되는 사탕주머니에는 '5년 × 4개 = 총 20개'의 사탕만 들어있을 겁니다. 준식은 5개의 사탕만큼 이득을 보았다 생각하게 되겠지요.

만약 준식이 다른 사람에게 이 사탕주머니를 판매한다면 어떨까요? 중요한 것은 준식이 가진 주머니의 사탕은 변함없이 25개라는 것입니다. 준식은 이 주머니를 같은 10,000원에 매수자에게 넘겨주는 대신 이 주머니에는 가게의 것보다 사탕이 5개 더 많으니 매수자에게 5개의 사탕을 따로 더 달라고 할 것입니다. 그러나 매수자는 미래 5년간 더 받을 수 있는 사탕 5개는 지금 당장의 5개보다는 가치가 적으니 4개만 더 주겠다고 합니다. 준식은 제안을 받아들여 4개의 사탕을 챙기며 이렇게 생각할 것입니다. '이럴 줄 알았으면 10년짜리 사탕주머니를 샀을텐데….'

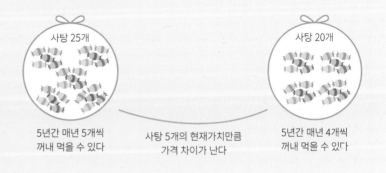

사탕 25개		사탕 20개
5년간 매년 5개씩 꺼내 먹을 수 있다	사탕 5개의 현재가치만큼 가격 차이가 난다	5년간 매년 4개씩 꺼내 먹을 수 있다

027 ▶ 채권투자수익률, 어떻게 계산하나?

채권투자수익률 = 이자수익률 + 자본손익률

채권에 투자한 후 보유하는 동안의 수익률을 '채권투자수익률'이라고
하지요. 만기 전 채권을 매도하여 손익을 실현하게 된다면 '채권투자
실현수익률'이라고 할 수 있고요. 이런 투자수익률을 계산하는 방법은
의외로 간단합니다. '10,000원을 투자했는데 1년 후 채권을 팔고 보니
11,000원이 생겼다. 그래서 수익률은 10%이다'라는 식으로 말입니다.
중요한 것은 정확한 수익 계산이 아니라 개념과 본질을 이해하는 일입
니다. 채권의 수익이 왜, 어떻게 발생하는 것인지를 이해해야 합니다. 첫
째마당에서 채권을 보유하는 동안 발생하는 수익을 주식의 수익에 비교
하여 살짝 설명했는데, 그 내용을 다시 한번 살펴볼게요.

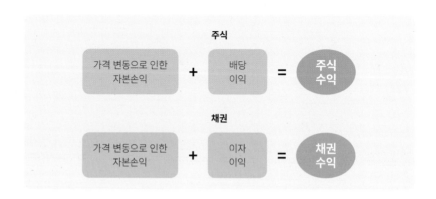

어떤 자산을 가지고(Carry) 있으면서 자연스레 발생하는 수익률을 '캐리 수익률'이라고 합니다. 주식의 경우 배당이, 채권의 경우 이자가 '캐리 수익률'입니다. 그리고 시장에서 매매되는 유가증권은 시장가격 등락으로 손익이 발생하는데 이를 자본손익이라고 부릅니다. 우리는 이번 마당에서 채권에서는 시장금리가 오르면 자본손실이 발생하고 시장금리가 내리면 자본이익이 발생한다는 사실을 공부했습니다. 어느 채권에 투자하고 일정 기간이 지난 뒤 그 채권을 매도했을 때 보유기간 동안의 수익률, 즉 채권투자수익률은 보유기간 동안의 모든 이자수익과 자본손익을 더하여 계산할 수 있습니다.

| 준식 3년물 5%에 매수 |

| 준식 1년 후 2년물을 진영에게 4%에 매도 |

예를 들어볼게요. 준식이 3년 만기 신한은행 복리채 100억 원을 5%에 매입하고 1년 후 이 채권을 4%에 진영에게 매도했다면 1년간 준식의 실현수익률은 얼마가 될까요?

일단 1년간의 이자 5%는 확보했지요(이표로 받지 않더라도 매도 가격에 그동안의 이자가 반영됩니다). 5%에 매수했던 채권이 이제 2년짜리로 남아있는데 이를 4%에 팔았으니 금리하락분 1%에 대한 2년치, 즉 2%의 자본이익이 발생한 것입니다. 그래서 준식의 1년간 투자수익률은 '이자수익률 5% + 자

몬수익률 2% – 약 7%로 계산됩니다

다른 예시를 통해 한 번 더 연습하겠습니다. 지혜는 5년 만기 국민주택 1종 복리채 100억 원을 4%에 매입했는데 2년 후 3년물이 된 이 채권을 4.5%에 진영에게 매도했다면 2년간 지혜의 실현수익률은 얼마가 될까요?

일단 2년간 이자 '4% + 4%'는 확보했고, 4%에 매수했던 채권이 3년짜리 채권으로 남아있고 4.5%에 평가받고 있으니 금리상승분 0.5%에 대한 3년치, 즉 약 1.5%의 자본손실이 발생한 것입니다. 그래서 지혜의 2년간 기간수익률은 '이자수익률 4% + 4% + 자본손실율 – 1.5% = 약 6.5%'로 계산되고, 연환산수익률은 약 3.2% 수준입니다(3.2%의 2년 복리 = 약 6.5%).

| 지혜 5년물 4%에 매수 |

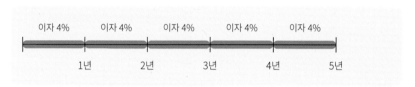

| 지혜 2년 후 3년물을 진영에게 4.5%에 매도 |

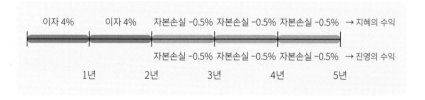

이런 수익률 계산방식은 대략적인 수익률을 예상하는 방법입니다. 이 계산을 굳이 수식으로 표현하자면 다음과 같이 표현할 수 있습니다.

> (연환산) 자본손익률 = (매입금리-매도금리) × 잔존 듀레이션 ÷ 투자연수
> (연환산) 투자수익률 = 매입수익률 + 자본손익률
>
> ※ 자본손익을 투자연수로 단순히 나누는 계산은 단리계산법이지만 투자기간이 3년 이내로 짧을 경우 복리계산법과 큰 차이가 없어 무방합니다.

롤링효과를 이해하면 채권의 기대수익률을 계산할 수 있다

채권의 일드커브(수익률 곡선)는 일반적으로 우상향합니다. 우상향하는 일드커브를 살펴보면 채권 보유기간이 지날수록 저절로 금리수준이 하향하여 자본이익이 발생하는 현상이 생기는데 이를 '롤링수익'이라고 합니다. 이런 부가적인 이익생성 효과를 '롤링효과'라고 하고요. 채권을 장기간 보유하는 동안 발생하는 금리의 변동에는 알게 모르게 이 롤링효과도 영향을 끼치고 있습니다. 롤링수익도 금리의 변동으로 발생하는 손익, 즉 자본손익에 포함되는 개념입니다.

예컨대 국채 1년물의 금리가 4%, 2년물의 금리가 4.5%, 3년물의 금리가 5%일 때 진영이 국채 2년물을 4.5%에 매수한 후 1년간 보유했을 때 그동안 시장금리의 변동이 없다면 진영은 1년 후 국채 1년물이 된 채권을 4%에 매도하며 0.5%만큼의 자본이익을 얻게 됩니다. 시장금리의 변동 없이 1년이라는 기간 경과만으로 자연 발생한 금리하락에 따라 0.5%의 롤링수익이 생긴 것입니다. 이때 진영의 채권투자수익률은 '이자수익률 4.5% + 자본수익률 0.5% = 5%'로 계산됩니다.

| 롤링효과 |

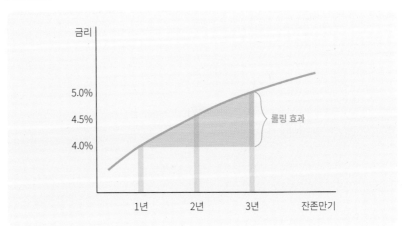

이런 롤링효과를 알면 채권의 기대수익률을 계산할 수 있습니다. 채권의 기대수익률이란 1년의 투자기간 동안 강세를 보일 때나 약세를 보일 때를 포함한 시장에서의 수익률을 평균한 값이라 볼 수 있는데요. 그 평균은 결국 시장이 1년간 아무 변동 없을 때의 수익률과 같습니다(금리 1% 하락, 2% 하락, 1% 상승, 2% 상승 등 모든 상황의 평균은 금리불변과 같다는 논리입니다).

한편, 위에서 진영이 4.5%에 매수한 2년물 국채의 채권투자수익률 5%는 투자 후 1년간 아무 금리변동이 없었을 때의 수익률이므로 매수 당시 2년물의 기대수익률이라 할 수 있습니다. 롤링효과와 기대수익률을 잘 알고 있는 펀드매니저의 눈에는 4.5% 금리의 국채 2년물이 기대수익률 5%짜리 채권으로 보일 것이고, 투자하기 좋다고 판단할 수 있겠죠.

한편 4% 금리의 국채 1년물의 기대수익률은 4%입니다. 투자 1년 후 만기가 되기 때문에 롤링을 통한 추가수익 효과가 없기 때문입니다. 4% 금리의 국채 1년물에 투자한 후 1년이 지났을 때 어떤 시장 상황이 오더라도, 예컨대 1년물 금리가 100%로 상승한 상황이더라도 이 채권에서 실현되는 수익률은 오로지 4%입니다. 이렇게 1년 투자수익률이 기대수익률이 아닌 수익률이 나올 가능성이 전혀 없는 자산을 경제학에서는 '무위험자산'이라고 부릅니다. 국채 1년물과 예금 1년물이 이에 해당합니다.

| 기대수익률 표 |

	1년물	2년물	3년물
매입수익률	4%	4.5%	5%
기대수익률	4% (이자수익률 4%)	5% (이자수익률 4.5% +자본손익률 0.5%)	6% (이자수익률 5% +자본손익률 1%)

모든 국채가 무위험자산이 아닌 이유

경제학에서는 국채 중 1년물만 무위험자산으로 분류합니다. 그 외의 국채는 무위험자산이 아닌 안전자산으로 부르지요. 신용위험이 없어서 안전하다는 뜻입니다. 만기가 긴 국채들의 경우 시장 상황에 따라 1년 투자수익률이 기대수익률이 아닌 수익률 결과가 나올 가능성이 높습니다. 투자자들은 이를 불확실성이라고 부르고, 통계학에서는 표준편차라 부르며 경제학에서는 변동성 또는 위험이라고 부릅니다.

마지막으로, 5% 금리 국채 3년물의 기대수익률을 구해볼까요? 5%에 매수한 후 1년 동안 금리변동이 없다면 2년물이 된 이 국채를 4.5%에 매도할 수 있겠지요. 그렇다면 투자자의 기대수익률은 '1년간 이자수익률 5% + 1년 후 기대 자본이익 1%(0.5% 금리 하락의 2년치) = 약 6%'로 계산됩니다.

지금까지 채권투자로 수익을 얻기 위해 알아야 하는 필수 개념들과 계산법을 알아보았습니다. 다시 한번 강조하지만, 계산하는 방법이 아니라 개념을 이해하는 것이 더욱 중요합니다.

2024년 상반기 출시! 10만 원부터 투자할 수 있는 '개인 투자용 국채'

2023년 9월 5일, 2024년 상반기부터 개인만 매입할 수 있는 국채가 발행된다는 국채법 시행령 개정안이 국무회의를 통과했습니다. 장기적이면서도 안정적으로 자산 형성을 원하는 개인투자자들에게 적합한 투자상품을 제공하겠다는 취지인 것 같습니다.

| 기존 국고채와 개인 투자용 국채 비교(국채법 개정 내용) |

구분	매입자격	금리결정	소유권 이전	사무처리기관
개인 투자용 국채	개인 한정	사전공고	불가 (중도환매 가능)	전자등록기관 (예탁결제원)
국고채	제한 없음	공개시장	가능	한국은행

최소 10만 원부터 연간 1억 원까지 구매할 수 있는 장기물

개인 투자용 국채는 최소 매입 단위와 연간 매입 한도가 정해져 있습니다. 전용 계좌를 개설한 개인은 판매대행기관 창구 방문이나 온라인 신청을 통해 청약 및 매수할 수 있으며, 최소 10만 원부터 연간 최대 1억 원까지 투자할 수 있습니다. 또한, 장기 자산 형성 지원 목적을 감안하여 10년물과 20년물 두 종류로 발행됩니다.

세제혜택 등으로 개인의 투자 유도

조세특례제한법 시행령에 따라 개인 투자용 국채는 가입 기간이 10년 이상인 경우 분리과세가 가능도록 하는 과세특례가 적용됩니다. 또한, 만기 시 가산금리를 지급하는 등의 혜택을 부여하고 있는데요. 다른 선진국들에 비해 우리나라 국민의 국채 보유 비중이 너무 낮아 이를 제고해 보자는 취지 때문입니다.

2023년 6월 말 기준 국채 보유 비중		
국내기관 79.4%	외국인 19.4%	개인 1.2%

출처 : 기획재정부

기존에도 국고채나 국민주택채권을 통해 우리나라 국채에 투자할 수 있었으나, 기관투자자 또는 고액 자산가 위주로 시장이 형성되었기 때문에 소액으로 투자하려는 개인들에게 국채투자는 꽤 까다로운 편이었습니다. 하지만 이 채권의 경우 유통시장이 아니라 금융사에 개설한 전용 계좌에서 가입하는 식으로 투자하기 때문에 소액 투자자들에게 매우 접근성이 좋다며 언론에서 홍보하고 있습니다.

채권쟁이 서준식 교수의 의견은 다소 부정적

그런데 이 국채의 내용을 조금만 들여다보면 고개를 갸웃하게 됩니다. 우리는 준비마당에서 채권과 정기예금의 중요한 차이가 무엇인지 배웠습니다. 시장에서 매매가 불가능하여 현금이 필요할 때엔 중도해지를 해야 하는 상품이 채권이 아니라 정기예금의 특성이었습니다. 이 상품은 채권이라기보다는 10년이나 20년 만기 정기예금 또는 장기 저축성보험 상품의 성격과 유사합니다.

서준식 교수는 이 국채 상품이 정상적인 시장 상황에서는 크게 성공하기 어렵다고 보고 있습니다. 기본적으로 다른 상품들보다 금리가 낮을 수밖에 없는 국채인데다 중도 매각마저 할 수 없는 '채권 아닌 채권'이기 때문이라는 것입니다. 정부에서 과도한 인센티브를 줄 경우 판매량이 증가할 수도 있는데 이 경우가 더 큰 문제라고 합니다. 이 채권은 한마디로, 쌈짓돈으로 투자하는 서민들을 위한 상품이라기보다는 금융소득종합과세를 피하기 위한 고액자산가들을 위한 상품이 될 가능성이 높기 때문입니다. 결국 고액자산가들에게 인센티브를 주기 위해 정부의 재정 부담을 키우는 모양새입니다.

서준식 교수는 또 고액자산가들의 막대한 자금이 안전자산인 국채로 쏠리는 길을 막고 주식시장이나 벤처시장 같은 위험자산 시장으로 흘러가게 유도해야 한다고 주장합니다. 그래야 이들의 자금 지원을 받은 기업들이 새로 생겨나거나 성장할 수 있고, 국가 경제가 활발하게 움직이고 살아날 수 있다고 믿기 때문입니다. 세금 혜택은 주식시장과 회사채 시장, 즉 기업금융(IB, Investment Banking) 분야에 주어져야 합니다. 개인 투자용 국채에 굳이 혜택을 주면서까지 투자를 유도할 필요가 있는지 의아하다는 의견입니다.

채권 고수와의 인터뷰

채권시장의 모든 분야에서
산전수전 경험한 백전노장

임한규 부사장(KR투자증권 채권 부문)

채권업계 경력 1995년~현재

첫 직장생활을 자산운용사인 조흥투자신탁운용(지금은 신한자산운용의 일부가 되었다)의 채권펀드매니저로 시작하였다. 이후 KB은행 채권딜러, 맥쿼리IMM자산운용 채권운용 본부장, NH투자증권 FICC 본부장, 현대증권 트레이딩 본부장, 신한은행 GMS 본부장을 역임한 후 KR투자증권 운용담당 부사장에 이르기까지 자산운용사, 증권회사, 은행 등 모든 영역에서 국내외 채권 투자업무를 담당하였다. 폭넓은 노하우와 인맥으로 채권시장에서 '왕발'로 통하고 있다.

Q. 은행, 증권, 운용사 등 여러 금융업종에서 채권 운용업무를 담당하셨는데요. 각 업종에서 어떤 업무를 담당하셨는지, 업종별 업무의 공통점과 차이점을 알려주실 수 있으신가요? 자산운용사에서 채권 일을 시작하셨지요?

각 업종별로 차이가 분명하게 있지요. 공통점은 직접적으로 금융시장에서 이자율과 관련된 상품을 거래하면서 수익을 극대화하는 것이 목표라는 것입니다.

자산운용사의 가장 큰 특징은 대부분 회사의 돈이 아니라 고객의 돈을 운용한다는 것이겠죠. 이익이 나든 손실이 나든 그 성과는 고객들의 몫입니다. 채권형 펀드에서 이익이 많이 났다고 그 회사가 이익을 분배해 가져가는 경우는 거의 없습니다. 다만, 수익률이 좋으면 좋을수록 그 자산운용사에 맡기는 금액이 커질 것이며 그 금액에서 떼어가는 수수료가 많아져 운용사의 이익에 보탬이 되는 시스템입니다. 대부분의 펀드 성과는 벤치마크 수익률 대비 얼마의 초과성과를 냈는가로 평가됩니다.

자산운용사에서 저는 국민연금, 공무원연금, 사학연금 등의 연기금, 우정사업부, 노동부 등의 정부 기금, 여러 보험사나 은행들이 맡기는 자금들을 채권과 채권 관련 파생상품으로 운용하는 펀드매니저였지요. 펀드매니저의 업무는 시장에서 사고팔고 운용만 하는 것에 국한되지 않습니다. 고객들에게 자금을 받아내기 위해 자료를 만들어 발표하고, 운용 경과를 보고하는 것도 매우 중요한 업무입니다. 연기금 등 기관 고객들은 제 펀드에만 돈을 맡기는 것이 아니라 여러 운용사의 펀드에 자금을 맡기고 계속 성과를 비교하면서 잘하면 자금을 더 주고 못하면 자금을 회수하기 때문에 운용사 펀드매니저 간 경쟁이 상당히 심합니다. 상대성과라서 큰 스트레스를 받기도 해요.

Q. 펀드매니저가 운용 외 그런 역할을 수행한다는 것은 처음 알았네요. 은행과 증권사에서의 채권운용 업무는 어떠셨나요?

은행과 증권사가 자산운용사와 가장 다른 점은 본인이 속한 회사의 돈을 직접 운용한다는 것입니다. 어느 운용역이 10억 원의 매매 손실을 냈다면 그 10억의 손실은 회사의 재산에서 감소하는 것입니다. 물론 신탁이나 랩(Wrap)이라는 이름으로 자산운용사처럼 고객의 자금을 운용하는 형태가 있긴 하지만 본연의 업무와는 거리가 있기에 따로 설명하지는 않겠습니다. 은행에서 채권운용의 가장 큰 역할은 은행 고유자금의 유동성 관리입니다. 제가 은행에서 주로 맡았던 역할은 은행 고유자금의 유동성 관리를 하면서 동시에 추가로 초과수익을 달성하는 것이었지

알아두세요

벤치마크

코스피 지수가 벤치마크인 주식형 펀드의 경우 1년 동안 코스피 지수가 10% 상승했을 때 펀드의 수익률이 15%라면 이 펀드는 +5%의 초과 수익을 낸 것입니다. 또 채권종합지수가 벤치마크인 채권형 펀드의 경우 1년 동안 채권종합지수가 3% 상승했을 때 펀드의 수익률이 2% 상승했다면 이 펀드는 -1%의 초과수익을 낸 것이고요. 때문에 벤치마크 수익률이 -10%일 때 어느 펀드가 -5%의 수익을 냈다면 그 펀드는 비록 손실이 났지만 벤치마크 수익률 대비 +5%의 초과성과를 낸 우수한 펀드로 평가받습니다.

알아두세요

은행 고유자금

은행이 자체적으로 보유하고 있는 자금을 의미합니다. 이 자금은 은행이 고객들로부터 받은 예금이나 적금 등의 수신자금과는 구분되며, 주로 주주들로부터 모아진 주식 자본과 은행의 운영 중에 쌓인 이익(보유이익) 등으로 구성됩니다. 고유자금은 은행의 경영이나 필요한 자금이나 투자에 사용되며, 특히 콜, RP와 같은 단기자금시장에 큰 영향을 미칩니다.

요. 대형은행들은 해당 자산의 규모가 약 50조 원에 이르는데요, 이 중 일부는 만기보유증권(AC) 계정, 매도가능증권(FVOCI) 계정, 운용(Trading) 계정으로 운용되지요. 물론 고유자금의 유동성 관리나 초과수익 추구는 국내채권뿐 아니라 해외채권, 메자닌, 주식, 대체투자 등의 운용도 함께 어우러지는데요. 제가 신한은행에서 재직할 때에는 이런 모든 자산들의 운용을 총괄 관리하는 일을 했습니다.

한편, 증권회사의 경우 회사의 규모별로 운용 방식이 상이한데요. 소형사는 매매차익을 확보하기 위한 운용이 중심이라면, 대형사는 여러 비즈니스의 목적에 따라 상이한 운용 전략을 취하고 있습니다. 증권사의 가장 대표적인 계정이 운용(Trading) 계정인데, 고객에게 일정 수익률을 약속하고 빌려온 자금, 전단채를 발행하여 마련한 자금 등으로 채권을 운용하는 계정(대고객북이라고 하며 원금북, 대고객 RP북 등으로 표현)으로 규모가 매우 크지요. 저는 처음에는 단순한 채권 프롭트레이딩(Prop Trading)으로 증권사 업무를 시작했지만 우리투자증권(현 NH투자증권)에 있을 때 현재 많은 증권회사들의 주요한 비즈니스 형태인 FICC 사업을 우리나라에서는 처음으로 셋업했습니다. 그 외에도 대고객 RP북 운용, ELS, DLS를 판매한 고객 자금에 대한 원금 운용, 외화표시채권 운용 및 파생 헤지북 운용 등 안 해본 채권 관련 업무가 없네요.

Q. 채권운용역의 입장에서 운용사, 증권사, 은행 중 가장 흥미로웠던 곳은 어디였나요? 또 보수는 평균적으로 어디가 가장 높은지 알려주실 수 있으신가요?

운용의 다양성 측면에서 본다면 증권회사가 가장 다이나믹하고 운용자산의 범주도 넓다고 볼 수 있겠네요. 성과급 등 보수 측면에서도 증권사가 대체로 높은 것 같고요. 채권에 대한 이해도 및 포트폴리오 관리의 전문성을 본다면 자산운용사가 높을 듯합니다. 주니어 시절에는 자산운용

알아두세요

프롭트레이딩
금융기관이 수익 창출을 위해 고객의 돈이 아닌 자기자본으로 주식, 채권, 파생상품 등의 금융상품에 투자하는 것을 말합니다. 자기자본을 투입하기 때문에 고객 자산에 비해 상대적으로 제약이 없어 단기적이고 투기적인 거래를 할 수 있습니다.

헤지
울타리, 대비책이라는 뜻의 영어 Hedge에서 유래된 용어로, 투자에서는 보유 중인 자산의 가격 변동 위험을 줄이기 위해 다른 자산에 투자하는 것을 말합니다.

사에서 배우는 것이 기본을 탄탄하게 할 수 있는 길이라고 생각합니다. 은행은 중장기적 시각에서 큰 포지션을 움직일 수 있는 반면, 지켜야 할 규제사항이 많고 자산운용사나 증권사만큼 융통성 있게 움직이기에는 어려운 편입니다. 물론 이 업계에서는 어디에 있든 활농성 면에서나 보수에서나 개인의 능력 차이가 매우 크지요.

Q. 채권운용 철학이 있다면 무엇인가요? 또 스스로 지키고자 노력하는 규칙이 있으실까요?

누구나 트레이딩을 잘할 때도 있고 못할 때도 있기만, 어느 경우라도 살아남아야 한다고 생각합니다. 운용 중에 손실한도를 넘어서 비자발적 손절매(Stop-Loss)를 통해 포지션을 강제 청산해야 하는 상황을 만드는 것을 가장 나쁘게 생각합니다. 따라서 그러한 상황에 노출되지 않게 포트폴리오를 관리하는 것을 가장 중요하게 봅니다. 스톱로스 상황은 대부분 자신의 한도를 넘는 과도한 투자나 적절한 시점에 스톱로스를 실행하지 못하여 손실 한도를 터치하는 경우에 발생합니다.

한편, 고객의 자금 또는 회사의 자금을 위탁받아 운용하는 사람은 높은 도덕적 기준을 지녀야 한다고 생각합니다. 고객에 대한 신의성실의 원칙, 투명한 정보공개, 그리고 운용 가이드라인을 위반하지 않는 원칙 준수 등이지죠. 이런 기준을 지키지 않으면 금융회사에서는 언제든 큰 사고가 날 수 있어요. 제 책임하에 있는 직원이 이러한 기준을 어겼을 때는 실력 여부를 떠나서 업무에서 손을 떼도록 합니다. 저 역시 이 덕목들을 갖추려고 매일 스스로에게 다짐하고 있습니다.

알아두세요

손절매

보유 중인 금융상품의 가치가 하락하여 손실을 볼 때 추가 손실을 제한하기 위해 일정 비율 이상의 손실이 나면 의무적으로 매도하는 것을 말합니다.

금리와 경제, 그리고 그리고 현명한 채권투자

금융시장에서 신호등도 되고 저울도 되는 금리

금리를 알아야 투자를 잘할 수 있습니다. 최근 점점 많은 자산가나 개인 투자자들이 채권 전문가에게 투자 조언을 얻고자 합니다. 여러분이 이 책을 읽고 있는 것도 같은 이유에서겠지요. '금융에서 금리는 물리학에서 중력과 마찬가지이다'라는 워런 버핏의 말이 있습니다. 채권뿐 아니라 주식이나 부동산 등 어떤 자산이라도 제대로 된 투자를 하기 위해서는 금리에 대한 이해가 선행되어야 합니다. 복잡한 채권 관련 공식을 암기하거나 채권을 단기적으로 사고팔아서 이익을 남기는 기술을 배울 필요는 없습니다. 중요한 것은 '투자자산의 가치를 잴 수 있는 정확한 저울'로서의 금리, '한 나라 혹은 전 세계 자금의 이동 방향을 안내하는 신호등'으로서의 금리 개념을 이해하는 것입니다. 금리는 어떤 역할을 하기에 경제와 금융에서 중요하다고 하는 걸까요?

평소 예금금리 정도에만 관심을 갖던 사람이라면 예금이나 대출 또는 국채금리 등 시중금리 수준이 1% 떨어졌다는 뉴스를 보더라도 단순히 '예금 만기 시 받는 이자가 좀 적어지겠네' 정도로만 해석할지 모릅니다. 하지만 1%의 금리 변화로도 실물 경제와 금융시장에는 엄청난 변동성이 작용할 수 있습니다.

대출금리가 6%에서 3%로 떨어진다면 사람들이 3% 이상의 수익성을 가진 사업의 개시나 확장에 관심을 가지기 시작할 것입니다. 멈춰 있던

수익성 5.8%짜리 유전 사업에 자금이 유입되어 유전이 다시 돌아가게 될지도 모릅니다. 2008년 금융위기 이후 미국의 기준금리가 제로 수준으로 내려가자 텍사스나 중동 지역 유전에 비해 수익성이 크게 낮았던 셰일가스 유전이 개발되기 시작하였고, 여기서 엄청난 양의 오일을 생산하자 전 세계 유가가 하락했습니다.

| 신호등으로서의 금리 |

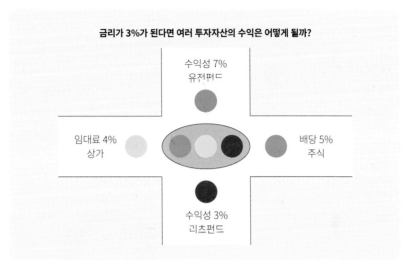

금리가 3%가 된다면 여러 투자자산의 수익은 어떻게 될까?

수익성 7%
유전펀드

임대료 4%
상가

배당 5%
주식

수익성 3%
리츠펀드

출처: 투자자의 인문학 서재, p305

시중 금리가 상승하면 가격이 하락하는 것은 보유 중인 채권뿐만이 아니지요.

일정한 수익률이나 현금흐름을 제공하는 투자자산의 경우에도 채권금리 등 시중금리가 상승하면 가치가 하락하고, 시중금리가 하락하면 가치가 상승한다고 보아야 합니다. 약 5%의 임대료를 받을 수 있는 상가가 있다고 해봅시다. 어느 날 시중금리가 4%에서 8% 수준으로 상승한다면 이 상가의 상대적 가치가 떨어져 이에 연동된 상가 가격은 하락 압력을 받을 것입니다. 반대로 시중금리가 4%에서 2%대로 하락한다면 이 상가가 받는 5% 임대료의 가치는 상대적으로 더욱 높아져 상가 가격은 상슈 압력을 받겠죠. 매년 6% 정도의 수익을 내는 사업권, 매년 평균 5%의 배당을 지급하는 주식 등의 투자자산도 채권금리가 6%일 때보다 채권금리가 3%일 때 그 가치가 높아질 것입니다.

이처럼 일정한 기대수익률을 지닌 모든 자산의 가치는 금리의 변화에 따라 시시각각 달라지며, 그 가치의 변화에 따라 시중 자금이 이동하게 됩니다. 즉 채권금리가 모든 자산의 가치를 재는 저울이자 자금의 이동을 유도하는 신호등이 되는 셈이지요. 시중의 자금은 위험과 기대수익률을 모두 고려한 후 시중금리와 비교하여 충분히 매력적인 자산군이나 개별종목으로 이동하려는 경향을 보입니다.

| 저울로서의 금리 |

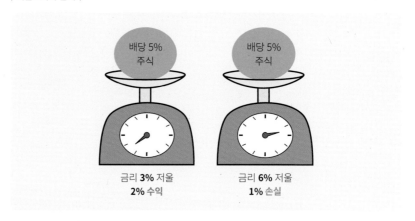

시중금리 수준이 낮아진다는 것은, 더 많은 대출이 일어나 시중에 통화량(유동성)이 더욱 풍부해진다는 의미이기도 합니다. 풍부해진 유동성은 경제 상황과 주식·부동산 시장에 긍정적인 효과를 주게 됩니다. 반대로 시중금리가 높아지면 시중 통화량(유동성)이 줄어들며 경제 상황과 주식·부동산 시장을 위축시키는 작용을 하겠죠. 물론 시장에는 수많은 경제 변수가 얽혀 있기 때문에 매번 같은 결과가 나타나는 것은 아니지만, 일반적으로 금리의 높고 낮음은 다음과 같이 경제의 소비 활동, 투자 활동, 생산 활동을 통해 경제지표에 영향을 주고 있습니다.

 알아두세요 ────

경제지표

생산·소비·무역 등 여러 경제 활동을 나타내는 지표적인 통계를 말합니다. 대표적인 경제지표로는 국민소득통계, 통화발행액, 수출입 실적, 고용지수, 주가지수 등이 있으며 월별, 분기별 통계가 많습니다.

• 금리 하락 시 경제지표에 끼치는 영향

소비/투자 부문

금리 하락 → 예금 등 금리상품 매력 감소, 주식·부동산 등 실물경제 상대적 매력 증가 → 저축 감소, 소비 증가, 주식·부동산 투자 증가 → 경기 상승, 물가 상승 압력

생산 부문

금리 하락 → 대출 등 조달금리 하락 → 투자 확대, 생산 증가 → 경기 상승

• 금리 상승 시 경제지표에 끼치는 영향

소비/투자 부문

금리 상승 → 예금 등 금리상품 매력 증가 주식·부동산 등 실물경제 상대적 매력 감소 → 저축 증가, 소비 감소, 주식·부동산 투자 감소 → 경기 하락, 물가 하락 압력

생산 부문

금리 상승 → 대출 등 조달금리 상승 → 투자 감소, 생산 감소 → 경기 하락

금리를 움직이는
경제 변수들

날씨나 인건비, 경작 면적 등 각종 요인들이 배추 수급에 영향을 주며 배추 가격을 변동시키는 것처럼 수많은 경제 요인 역시 시장 자금의 수급에 영향을 끼치며 가격을 변화시킵니다. 정기예금으로 너무 많은 돈이 몰리면 은행들이 예금금리를 낮추고, 정기예금에서 돈이 크게 빠져나가면 은행들이 자금의 이탈을 막기 위해 예금금리를 높이는 것도 같은 이치입니다. 각종 상품들의 가격(금리)은 그 시장으로 들어오거나 빠져나가는 시중 유동성, 즉 시장 자금의 이동에 가장 큰 영향을 받습니다. 이렇듯 돈에 대한 수요와 공급이 금리를 결정하기 때문에 금융시장 참여자는 돈의 수요와 공급에 영향을 주는 각종 경제 변수에 촉각을 곤두세워 주시하고 있습니다. 수많은 변수와 환경의 변화가 채권 등 금리시장에 영향을 주지만, 가장 크고 직접적인 영향을 미치는 경제 요인은 다음의 네 가지라고 할 수 있습니다.

① 경기 : 경기가 좋아지면 시중금리는 상승한다

금리에 영향을 미치는 가장 큰 변수는 경기의 향방입니다. 전문가들은 향후 경기 예측을 기반으로 하여 채권 등 금융투자상품을 매입하거나

설비투자

기업이 생산설비를 신설하거나 증설하는 데에 자금을 투입하는 것을 말합니다. 생산능력을 확대하거나 생산효율을 향상시키기 위해 이루어지며, 경제 전체의 생산성을 높이는 데에도 큰 영향을 미칩니다. 설비투자는 기업의 자금 조달 능력과 경기 전망 등에 따라 결정됩니다. 경기가 좋을 때는 기업의 생산활동이 활발해져 설비투자가 증가하지만, 경기가 나쁠 때는 기업의 생산활동이 위축되어 설비투자가 감소합니다.

컨센서스(Consensus)

공동체 구성원들의 의견에 대한 합의. 또는 그 의견을 뜻합니다. 즉 어떤 집단을 구성하는 사람들 간의 일치된 의견을 의미하는 용어입니다. 금융시장에서의 컨센서스는 경제 상황과 각종 경제지표, 전문가들의 의견을 종합적으로 판단하여 평균을 낸 전망치라고 볼 수 있습니다.

선행지수, 동행지수, 후행지수

선행지수, 동행지수, 후행지수는 경기종합지수를 구성하는 지표들로 각각의 지표는 경제의 다양한 측면을 반영하며, 이를 통해 경기 동향을 파악하고 예측할 수 있습니다.

· **선행지수**

미래의 경기 동향을 예측하는 데 사용되는 지표로, 경제의 선행성을 나타내는 지표입니다.

· **동행지수**

현재의 경기 상황을 파악하는 데 사용되는 지표로, 경제의 동행성을 나타내는 지표입니다.

· **후행지수**

과거의 경기 동향을 파악하는 데 사용되는 지표로, 경제의 후행성을 나타내는 지표입니다.

매도하는 운용을 합니다. 경기가 좋아지고 소득이 늘어나 수요가 증가하면 많은 사람이 돈을 빌려 사업을 시작하고, 설비투자를 확대합니다. 자연히 돈의 수요가 많아지므로 시중금리는 상승하게 됩니다. 반면 경기가 나빠지면 돈을 빌려 생산이나 투자를 하려는 사람이 줄어 돈의 수요가 감소하면서 시중금리는 하락하게 되겠지요. 투자자들이 각종 경제지표를 주시하는 이유입니다. 만약 시장 예상보다 경기가 더 좋아지는 방향으로 경제지표가 발표되면 그날 채권시장은 금리가 상승하는 방향으로 압력을 받을 것이며, 반면 경기가 안 좋은 방향으로 지표가 발표되면 금리가 하락하는 방향으로 압력을 받을 것입니다.

경제지표란 경제 상황, 즉 경기를 반영하여 정기적으로 발표하는 주요 통계지수를 뜻하는데요. 금융시장 참여자가 중요하게 생각하는 경제지표에는 GDP(국내총생산)와 경기종합지수가 있습니다. GDP는 '일정 기간 동안 한 나라 안에서 생산되어 거래된 모든 재화와 서비스의 교환가치의 합계'를 뜻하는데요. 각종 시장에서 거래된 상품의 가격 총량이 클수록 GDP는 성장하게 되는 것이지요. GDP는 한 나라의 경제 활동을 포괄적으로 나타내기 때문에 시장 참여자들이 가장 신뢰하는 지표입니다. 분기별로 발표하기 때문에 이미 한국은행과 각 금융 기관이 전망하는 향후 GDP 추정치와 이에 대한 시장의 컨센서스가 있어 시장이 이에 반영되어 등락하고 있다고 보아야 합니다. 때문에 GDP 발표일 당일, 금리에 영향을 미치는 요인은 발표된 수치 자체라기보다는 그동안 전망한 수치와의 차이가 있을 경우의 충격 정도입니다.

경기종합지수는 '경제의 각 부문을 대표하는 경제지표들을 가공·종합하여 하나의 지표로 나타난 것'이며 ①소비자기대지수, 기계수주 등 경기 순환에 앞서서 나타나는 10개 지표로 구성된 선행지수, ②광공업 생산, 제조업 가동률 등 실제 경기와 같은 시점에서 움직이는 8개 지표로 구성된 동행지수, ③재고, 소비지출 등 경기순환이 지난 뒤에 나타나는

5개 지표로 구성된 후행지수로 나누어집니다. 경기종합지수는 주로 향후 경기 국면 및 전환점 예측에 이용되며 경기 설명력과 예측력이 높아 금리나 주가에 미치는 영향이 큰 편입니다. 기타 주요한 경제지표로는 실업률, 전국경제인연합회(전경련)의 BSI(기업경기실사지수), 통계청의 CSI(소비자전망지수) 등이 있습니다. 대부분의 경제지표는 한국은행과 통계청의 인터넷 사이트에서 확인할 수 있으며, 각 증권사나 연구기관에서 지표에 대한 해석과 시사점을 발표하므로 조금만 관심을 가진다면 쉽게 내용을 알아볼 수 있습니다.

경기가 금리에 끼치는 영향
■ **경기 상승** → 소비 증가, 생산 증가 → 저축 감소, 대출 증가, 투자 증가
　　　　　　 → 채권 발행 증가, 채권 수요 감소
　　　　　　 → **금리 상승(채권 가격 하락)**

■ **경기 하락** → 소비 감소, 생산 감소 → 저축 증가, 대출 감소, 투자 감소
　　　　　　 → 채권 발행 감소, 채권 수요 증가
　　　　　　 → **금리 하락(채권 가격 상승)**

| 경제성장률과 채권금리의 관계 |

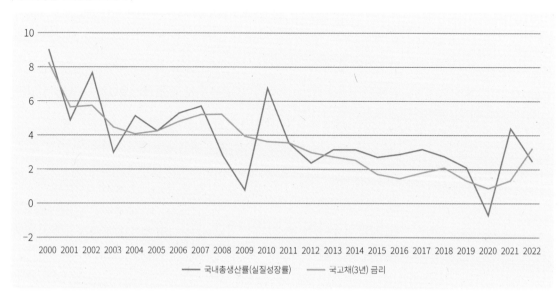

국내총생산율(실질성장률)　　　국고채(3년) 금리

② 물가 : 물가가 안정되면 시중금리도 안정된다

향후 물가가 크게 오를 것으로 예상되면 많은 사람이 급하게 돈을 빌려 공산품이나 부동산 등의 재화를 생산하거나 매입하려 하고, 이로 인해 돈에 대한 수요가 증가해 시중금리는 오를 것입니다. 반대로 물가가 크게 오르지 않을 것으로 예상되면 돈을 빌려 재화를 생산하거나 매입할 이유가 없기 때문에 돈에 대한 수요가 증가하지 않아 시중금리가 안정될 것입니다. 한편 물가가 오르면 물가 안정을 제1의 목표로 삼는 한국은행은 기준금리를 올려 시중 자금을 흡수해 돈의 공급을 줄이는데요, 이는 시장금리를 상승시키는 절대적인 요인이 됩니다.

이렇듯 물가지수는 시장금리에 큰 영향을 주고 있습니다. 물가지수의 종류에는 소비자물가지수(CPI), 생산자물가지수(PPI), 수출입물가지수 등이 있습니다. 소비자물가지수는 생계비 수준의 측정치이며 시중의 자금량에 영향을 많이 받습니다. 이 지수는 한국은행의 통화정책 결정 시 직접적인 요소가 되어 금리시장에 미치는 영향이 큰 편입니다. 생산자물가지수와 수출입물가지수는 금리시장에 미치는 영향력은 작은 편이나 소비자물가지수에 영향을 미치기 때문에 시장 참여자들이 주시하는 지수이지요. 하지만 이들 물가지수에는 정작 서민들의 삶에 너무나도 중요한 주택가격이나 장바구니 물가의 등락이 제대로 반영되지 않아 반쪽짜리 지수라는 비판도 있습니다.

한편 물가지수의 변화가 채권시장에 끼치는 영향은 직접적인 데 반해 주식시장에 끼치는 영향은 다소 간접적입니다. 물가상승으로 한국은행의 기준금리 인상 등 긴축 통화가 예상될 경우 단기적으로 주가에는 좋지 않은 영향을 끼칠 수 있지만, 장기적으로 물가상승은 기업이 보유하고 있는 자산 가격의 상승과 기업이 창출하는 명목 이익의 상승으로 연결되므로 주가에 긍정적으로 작용한다는 분석이 많습니다. 따라서 주식

볼 수 있어 갖고 있은 투기자산에 대비하는 인플레이션 헤지 수단의 하나로 인식되고 있습니다.

③ 정부의 재정정책 : 국채를 발행해 경기를 부양하면 금리가 오른다

정부가 경제 활동에 영향력을 행사하기 위해 세금을 거두고, 국채를 발행해 재원을 마련하며, 고용 증대, 물가 안정, 경제 발전, 공평한 소득 분배, 효율적인 자원 배분, 국가 안전 등의 목표를 위해 정부지출을 조정하는 전반적인 정책을 재정정책이라고 합니다. 정부가 재정정책을 적극적으로 실행할 때는 거둬들일 세금보다 더 큰돈을 지출해야 하기 때문에 부족한 돈은 국채를 발행해 충당합니다. 경기부양 재정정책(확장재정정책)은 채권을 많이 발행하며 적자재정정책인 경우가 많습니다. 따라서 국채 발행량 증가로 채권 수급에 영향을 주어 채권금리를 상승(채권 약세)시키게 됩니다. 수급 요인뿐 아니라 경기를 부양하는 정책이 지속될 경우, 경기 상승에 대한 기대감으로 금리가 상승 압력을 받을 수도 있습니다. 반면 국가 경제에 과열 기미가 보일 경우 긴축정책으로 전환하므로 국채 등 채권 발행액이 감소하게 되며, 이로 인해 향후 경기가 진정될 수 있다는 예상으로 채권금리를 하락(채권 가격 강세)시키는 요인이 될 수 있습니다. 한편 경기부양 재정정책은 주가에 호재로 작용하고, 긴축재정정책은 주가에 악재로 작용해 채권시장과는 반대의 영향을 주는 경향이 높습니다.

④ 중앙은행의 통화정책 : 물가가 오르면 금리를 올리고 경제가 위축되면 금리를 내린다

한국은행은 물가를 일정 목표 범위 내에서 움직이게 하고 국내 경제를 적정 수준으로 발전시키는 매우 중요한 역할을 수행하며, 이를 위해 시중에 유통되는 자금의 양을 조절하는 권한을 갖고 있습니다. 한국은행은 기준금리 수준 결정, 시중 은행의 지급준비율 결정, 통안채 발행량 조정 등의 방법을 통해 시중 통화량을 조절하고 있습니다.

| 한국은행의 3대 통화조절 정책 |

통화조절 정책	정책 내용	통화 확대	통화 흡수
기준금리 수준 결정	매월 금융통화위원회에서 기준금리(한국은행과 시중은행 간의 7일 단기 RP금리) 결정	금리 인하 → 시중 신용 증가 효과(금리가 내려가면 대출이 증가)	금리 인상 → 시중 신용 감소 효과(금리가 올라가면 대출이 감소)
시중은행 지급준비율 결정	시중은행들의 발행예금 잔고 대비 지급준비금 비율	지급준비율 하향 (예) 10%에서 7%로 하향하면 예금잔액의 3%만큼 통화 증가	지급준비율 상향 (예) 8%에서 10%로 상향하면 예금산액의 2%민금 통화 감소
통안채 발행잔고 조정	한국은행 통안채 발행잔고 조정	통안채 만기상환 금액보다 발행량 축소	통안채 만기상환 금액보다 발행량 확대

물가상승이 우려될 경우 기준금리를 인상하거나, 시중 은행의 지급준비율을 높이거나, 통안채 발행을 늘려 시중 자금을 흡수하지요. 만약 경기 부양을 위해 시중에 자금을 공급할 필요가 있을 때는 반대로 실행합니다. 한국은행에서 자금 흡수 정책을 실행할 경우 채권금리는 상당한 상승 압력을 받게 됩니다. 기준금리 인상의 경우 단기 금리 수준 자체를 상승시키며, 시중 자금의 흡수로 채권 매수 여력을 감소시켜 수급에 영향을 주게 되는 것입니다. 통안채 발행 역시 채권 수급에 직접적으로 영향을 주게 됩니다. 참고로 한국은행이 주요 통화정책 등을 통해 시중의 자금을 흡수할 경우 채권시장과 마찬가지로 주식시장에도 악재가 되는 경

우가 많은데, 이는 시중 자금이 줄어들면 주식시장으로 유입되는 매수 여력도 줄어들기 때문입니다. 반대로 통화정책을 통해 시중의 자금을 늘리는 경우에는 주식시장에도 자금이 풍부해져 주가 상승 요인이 될 가능성이 높지요.

왜 물가지수는 체감물가를 제대로 반영하지 못하나요?

물가의 사전적 정의는 '여러 가지 상품이나 서비스의 가격을 종합적이고 평균석으로 본 개념'이라고 합니다. 여러분이 사용하고 있는 상품과 서비스의 평균가격이라는 뜻입니다. 하지만 물가에 대한 서준식 교수의 정의는 살짝 달라요. 그는 '일반 국민이 벌어들이는 평균적인 소득에 비교한 일반 국민이 지출해야 하는 평균적인 비용의 정도'를 물가라고 정의하고 있습니다. 이 정의에 따르면 만약 최저임금이 올라 서민들의 임금이 2배 올랐다면 기본적인 생활에 필요한 의식주 상품의 가격이 2배 올라도 사실상 물가지수는 오르지 않은 것이겠지요. 하지만 평소 소비해야 할 상품의 가격은 그대로이지만 소비해야 할 상품의 수와 양이 많아진다면 물가가 오른 것이라는 입장입니다. 예를 들어 모든 상품들의 가격은 그대로인 상황에서 갑자기 'AI 기기'라는 신상품이 나와서 이 'AI 기기'를 마치 스마트폰처럼 국민 대부분이 사용해야 하는 상황이 생긴다면 이 기기의 가격 부담만큼 물가지수는 올라야 한다는 것이지요. 또 소고기 가격이 그대로일지라도 생활 수준의 상향으로 일반인이 먹는 소고기 평균량이 100g에서 200g으로 늘어났다면 소고기 물가는 2배 오른 것으로 봐야 한다는 것이고요.

사실 대량생산 시대에 들어선 이후 소비재의 가격 상승은 의외로 소득의 증가에 비해 그리 높지 않았습니다. 의류, 가구, 자동차, TV, 스마트폰 등 대량생산이 가능한 제품들의 가격을 10년 전과 비교해 보면 잘 알 수 있어요. 이케아 가구나 ZARA 의류는 가구나 의류의 평균적인 가격을 과거보다 낮춰 주었지요. 과학과 기술의 발전으로 비용 절감을 통한 대량생산은 많은 나라의 소비자물가지수를 낮추는 역할을 하고 있습니다.

서준식 교수는 현재 발표되는 소비자물가지수에 비해 우리가 체감하는 물가가 크게 높아진 이유로 첫째, 소득 상승의 속도보다 더 빠르게 사회의 변화에 따라 지출해야 하는 상품의 양이 많아지고 질이 높아진데 있다고 봅니다. 쉽게 설명하면 월급 인상은 지지부진한데 소비해야 할 신상품들은 많아졌다는 거죠. 수십 년 전엔 집에 TV, 냉장고, 세탁기, 선풍기 정도만 있어도 되었지만 이제는 에어컨, 공기청정기, 김치냉장고, 에스프레소 기계에 노트북 컴퓨터도 구입해야 하죠? 또 과거의 자장면, 전화기, 브라운관 TV, 소형 내연차에서 지금은 파스타, 최신형 스마트폰, 60인치 이상 대형 TV, 전기차 등으로 소비해야 할 상품의 질도 계속 높아지고 있습니다. 이렇게 소비자의 비용부담은 날로 늘어나는데 물가지수에는 대량생산되고 있는 냉장고나 30인치 TV처럼 가격이 별로 오르지 않는 품목들을 반영하여 물가지수의 상승폭이 매우 작은 것입니다. 서 교수는 상품들의 단순 가격 상승폭뿐만 아니라 소비해야 할 상품의 양과 수준의 증가도 모두 물가지수에 반영해야 한다고 주장하고 있습니다.

물가지수보다 체감물가가 높은 두 번째 이유는 주택가격이나 주거비가 물가지수에 너무 적게 반영되어 있기 때문입니다. 주택구입비 또는 주거비는 누구나 평생 부담해야 하는 비용이라 소득에 비해 빠른 속도로 상승한다면 주택이 없는 국민, 주택이 있더라도 더 좋은 집으로 이전하려는 국민, 새로 사회에 진출한 국민들에게 엄청난 비용부담이 될 것입니다. 하지만 우리나라의 경우 주거비가 소비자물가지수에 반영되는 비율이 약 10%에 불과하고, 이 10%마저도 주택가격 상승을 제대로 반영하지 못하고 있습니다. 미국의 소비자물가지수에서는 주거비가 약 33%라는 큰 비중을 차지하고 있어요. 유가, 원자재가격, 곡물가격처럼 금리정책으로 크게 통제할 수 없는 요소들을 제외하고는 주거비가 물가지수의 거의 모든 것을 차지하고 있다고 해도 과언이 아닐 정도이지요. 수요의 증가가 상품가격 상승으로 바로 연결되지 않는 대량생산 시대에 미국의 인플레이션은 곧 주택가격 상승과 같다고 해도 무방할 것입니다. 2022년 급격한 금리 인상을 진행하면서 제롬 파월 연준 의장이 "집 사지 마세요"라고 대놓고 경고하는 모습을 보더라도 '주택가격 거품'을 없애는 것이 미국 중앙은행의 최대 목표임을 짐작할 수 있어요. 반면 우리나라의 경우 주택가격이 물가지수에 거의 포함되어 있지 않기 때문에 한국은행이 이 심각한 문제를 외면하는 경우가 많다고 합니다. 서 교수는 2014년에서 2022년 상반기까지 한국은행이 주택가격의 폭등을 외면한 채 낮은 물가지수를 핑계 대며 금리인하를 지속적으로 실행한 것을 현재 한국의 주택가격 거품과 가계대출 문제의 주요인으로 보고 있습니다.

금리시장과 다른 자산시장의 상호작용

채권 등 금리시장은 주식시장, 외환시장, 부동산시장 등 다른 시장과 얽히고설켜 있으며 서로 영향을 주고받는데요. 어느 한 시장이 다른 시장에 일방적으로 영향을 주는 경우는 없고, 여러 시장 간의 상호작용을 통해 함께 움직입니다. 각 시장들이 서로 어떤 관계를 갖고 있으며 어떤 식으로 움직이는지 알아두면 앞으로 여러 시장에서 대응하는 데 도움이 될 것입니다.

서로 주거니 받거니 하는 채권시장과 주식시장

2006~2007년 주식시장 과열기에 시중 자금이 주식시장으로 급속히 이동하며 채권시장에 큰 혼란이 일어난 적이 있습니다. 채권과 예금 등 금리시장으로 들어가는 자금이 크게 줄어들자 금리가 폭등했고(채권 가격 하락), 자금이 부족해진 시중 은행들은 자금 마련을 위해 은행 채권을 대량으로 발행해 또다시 채권 수급을 악화시켰죠. 2004년 말 3% 초반까지 내려갔던 국고채 3년물 금리는 지속적으로 상승해 3년 후인 2007년 말에는 6% 수준까지 상승했으며, 웬만한 중장기 회사채의 금리는 7~8%를 넘어서기도 했습니다. 주식시장의 강세는 채권시장 자금을 주식시장

으로 향하게 한다는 점에서, 또 각종 경기지표를 호전시킨다는 점에서 시중금리 수준을 높이므로 채권시장에 악재로 작용하는데요. 반대로 주식시장의 약세는 안전자산 선호 현상과 경기침체 가능성으로 채권금리를 끌어내리게 됩니다.

안전자산 선호 현상은 위험이 낮은 국채, 금 등 채무불이행이 없는 안전자산으로 투자가 집중되며 자금이 이동하는 것을 일컫습니다. 이렇게 위험이 낮고 안정적인 수익을 보장하는 우량 채권에 자금이 몰리면 안전자산에 대한 초과 투자 수요 때문에 우량 채권의 금리가 하락하게 됩니다. 전쟁, 테러, 경제 혼란 등 특수한 상황이 발생하면 안전자산 선호 현상이 크게 나타납니다. 이라크전쟁, 9·11테러 당시 전 세계 우량 채권의 금리가 대폭 하락한 것이 안전자산 선호 현상의 대표적인 예입니다.

한편 시중금리의 하락은 주식시장에 약이 됩니다. 금리가 하락한다는 것은 결국 시중에 자금이 풍부하다는 의미이고, 풍부한 자금은 금리가 떨어져 수익이 줄어든 채권보다 주식시장으로 움직일 가능성이 커지기 때문이지요. 또 기업의 부채에 대한 이자부담을 줄이고 자금조달 비용을 낮추므로 기업의 수익에도 큰 보탬이 될 수 있습니다. 반대로 시중금리의 상승은 주식시장에 부담을 주게 됩니다. 기업의 조달 금리가 상승해 이익을 감소시키며 금융시장의 자금이 채권시장으로 이동할 가능성이 커지기 때문이지요.

참고로 '주식 기대수익률-채권 기대수익률'로 계산되는 차이를 일드갭 (Yield Gap)이라고 부릅니다. 금융투자 전문가들은 주식과 채권의 기대수익률을 비교하여 각 자산의 비중을 조절하는 자산배분 운용을 하고 있는데요. 일드갭이 커지면 주식 비중을 높이고 일드갭이 작아지면 채권 비중을 높이는 식입니다. 쉽게 얘기하자면 주식 기대수익률에 비해 채권금리가 낮아지면 채권 비중을 낮추고 주식 기대수익률에 비해 채권금리가 높다면 채권 비중을 높이는 것입니다.

서로 벗어날 수 없는 부동산시장과 금리시장

2008년 금융위기가 발발하자 신진국들은 위기에서 벗어나기 위해 금리를 대폭 인하하며 시중에 대량의 자금을 공급했어요. 금융위기의 원인이 됐던 미국은 물론이고, 이후 유로 위기까지 맞은 유럽 국가들과 장기침체 중인 일본은 제로 수준까지 금리를 낮춰야 했지요. 문제는 경제 상황이 비교적 괜찮았던 한국, 호주 등도 이들의 추이에 따라 전례 없는 저금리 상황을 오랫동안 유지했다는 데에 있습니다. 특히 한국의 경우 2014년 4월에서 2022년 3월까지 한국은행 총재가 주관한 금융통화위원회의 저금리정책은 3,000조에 육박하는 가계부채(전세보증금 포함)를 육성했고요. 당연히 막대한 가계부채는 부동산 매수세를 떠받치며 부동산 거품의 주범이 될 수밖에 없었습니다. 경기를 부양시킨다는 목적으로 금리인하로 통화공급을 늘렸더니 그 돈이 생산과 소비를 담당하는 실물경제로는 가지 않고 부동산으로 대부분 흘러들어가는 뼈아픈 결과를 맞게 되었지요. 물이 부족한 농부들에게 물을 공급하기 위해 댐 수문을 열었더니 그 물이 논밭으로는 가지 않고 사우나 시설로 가버려 농부들은 물이 없다고 여전히 아우성인 것처럼 말이지요. 필요 이상의 저금리로 통화를 확대 공급한 호주도 한국과 비슷한 고통을 겪게 되었습니다.

이런 예처럼 기준금리 인하는 부동산 담보대출 금리, 전세금 담보대출 금리를 하향시키는 등 부동산 매수나 보유에 대한 비용을 크게 낮추어 주기 때문에 부동산 가격을 상승시키는 가장 중요한 요인이 됩니다. 반대로 기준금리와 시중금리 상승은 부동산 가격에 큰 부담을 줍니다. 대출금리뿐만 아니라 예금이나 채권금리도 부동산, 특히 상업용 부동산 가격에 큰 영향을 끼치는데요. 임대료 수입이 3% 수준인 빌딩의 가격이 채권이나 예금금리가 3%에서 5%로 상승해 버린다면 수익이 떨어지기 때문입니다.

알아두세요

유로 위기(유로화 사태)

유로 위기는 2009년 말 그리스를 중심으로 시작되었습니다. 그리스는 재정적자 규모를 허위로 계산하고, 방만한 지출과 만연한 부패 등으로 인해 파산 직전에 몰려 유로존 회원국들과 IMF로부터 구제금융을 받았습니다. 이에 그리스뿐만 아니라 포르투갈과 아일랜드의 재정 문제에 채권자들이 주목하면서 이들 국가의 채권 금리가 급상승했습니다. 스페인, 이탈리아도 문제가 불거졌는데, 유럽연합 내에서 사용하는 유로화가 불균형을 초래한다는 결론이 도출되었습니다. 유럽중앙은행(ECB)는 유로화의 안정을 위한 다양한 조치를 취하였고, 유럽연합 국가들은 경제적 통합과 협력을 강화하였습니다. 여전히 문제와 갈등이 남아있긴 하지만, 유로화의 해체 같은 최악의 위기는 넘겼다는 것이 중론입니다.

부동산 가격 상승으로 인해 자금이 부동산시장으로 이동하면 채권시장 자금이 감소하고 경제지표를 좋게 해(건설 경기 호전) 금리 상승 요인이 될 수 있습니다. 또 과도한 부동산 가격 상승은 부동산 가격 안정을 원하는 중앙은행의 기준금리 인상을 유발해 시중금리 상승으로 연결되겠지요. 2022~2023년 미국의 중앙은행이 0%대의 기준금리를 5%대로 급격히 인상한 것은 주택가격의 급격한 상승이 물가지수 상승에 크게 영향을 끼친 것이 주요인이었습니다. 같은 기간 한국은행은 1%대의 기준금리를 3%대로 상향시켰는데요. 미국의 경우 주거비가 물가지수의 33% 비중을 차지하는 반면 한국의 주거비는 물가지수에서 10% 미만의 비중을 차지하고 있기에 미국의 물가상승률이 한국보다 꽤 많이 높았던 것입니다.

| 한국과 미국의 기준금리 추이 |

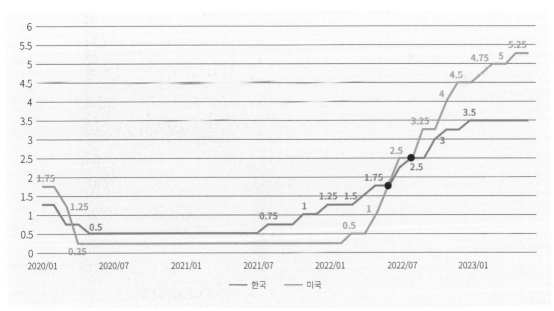

이론만 믿으면 큰일 난다, 금리시장과 외환시장

교과서에는 중앙은행이 자국의 금리 수준을 올리면 자국의 통화 가치가 상승하는 경향이 있고, 반대로 금리 수준을 내리면 자국의 통화 가치가 하락하는 경향이 있다고 설명하고 있습니다. 자국의 금리가 높으면 다른 나라의 투자자가 높은 이자 수익률을 얻기 위해 자금을 자국의 통화와 바꾸려고 하기 때문이지요. 안타깝게도 이 이론은 신용도가 높은 몇몇 선진국에서는 통하지만, 개발도상국이나 후진국에는 이런 금리 효과가 나타나지 않습니다. 해외투자자는 금리가 아무리 높다 해도 신용도가 낮은 나라에는 자금을 투입하지 않으려 하기 때문이죠. 미국의 은행에서 예금금리를 크게 올리면 전 세계의 자금이 미국 은행으로 몰려가지만, 베네수엘라의 은행이 아무리 예금금리를 올리더라도 돈이 그리로 옮겨가지 않는 이치이지요. 그러니 금리가 낮은 나라에서 금리가 높은 나라로 자금이 유출된다는 교과서 이론이 무조건 정답이라고 생각하면 안 됩니다.

실제 국가 간 자금의 이동은 금리 차이보다는 국가의 경쟁력과 경제 상황, 주식 자금의 이동, 경상수지, 자산 가격, 물가의 차이 등 여러 요인에 따라 결정됩니다. 하지만 2008년 한국은행은 달러 유출을 우려하여 미국보다 크게 높은 수준으로 기준금리를 인상한 적이 있습니다. 이때 너무 높은 금리로 인해 국내 경기가 위축될 것을 우려한 외국인의 주식투자 자금이 썰물처럼 빠져나가면서 오히려 환율이 급등해 위기 직전까지 간 적이 있었지요. 다음 페이지의 그래프를 잘 살펴보면 다행히 실책을 깨달은 한국은행이 곧바로 금리를 급격히 인하한 2008년 10월에서 2009년 2월까지 외국인 매도세가 진정되고 외국인의 매수가 늘면서 환율이 진정되었다는 것을 알 수 있습니다.

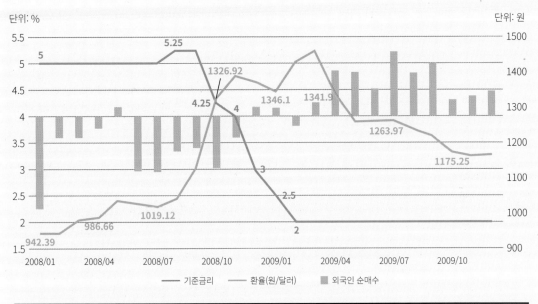

외국인 순매수 (단위: 백만 원)	2008/01	2008/04	2008/07	2008/10	2009/01	2009/04	2009/07	2009/10
	-8,544,839	-1,155,860	-4,490,331	-4,603,426	769,196	4,197,928	5,940,092	1,482,879

우리나라의 경제 규모와 신용등급은 금리와 환율이 상호 관련성을 가지는 선진국 단계로 진입하는 중입니다. 2023년 5월 말 기준 우리나라 채권에 대한 외국 투자가의 투자액은 239조 원에 달해 금리 차이에 따른 자금 유출입 연관성을 배제할 수 없는 상황이지요. 하지만 외국인 투자자는 여전히 채권보다 주식에 투자를 더 많이 하고 있어 국내 금리의 변화가 환율에 주는 영향은 채권시장보다 주식시장이 더 큽니다. 참고로, 외국인 투자자가 우리나라 주식시장에 투자하고 있는 금액은 693조 원에 달해 외국인 채권투자의 약 3배입니다.

한편, 반드시 그런 것은 아니지만 원화 강세는 이론적으로 수입 물가의 하락 및 한국은행 통화 확대 가능성으로 작용하며 채권시장에는 강세요인이 되는 셈입니다. 반면 원화 약세는 수입 물가의 상승 및 한국은행 통화 긴축 가능성으로 작용하며 채권시장에는 약세 요인이 되는 셈이지요.

영원히 스테로이드를 쓸 순 없다, 민간부채와 금리시장의 관계

기준금리 인하를 통하여 시중금리와 대출금리 수준이 하락하면 기업과 가계의 대출이 증가하는 것은 자연스러운 결과입니다. 앞에서 언급한 것처럼 생산과 소비, 그리고 투자 부문의 경로로 자금이 흘러 들어가 경기부양이 되는 것이 중앙은행 금리인하의 중요한 목적입니다. 하지만 과도한 스테로이드 처방에 부작용이 따르듯이 과도한 통화 확대로 인해 발생하는 부작용이 있으니 그것은 필요 이상의 민간부채 확대와 함께 동반되는 부동산 등 자산시장 거품 현상입니다. 세계 대공황, 일본 부동산 버블 붕괴, 세계 금융위기, 대한민국 IMF 위기 등 주요 경제위기 상황의 최대 요인은 민간부채 거품에 있었습니다. 과도한 민간부채는 내재가치에 비하여 너무 높은 가격의 자산시장을 형성하고 수익성 낮은 기업들을 양산하는데요. 이런 불안 요인들이 축적되다가 일순간에 위기로 치닫는 경우가 발생하지요. 때문에 과도한 수준의 가계부채나 기업부채와 함께 부동산 등의 자산 버블이 형성되고 있을 경우, 중앙은행은 금리인상을 통해 부채 규모를 낮추는 방향으로 정책을 펼치려고 합니다. 그리고 그렇게 올라간 기준금리 수준은 민간부채 규모의 반락이나 자산버블의 진정세가 보이기 전까지는 쉽게 내려가지 않을 가능성이 높습니다.

031 ▶ 금리가 하락 또는 상승할 때 어떤 채권을 보유하는 것이 좋을까?

우리는 셋째마당에서 채권의 가격, 듀레이션, 컨벡시티 등의 개념을 배웠습니다. 채권의 가격은 시장금리와 반대로 움직인다는 것, 만기가 긴 채권, 즉 듀레이션이 높은 채권은 금리의 변동에 따른 가격 변화가 크다는 것도 이해하게 되었습니다. 그리고 넷째마당에서는 지금까지 어떠한 경제 변수들이 채권금리를 하락시키고 상승시키는지도 알아보았습니다. 이런 것들을 아는 것이 투자와 무슨 관계가 있을까요? 이런 개념과 이론의 이해를 통해 우리는 채권시장이 상승과 하락에 대한 기본적인 전망을 할 수 있고, 그 전망에 따라 보나 유리한 채권을 선택하여 투자할 수 있답니다.

금리 하락이 예상될 때는 듀레이션이 긴 채권

경제 상황이 좋지 않으면 예금금리, 대출금리, 채권금리 등 시중금리가 낮아지는 방향으로 금리시장이 영향을 받게 된다고 했지요. 만약 국가 경제가 좋아지기만 한다면 주식, 토지와 부동산, 임대수익률, 예금 등 대부분의 자산 수익률은 상승하는 쪽으로 작용하겠죠. 사업도 건재할 것이며 직장인은 월급도 오르고 승진도 잘될 것이며, 자녀들의 취직 문제

알아두세요

경기침체기의 금

경제 상황이 좋지 않을 때 가격이 상승하는 자산으로 금을 꼽는 이들이 많습니다. 그러나 경기침체기에 물가가 상승하지 않는 디플레이션 상황이 발생하여 오히려 금 투자가 유리하지 않은 경우도 많습니다.

도 쉽게 해결되는 등 대부분 사람이 행복할 것입니다. 반대의 경우는 어떠할까요? 주가나 부동산 가격이 하락하고, 예금금리도 하락하여 수익이 낮아지겠지요. 이렇게 경제 상황이 나빠질 때 거의 유일하게 가격이 상승하는 자산이 있으니 바로 '중장기 채권'입니다. 경제가 나빠질수록 대부분 시중금리 수준이 하락하고, 금리가 하락할 때 보유하는 채권의 듀레이션이 길면 길수록 가격이 크게 상승하기 때문이지요.

현재의 금리 수준이 5% 내외라고 가정해 보겠습니다. 그런데 지혜는 앞으로 경제 상황이 좋지 않아 자신의 수입이 줄어들 것 같고, 향후 시중금리가 계속 하락할 것으로 예상하고 있어요. 지혜가 채권의 가격 속성을 잘 알고 있다면 듀레이션이 긴 중장기 채권에 투자하는 선택을 하게 될 것입니다(또는 가입 당시의 금리 수준을 장기간 반영해주는 연금이나 저축성 보험 같은 장기금융상품에 가입하는 것도 채권 장기물과 같은 효과를 얻을 수 있습니다). 그래서 국채 만기 20년물을 5%에 매수했다고 예를 들어보겠습니다. 이후 실제로 경기가 나빠져 시중금리가 3%나 2% 수준으로 하락한다면 지혜는 20년 동안 매년 5%의 이자수익을 얻을 수 있어 경제적으로 수혜를 얻게 되겠지요. 아니면 금리 하락으로 가격이 상승한 채권을 매도하여 큰 이익을 취할 수도 있겠습니다. 장기 채권으로 잘 대비한 결과이겠지요. 하지만 지혜가 3개월, 6개월, 1년 등 만기가 길지 않은 예금이나 채권에 투자했다면 시중금리가 하락할 때 저조한 수익률을 얻게 될 거예요. 처음엔 5% 채권에 투자했지만 만기가 도래한 1년 후부터는 2%나 3%로 재투자해야 하기 때문입니다.

단기 예금이나 단기 채권을 많이 보유한 투자자라면 시중금리가 상승하기를 원하겠지요? 반면 장기 채권을 많이 보유한 투자자들은 시중금리의 하락으로 자본이익이 많이 발생하기를 기대합니다. 이러한 이유로 채권딜러나 펀드매니저는 시장금리의 하락(채권 가격 상승)을 예상하는 경우 만기(듀레이션)가 긴 채권을 펀드에 보유하려 하고, 반대로 시장금리

상승(채권 가격 하락)을 예상하는 경우 만기(듀레이션)가 짧은 채권이나 예금 등을 펀드에 보유하려 합니다. 금리 수준이 높을 때(채권 가격이 쌀 때) 듀레이션이 긴 채권을 보다 많이 매수하고 금리 수준이 낮을 때(채권 가격이 비쌀 때) 듀레이션이 짧은 채권을 매수하는 투자 운용을 지속한다면 매우 좋은 수익률을 얻을 수 있답니다.

주의해야 할 사실은 이것이 항상 옳은 선택은 아니라는 것입니다. 금리가 상승하는 채권 약세장일지라도 장기 채권의 이자율이 단기 채권의 이자율보다 상당히 높다면, 장기 채권을 보유하는 것이 더 이익이 될 수 있습니다. 장기 채권의 높은 이자 지급이 가격 하락을 상쇄하기 때문입니다. 예를 들어 현재 1년물 채권금리가 3%이며 5년물 채권금리가 7%라고 하겠습니다. 이럴 때는 5년물에 투자 후 1년간 금리가 일부 상승하여 3% 정도의 자본손실이 발생했다 하더라도 7%라는 이자수익이 존재하기에 총 4% 수익률이므로 1년물의 3% 수익보다 높습니다. 주식으로 비유하자면 투자 후 1년간 가격이 3% 하락했지만 배당이 7% 정도 나와 총수익이 4%가 된 셈입니다.

| 채권은 기본적으로 금리 꼭대기에서 매수하고 금리 바닥에서 매도한다 |

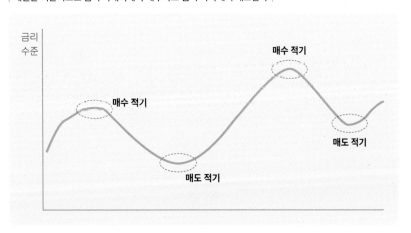

경제가 좋아져 채권금리가 상승히면 금융채나 회사채를 노려라?

경제가 좋아지면 시중금리 수준이 상승하여 신규 투자자 입장에선 좋은 금리의 채권들이 매물로 많이 나오게 됩니다. 각종 금융사나 기업들의 수익 또한 좋아져 이들이 발행한 채권들의 안전성과 신용도 두 높이지겠지요. 때문에 경제가 좋은 활황기에는 국채 대비 이자율이 높은 회사채에 투자하는 것도 좋은 방법입니다. 수익성이 좋아진 회사채에 투자했는데 경기가 좋아져 발행자인 회사의 신용등급이 1단계 상승한다면 가격이 큰 폭으로 올라 자본이익까지 얻을 가능성도 높아지기 때문입니다.

하지만 역시 경제가 좋아지는 활황기에는 주식투자 비중을 늘리는 것이 수익률에는 가장 유리하겠죠?

제대로 된 분산투자를 위한 채권투자

'계란은 여러 바구니에 나누어 담아야 한다'면서 분산투자의 중요성을 강조하는 글이나 영상을 보셨을 겁니다. 그런데 자산을 여러 바구니로 나눠서 투자하기만 하면 무조건 위험이 줄어들면서 성과가 좋아지는 것처럼 이야기하는 경우가 많아요. 기본을 갖추지 못한 분산투자 내용을 보면 너무나 허술한 경우가 많습니다. 단순히 여러 상품에 나누어 투자하는 것이 분산투자라는 논리는 여러 상품을 팔고 싶은 금융업계의 욕심이 들어가 있기 때문이기도 할 것입니다. 정말로 계란을 여러 바구니에 나누어 담기만 하면 저절로 투자자산의 위험이 상쇄되는 것일까요?

중요한 것은 양이 아니라 질

제대로 잘 분산된 자산 포트폴리오는 어떤 것일까요? 다양한 악기로 구성된 오케스트라를 생각하면 될 거예요. 오케스트라는 모든 악기가 각자의 소리를 내지만 다른 악기들이 낼 수 없는 음역과 음색을 서로 보완하고 있지요. 이렇게 다른 자산의 약점을 잘 보완하는 자산들로 구성된 포트폴리오가 좋은 포트폴리오라 할 수 있습니다. 무조건 악기 수가 많다고 좋은 것은 아닙니다. 악기 수를 늘리기 위해 초보자들을 투입하는 것보다는 차라리 소수의 선무사가 협연하는 것이 더 좋은 음악을 생산할 수 있겠지요. 마찬가지로 자산 포트폴리오를 구성할 때에도 분산투자를 위해 종목의 수를 늘리기보다는 제대로 된 종목을 선정하고 그 종목들끼리 서로의 약점을 보완하게 하는 것이 우선입니다. 워런 버핏을 비롯한 수많은 고수들이 자산 규모에 비해 적은 수의 종목들로 포트폴리오를 구성하고 있는 이유가 그런 것이지요. 바구니가 튼튼하지 못하거나 모든 바구니가 한 테이블 위에 있다면 아무리 계란을 여러 바구니에 나눠 담아도 결코 안전하지 못합니다. 계란을 무조건 여러 바구니로 나누는 것이 아니라 소수일지라도 튼튼한 바구니를 선택하고, 각기 다른 테이블에 두는 것이 중요하지요. 그럼 어떻게 하는 것이 제대로 된 분산투자일까요?

주식과 채권은 날씨라는 환경에서의 우산과 소금 역할을 한다

'우산장수와 소금장수' 이야기는 주식과 채권의 분산투자 효과를 잘 알려줍니다. 여기서 우산장수는 주식투자를, 소금장수는 채권투자를 상징합니다.

우산 장수   소금 장수

우산장수의 평균수익은 소금장수의 평균수익보다 월등히 높지만 가뭄이 들면 우산의 판매량이 크게 줄어들기 때문에 우산장수의 위험은 큽니다. 반면 소금장수는 우산장수보다는 변동성이 작겠지만 비가 올 때마다 수익이 줄어들고 햇볕이 쨍쨍하면 수익이 증가하는 특성이 있어요. 어느 날 우산장수가 비가 전혀 오지 않을 경우 자신의 위험이 너무 높다는 것을 깨닫고는 소금도 함께 두고 팔기 시작했습니다. 그러면 비가 오든 오지 않든 간에 그의 위험은 현저히 낮아질 것입니다. 만약 우산과 소금을 반반씩 가져다 놓고 팔면 수익은 두 상품의 평균이 되겠지만 위험은 평균니다 크게 줄어들겠시요.

| 우산과 소금, 주식과 채권의 위험 상쇄 효과 |

	기대수익률	위험(이익의 변동성)
우산(주식)	10%	10
소금(채권)	4%	4
우산(주식) 50% 소금(채권) 50%	7% (평균수익률)	5 (우산 100%의 위험보다 월등히 낮음)
우산(주식) 30% 소금(채권) 70%	5.8% (소금 100%의 수익보다 높음)	3 (소금 100%의 위험보다 낮음)

이런 현상은 날씨의 변동에 따라 한쪽의 수익이 감소하면 다른 한쪽의 수익이 반대로 증가하여 위험을 상쇄시켜주기 때문에 발생하는데요. 경제학자들은 이 현상이 '날씨라는 변수에서 우산장수와 소금장수 수익의 방향이 반대'이기에 생긴다고 해요. 그리고 이런 논리를 주식과 채권에 적용하면 '경제라는 변수 속에서 주식과 채권 수익의 방향이 반대'이기에 주식과 채권을 함께 투자하면 '우산과 소금' 효과가 발생합니다. 중장기 채권은 국내외 경제가 좋지 못한 경우 주식의 가치 하락을 보완해 줄 수 있는 중요한 투자처입니다. 이것이 주식에 투자할 때 채권도 함께 투자해야 하는 이유이지요.

'우산과 소금' 효과를 활용한 현명한 자산배분법

주어진 자금에서 최적의 수익률과 안전성을 가지도록 여러 투자자산에 분산해 포트폴리오를 구성하고 또 그 비중을 시의적절하게 조정하는 것을 자산배분이라고 하지요.

현명한 자산배분을 위해서는 '우산과 소금' 효과를 활용한 분산투자가 필요합니다. 위험 상쇄 효과 없이 단순히 투자자산 수만 늘리는 것은 제대로 된 분산투자가 아닙니다. 이 효과를 곰곰이 따져보면 채권처럼 위험이 적은 자산에만 투자하는 것도 그리 현명한 처사가 아닌 것을 깨닫게 될 것입니다. 우산의 위험이 싫다고 소금만 100% 판매한다면 날씨에 따른 수익의 변동성은 그리 크지 않지만 만약 예상외로 오랫동안 비가 내린다면 수익이 크게 악화될 위험도 있지요. 오랫동안 비가 내릴 경우에 대비해 우산을 상점 한쪽에서 함께 판다면 소금만 파는 경우보다 최악의 상황이 발생할 위험이 훨씬 줄어들겠지요? 즉 안전하다고 채권만 100% 보유하는 것보다는 10~20%라도 주식을 함께 보유하는 것이 오히려 덜 위험하답니다.

냉면과 만둣국을 메뉴에 넣은 냉면집, 빙과류와 호빵을 날씨에 맞춰 판매하는 편의점 등 '우산과 소금' 효과를 노린 위험 축소 노력은 일상에서도 많이 찾아볼 수 있어요. 주식 포트폴리오를 구성할 때에도 일부 종목이 가지고 있는 위험을 소금의 역할을 하는 다른 종목들을 편입시켜 상쇄하는 투자전략이 주효합니다. 예를 들어 유가가 오를수록 이익이 줄어드는 항공사 주식을 보유하고 있다면 유가가 오를수록 이익이 높아지는 정유회사나 유전회사를 함께 보유하면 유가의 등락에 대한 위험이 많이 상쇄됩니다. 수출 기업에 많은 금액을 투자하고 있다면, 원화 강세가 올 때 기업의 이익이 떨어질 위험이 있으므로 원화 강세일 때 유리한 수입업체나 외환부채 비중이 높은 기업 중에 좋은 종목을 선정하여 함께 보유하면 보다 편안하게 두 회사의 수익률을 향유할 수 있습니다.

특히 해외 자산에 투자할 때에도 '우산과 소금' 효과에 더욱 신경쓰는 것이 좋습니다. 세계 경제가 불안할 때 수익률이 하락할 가능성이 높은 이머징마켓 주식이나 채권을 많이 보유하고 있다면, 미국 국채나 금처럼 세계 경제가 불안해지면 가격이 상승할 가능성이 높은 자산을 함께 보유하는 것이죠. 만약 여러분이 밀가루 가격이 오르면 이익률이 떨어지는 국내의 제과제빵 기업을 보유하고 있다면 해외의 밀가루 회사에 함께 투자하는 것도 위험을 상쇄시키는 분산투자가 될 수 있습니다. 이처럼 현명한 자산배분법은 단순히 종목을 여러 개로 나누는 것이 아니라 '우산과 소금' 분산투자를 통해 포트폴리오의 위험과 수익률을 정교히 다루는 기술입니다.

알아두세요

이머징마켓
(Emerging Market)

해당 국가의 경제력이 빠르게 성장하고 개방화가 급진전되어 자본시장이 급성장하는 시장을 의미합니다. 이머징마켓에는 아시아, 아프리카, 중동, 중남미 등의 지역이 포함되며, 우리나라는 선진 경제국에 포함되지만 MSCI 지수에서는 여전히 이머징마켓으로 분류되고 있습니다.

알아두세요

프로젝트 파이낸싱(PF)

특정 프로젝트의 미래 수익을 기반으로 자금을 조달하는 금융 방식으로, 부동산 개발, 인프라 구축, 기업 인수 등이 프로젝트에 사용됩니다. 프로젝트의 수익성을 기반으로 대출을 받기 때문에 채무자의 신용도보다는 프로젝트의 수익성에 중점을 둡니다. 대출금 상환은 프로젝트의 수익으로 이루어지며, 대출금 상환이 지연될 경우, 대출금 상환을 위한 추가 자금이 필요합니다. 대출금 상환을 위한 담보와 보증이 필요하며, 금융기관의 위험을 최소화하기 위해 다양한 안전장치를 두고 있습니다.

특수목적회사(SPC)

특정한 목적을 위해 설립된 회사로, 일반적으로 주식회사 형태로 운영됩니다. 예를 들어, 부동산 개발을 위한 프로젝트파이낸싱(PF)에서 SPC가 부동산을 담보로 대출을 받아 부동산 개발을 진행하는 역할을 합니다.

레고랜드 사태를 아시나요?

'레고랜드 사태'를 아십니까? 지방정부가 보증한 채권에 대해 채무보증 거절을 함으로써 파장이 커져 우리나라의 금융시장이 붕괴될 위기까지 갔던 사례입니다. 2022년 10월, 강원도가 레고랜드 조성을 위해 지급보증한 2,050억 원 규모의 프로젝트파이낸싱(PF) 자산유동화기업어음(ABCP)이 사실상 부도처리되었습니다. 지방정부가 보증한 것이었기에 시장의 혼란이 커졌고, 국내 채권시장과 단기자금 시장이 급속히 냉각되며 금융시장에 큰 혼란이 일어났습니다.

출처: 레고랜드 코리아 리조트

과거, 강원도는 레고랜드를 유치하기 위해 영국 멀린 엔터테인먼트와 함께 하중도에 테마파크를 건설하기로 하고, 강원중도개발공사(GJC)를 설립하였습니다. 강원중도개발공사는 하중도 부지 개발 후 분양을 목적으로 하는 특수목적회사(SPC)로, 강원도가 44%, 멀린 엔터테인먼트가 22.5%, 한국고용정보가 9%의 지분을 소유했습니다. 강원중도개발공사는 하중도 부지 중 레고랜드 구역은 멀린사가 시설 공사비를 부담하게 하고, 다른 부지는 강원도로부터 매입하여 지반 공사 후 판매할 계획이었습니다. 그런데 이 과정에서 청동기

시대의 집터와 고인돌, 원삼국시대 집터 및 삼국시대의 묘와 귀걸이까지 출토되며 사업 기간이 2년가량 지연되었습니다. 지연되는 동안 이자 비용이 계속하여 발생하였고, 수차례 계획이 변경된 후 2019년 3월에 겨우 착공을 개시할 수 있었습니다.

| 레고랜드 건설 자금 조달 구조 |

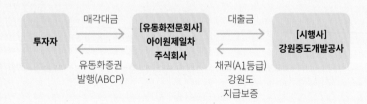

2020년, 레고랜드 건설을 위한 자금을 조달하기 위한 유동화전문회사(SPC)로 아이원제일차가 설립되어 2,050억 원 규모의 PF ABCP를 발행하였으며, 강원도는 아이원제일차가 발행한 PF ABCP에 대한 지급을 보증하였습니다. 강원도의 보증계약 덕분에 이 CP는 최고 신용등급인 A1로 분류되었지요.

그런데 2022년 10월, 발행한 PF ABCP의 만기가 도래하였으나 강원중도개발공사가 상환하지 못하였고, 강원도가 지급보증 계약을 이행하지 않겠다고 발표했습니다. 이는 우리나라 금융시장 역사상 유례없는 일이었습니다. 우리나라에는 엄청난 규모의 지급보증 회사채나 ABCP들이 존재하는데요, 특히 증권사에서 보증하는 형태의 PF ABCP가 많았습니다. 그런데 지방정부가 보증한 A1등급 CP도 이런 상황인데 누가 증권사들이 보증한 CP를 믿을 수 있을까요? 몇 주 지나지 않아 채권시장은 아수라장이 되어버립니다. 신용도 높은 기업들도 자금을 조달하지 못하는 상황이 되면서 이러다간 수많은 기업과 금융사들이 흑자도산할 수 있다는 루머도 번지기 시작하였지요.

초기에 이 문제를 간과했던 금융당국은 시스템이 붕괴되기 직전에야 레고랜드 사태 25일 만에 50조 원+α 규모의 유동성 공급 프로그램을 운영하겠다고 밝혔고, 금융권의 연이은 자금 투입이 이루어졌습니다. 2022년 11월, 정부와 한국은행에 이어 5대 금융지주사까지 유동성 공급 대책을 발표하며 문제는 조금씩 가라앉게 되었지요. 결과적으로 2,050억 원에 불과한 규모로 촉발된 레고랜드 사태는 한국은행이 42.5조 원, 5대 금융지주가 95조 원, 기획재정부와 금융위원회가 50조 원, 약 200조 원의 자금 지원이 있고서야 겨우 무마되는 상황으로 번졌습니다.

금융시장은 금융계약에 대한 신뢰를 토대로 형성되는 곳입니다. 지방정부 같은 대형 참가자가 계약을 위반하면 나라 전체 시장이 어떤 상황에 이를 수 있는지를 우리는 이번 일을 통해 엄청난 비용을 지불함으로써 배웠습니다.

알아두세요

자산유동화기업어음(ABCP)

유동화전문회사(SPC)가 매출채권, 부동산, 회사채 등의 자산을 담보로 발행하는 기업어음(CP)의 일종으로, 자산유동화증권(ABS)과 기업어음(CP)을 결합한 파생증권입니다. 통상 만기가 1년 이상인 자산유동화증권(ABS)와 달리 3개월 만기의 단기이며 만기가 짧아 상대적으로 ABS보다 금리가 낮습니다. 일반적으로 ABCP는 만기가 도래한 ABS를 어음(CP)으로 반복 발행하며 차환하는 데 사용됩니다.

투자자 → 매각대금 → [유동화전문회사] 아이원제일차 주식회사 → 대출금 → [시행사] 강원중도개발공사

[유동화전문회사] 아이원제일차 주식회사 → 유동화증권 발행(ABCP) → 투자자

[시행사] 강원중도개발공사 → 채권(A1등급) 강원도 지급보증 → [유동화전문회사] 아이원제일차 주식회사

채권쟁이 서준식의 투자 조언

국내 주식과 채권의 우산과 소금 효과, 항상 유효한가?

우리나라에서 주식과 채권의 '우산과 소금' 효과는 국내 채권시장 시스템이 현재처럼 선진화되기 시작한 2000년 이후 23년간 거의 모든 해에 효과가 있었습니다. 즉 주가가 하락한 해마다 채권 가격이 상승(채권금리가 하락)하며 포트폴리오의 수익률 방어에 주효했지요. 하지만 2022년 한 해는 주가와 채권 가격이 동시에 하락하며 '우산과 소금' 효과를 얻을 수 없었습니다. '주식과 채권에 함께 투자하라'는 불문율을 믿고 국내 주식과 국내 채권에 분산투자를 하고 있었던 경우 상당한 손실을 감수해야만 했었죠. 이런 최악의 상황을 미리 예견할 수는 없었을까요?

서준식 교수는 2020년 그의 저서 『투자자의 인문학 서재』에서 채권의 금리수준이 1~2%대로 너무 낮을 때에 채권을 투자하고 있다면 ①이자수익이 너무 낮고 ②채권 금리하락을 통한 자본이익의 가능성이 낮아져 채권 기대수익률이 급락하므로 채권의 소금 효과가 사라질 수 있다고 설명하며 다음과 같이 서술하였습니다.

"이런 경우까지 주식과 채권 포트폴리오를 고집할 이유가 없다. 이럴 때는 채권의 비중을 급격히 낮추고 주식의 비중을 높이거나 채권을 다른 투자자산으로 대체할 필요가 있다. 금리 수준이 한국보다 높은 해외 채권 투자도 좋은 대안이 될 수 있다."

그는 당시 저서에서 국내 채권금리가 2% 이하로 하락했을 때부터 모든 국내 채권 자산을 처분한 후 해외 채권과 국내 배당주 비중을 늘렸다고 밝혔죠. 실제로 그는 달러 단기예금과 브라질 국채(금리 13% 수준) 그리고 인도 국채 펀드(금리 7% 수준) 등에 투자하는 방식으로 소금의 역할을 대신하도록 하였다고 합니다.

국내 국채 금리가 4% 이상, 일부 회사채 금리가 5% 이상으로 다시 상승한 2023년 현재, 그는 국내 채권의 소금 역할은 다시 가능해졌다고 보고 있습니다. 그는 일반투자자들의 경우, 국민주택채 등의 첨가소화채 금리가 4% 이상 수준일 때에는 국내 채권에 일부 분산투자하는 자산배분 전략이 유효하다고 보고 있습니다. 하지만 개인적으로 그는 아직 국내 채권금리 수준이 미국 등 해외 다른 국가들에 비해 낮은 편이며 국내 일부 은행주들의 배당수익률이 10%에 육박하고 있어 배당주나 해외 채권을 매도하며 국내 채권 비중을 늘리는 자산배분은 실행하고 있지 않은 상황이라고 합니다.

자산 포트폴리오를 구성할 때 '우산과 소금' 효과는 매우 중요합니다. 여기서 우산은 한국 개별종목 주식들이 될 수도, 미국 주식 ETF도 될 수 있는데요. 소금 또한 한국 채권에 국한될 필요가 없습니다. 달러 예금이나 채권, 이머징 마켓의 채권도 좋은 대안이 될 수 있습니다. 중요한 것은 소금 자산들이 우산 자산들의 성과가 나쁠 때에 어느 정도 커버해줄 수 있냐 여부에 있습니다. 국내든 해외든 채권의 경우에는 금리 수준이 1~2%대에 불과한 경우, 우산의 성과가 나쁠 때 이를 커버해줄 만한 수익잠재력이 지극히 낮으므로 소금의 대상에서 제외하는 것이 맞다고 서준식 교수는 조언합니다.

채권 고수와의 인터뷰

끊임없는 새로운 시도로
자산배분 투자의 등대가 되다

신동준 본부장(KB증권 WM투자전략본부)

채권업계 경력 2000년~현재

한국투자신탁(현 한국투자증권)에서 직장생활을 시작하여 2000년부터 채권 애널리스트 업무를 담당하였다. 2004년 채권 분야에서 베스트 애널리스트 1등을 한 이후 2005년 삼성자산운용으로 옮겨 운용역으로 활동했다. 2008년부터 현대증권 리서치센터 채권분석팀장, 동부증권 리서치센터 투자전략본부장, 하나금융투자 리서치센터 자산분석실장, 미래에셋대우 트레이딩부문 자산분석실장, KB증권 리서치센터장을 역임하며 채권시장의 방향을 알려주는 채권투자 전략가와 자산배분 전략가로 최고의 명성을 구가하였다. 그동안의 리서치와 운용 경험을 비즈니스에 접목하는 KB증권 WM투자전략본부의 본부장이며 자산관리 최고책임자(WM CIO)를 맡았다.

Q. 어떤 계기로 채권과 관련된 경력을 시작하게 되었나요?

알아두세요

대우그룹 사태

1990년대 우리나라 3대 그룹이었던 대우그룹이 외환위기 이후 구조조정 실패와 과도한 부채로 인해 1999년 10월 워크아웃에 들어간 뒤 그룹이 해체된 사건입니다.

대학 시절 전공은 정치외교학이었습니다. 처음부터 채권 전문가를 염두에 두고 취업한 것은 아니었습니다. 대우그룹 사태 등으로 인해 첫 직장인 한국투자신탁의 상황이 매우 어려워졌고, 대규모 구조조정으로 많은 직원들이 퇴직을 할 수밖에 없었지요. 채권 전문가 선배들도 예외는 아니어서 당시 신입에 가까웠던 저에게까지 기회가 주어졌던 것입니다.

생소했지만 채권이 재미있었습니다. 경제를 잘 분석하면 예측 가능하고 느꼈기에 매력적이었지요. 주식은 선물옵션 만기일에 검사기 사건이 터지기도 하고, 기업의 분식회계나 그룹 총수 일가의 부정적인 사건이 터지기도 하는 등 아무리 열심히 경제지표를 해석하고 예측해도 꼭 예기치 못한 일이 생기더라고요. 그에 반해 채권은 상당 부분 예측 가능하고, 아직 전문가가 많지 않은 분야라서 기회가 있지 않을까 생각했습니다. 저는 지금도 '채권시장에서는 분석에 시간을 투입할수록 맞출 수 있는 확률이 높아진다'라고 확신하고 있습니다.

Q. 여러 회사에서 채권 애널리스트 또는 채권투자 전략가 일을 하셨는데요. 어떤 일을 하는지 간단히 알려주시겠어요?

다양한 경로를 통해 채권시장을 분석하고 전망한 후 회사의 고객들, 회사의 운용역 등 채권투자자들에게 더 나은 채권투자의 방향을 제시해주는 역할을 합니다. 채권금리가 상승할지 하락할지, 채권시장의 장단기 수익률 스프레드나 크레디트 스프레드가 좁아질지 넓혀질지에 대한 여부가 가장 중요한 분석과 전망의 주제입니다. 채권 애널리스트(Analyst)와 채권 전략가(Strategist)의 업무는 거의 같지만 채권 전략가는 분석·전망에 그치지 않고 투자자들의 상황에 맞는 구체적인 채권운용 전략(채권 듀레이션을 높이거나 낮추고 회사채 비중, 장기물 비중을 높이거나 낮추는 전략 등)을 제안하는 범위까지 확대된다고 봅니다.

Q. 그외에도 자산배분 전략가를 하시고, WM투자전략본부를 맡기도 하셨는데요. 모두 비슷한 일인가요?

보유 중인 투자자산을 주식, 채권, 대체투자, 해외자산 등 다양한 자산 종류로 배분하고 배분 비중을 변화시키는 운용을 자산배분이라고 하는데요. 기관투자자 등 대부분의 고객들은 채권 비중을 60% 이상으로 보유하는 것이 일반적입니다. 결국 경제 전망을 통한 채권 보유 비중의 변화가 자산배분 운용의 핵심이기에 채권 전략가들이 자연스럽게 자산배분 전략가 업무를 수행하는 경우가 많습니다. DB금융투자에서는 국내 처음으로 리서치센터에서 해외주식, 해외채권, 외환(FX), 리츠 등 전담 애널리스트들을 채용하면서 자산배분을 시작하였는데요, 채권 전문가가 아니면 많은 종류의 자산군들을 동시에 아우를 수 없다고 생각합니다.

WM투자전략본부에서는 KB금융그룹 전체의 고객인 개인과 일반법인에 대한 투자전략과 자산배분전략을 수립하고, 상품·서비스·포트폴리오 추천, 모델포트폴리오(MP) 운용과 자문, 컨설팅을 수행하는 일을 총괄하고 있습니다. 그 과정에서 AI와 알고리즘 등 기술 기반의 투자전략들을 검증하고 상품화하는 일도 합니다. 한마디로 채권투자 전략과 자산배분 전략을 활용하여 보다 구체적인 투자상품 제안을 하는 곳입니다.

Q. 많은 일을 하셨는데 특히 기억에 남는 일화가 있다면 소개해 주시겠어요?
커리어 전환기마다 남들이 하지 않는 새로운 시도를 많이 했어요. 새내기 채권 애널리스트였던 제가 불과 4년 만에 베스트 애널리스트 1등을 하자 대형 증권사로부터 스카우트 제의를 많이 받았습니다. 하지만 증권사들이 제시했던 연봉의 3분의 1 정도를 받고 2005년에 삼성자산운용으로 자리를 옮겼지요. 운용 문화를 경험하고 싶었고 특히 삼성생명이나 삼성화재에서 취급하는 수많은 종류의 자산 투자를 경험하며 더 넓은 안목을 키우고 싶었기 때문입니다. 이후 2008년에 증권사로 돌아와 대한민국의 채권 리서치를 많이 바꿨다고 자부합니다. 예전 채권보고서에는 금리 전망이 전부였다면 그때부터는 듀레이션 전략, 장단기 금리 차이를 활용한 스프레드 전략, 구조화 채권이나 파생상품 전략 이야기를 담기 시작하였지요. KP(외화표시 한국채권)와 물가채 분석도 처음 시도했고, 유망 회사채를 추천하는 보고서를 발간한 것도 처음이었습니다. 이제는 대부분의 채권보고서에서 이들을 다루고 있지만요.

시실 DD금융투자로 회사를 옮긴 것도 국내 최초로 리서치센터에서 채권투자선택과 자신배분전략 업무를 접목해 보기 위해서였습니다. 이후 '돈 버는 리서치'를 모토로 하면서 하나금융투자나 KB증권 리서치센터에서는 직접 자산배분이나 해외주식 포트폴리오를 짜서 자산운용사나 회사 내부의 고유자금 운용조직에 자문을 하고 자문수수료를 받는 업부로 발전시켰습니다. 이 역시 우리나라 리서치센터에서는 처음 시도한 일들이었지요. 많은 일을 처음으로 시도했고 지금은 일반화된 모습에 자부심을 느낍니다.

Q. 채권시장에서 가장 눈여겨보는 지표나 데이터는 어떤 것입니까?

가장 많이 보고, 가장 중요하다고 생각하는 데이터 10개만 꼽아달라는 요청도 정말 많이 받았습니다. 아쉽지만 그런 것은 없습니다. 데이터는 경제와 시장 국면에 따라 중요도와 우선순위가 계속 바뀝니다. 가장 중요했던 데이터가 언젠가부터는 안 봐도 되는 데이터로 바뀌는 일이 다반사입니다. 특정 데이터를 중요하게 보기보다는 '지금 경제와 시장을 움직이는 동력(Market Driver)은 무엇인가, 어떻게 움직이고 있는가'가 훨씬 중요한 것 같습니다. 그것을 알기 위해서는 많이 읽고 생각해야 합니다. 상상력도 중요하고요. 굳이 하나의 지표를 꼽자면 '컨센서스'라고 말할 수 있겠네요. 분석을 끝내고 결론을 내렸는데, 사람들이 모두 그 의견에 동의한다면 저는 의견을 바꾸는 것을 심각하게 고려합니다. 모두가 좋다고 하는 것은 이미 모두가 보유하고 있어서 더 이상 사줄 사람이 없다는 뜻이니까요. 반대로 저는 확신을 가지고 있는데 모두가 반대하고 동의하지 않는다면 그때가 기회입니다. 내가 맞는다면 가격은 크게 움직이겠지요. 물론 모두가 동의하는 경우에도, 말로만 동의하고 실제 액션을 하고 있지 않는 경우도 있고, 동의를 하는 정도가 크게 차이가 나는 경우도 있기 때문에 이런 컨센서스를 잘 살피는 것이 가장 중요합니다.

Q. 채권투자 전략가나 자산배분 전략가가 되기 위해 중요한 자질이 있다면요? 금융투자업을 꿈꾸는 후배들에게 해주고 싶은 조언이 있다면요?

창의적이면서도 꼼꼼해야 합니다. 둘은 상반된 특성이라 다 갖추기가 쉽지는 않은 것 같아요. 제 경우엔 연차가 낮을 때는 꼼꼼한 것이, 경력이 쌓일수록 창의적인 성향이 도움이 되었던 것 같습니다. 저는 금융투자업의 본질은 결국 세 가지 과정의 연결이라고 생각합니다. 첫째, 투자 아이디어를 발굴하는 것, 둘째, 그 아이디어가 싼지 비싼지를 판단하는 것, 밸류에이션(Valuation)이라고 하죠. 셋째, 판단이 되었다면 언제 액션을 할 것인지를 결정하는 것, 즉 마켓타이밍(Market Timing)입니다. 세 가지를 위해서는 데이터를 직접 만지고, 많이 읽고, 생각하는 훈련을 오랫동안 반복하는 것이 중요합니다. 그 과정에서 재미를 느낀다면 적성에 맞는 일이라고 보셔도 됩니다.

왜 금융투자업무를 하고 싶으신가요? 돈을 많이 버니까? 멋있으니까? 이런 이유 때문이라면 다시 생각해보길 바랍니다. 매우 힘든 업무이기 때문에 그 정도의 동기로는 오래 버티기 어렵고 유혹에 빠지기 쉽기 때문입니다. 저는 금융의 역할이란 아이디어와 기술력이 있는데 자금이 없어서 사장되는 곳에 여유자금을 연결해주는 것이라고 생각합니다. 투자한다고 하는 행위는 좋은 아이디어를 가진 사람과 기업을 살리는 일이기도 하고, 사람들에게 그 혜택을 나눠주는 일이기도 합니다. 금융투자회사에서 일한다는 것은 좁게는 회사지만 넓게는 국민이 노후에 조금 더 편안하게 지낼 수 있도록 조언할 수 있는 위치에 있다는 의미가 있습니다. 나의 직업에 철학과 의미를 담아야만 일할 때 보람 있고 즐겁고, 유혹에 흔들리거나 혼란스러울 때 올바른 판단을 내릴 수 있습니다. 그런 분들이 많이 배출되고 성장할 수 있으면 좋겠습니다.

다섯째
마당

채권 '시장'에 투자하는 방법, 선물과 펀드·ETF

지표채권을 소액으로 손쉽게 거래할 수 있는 국채선물

주식에 투자할 때 삼성전자, 우리금융지주 같은 개별 회사의 주식을 살 수도 있고, 주가지수 선물 또는 주식형 펀드나 ETF를 통해 투자할 수도 있듯이 채권투자에도 다양한 방법이 있습니다. 지금까지 개별 채권과 관련된 내용에 대해 알아보았는데요. 이제부터는 채권선물이나 채권형 펀드(채권 ETF)처럼 채권시장의 방향성에 투자하는 방법을 알아보겠습니다.

보유한 채권들을 언제든지 시장에서 적정한 가격에 매도할 수 있는 기관투자자들과 채권에 대한 노하우가 많은 개인투자자라면 개별 채권을 골라 매수하는 것이 수익률 측면에서 더욱 유리할 것입니다. 하지만 투자 초보이고 자금 규모가 크지 않은 개인투자자라면 높은 이자를 얻기 위해 회사채에 투자하거나 '우산과 소금' 효과를 위해 첨가소화채나 장기 국채를 매매하기가 쉽지 않을 것입니다. 개별 채권에 비하여 채권선물, 채권형 펀드(채권 ETF)가 유리한 점이 있습니다. 언제든 필요한 때에 성과를 실현하며 매도할 수 있는 유동성입니다(단, 채권형 펀드는 환매수수료 부과기간이 지나야 합니다). 이 두 가지 상품은 보유 채권을 시장에서 쉽게 매도하기 어려운 개인투자자의 핸디캡을 극복할 수 있는 수단입니다.

국채선물시장에는 기관투자자, 외국인투자자, 일반 법인과 개인투자자 등 수많은 시장 참여자들이 거래하고 있습니다. 2022년 기준 거래금액이 3년물 국채선물은 약 4,000조 원, 10년물 국채선물은 1,800조 원에 이를 정도입니다. 개인투자자들도 국채선물을 이용하면 다른 시장 참여자와 동등한 조건에서 지표채권인 국채 3년물과 10년물을 거래하는 효과를 얻을 수 있지요. 국채선물을 이용하면 유리한 점이 상당히 많습니다. 금리시장에서 가장 신속하게 매매할 수 있는 자산이면서 금액 중 일부 증거금만 납입하면 매매할 수 있기 때문입니다. 다만, 국채선물의 최소 거래 1계약은 액면가로 1억 원에 달하기 때문에 투자 규모가 작은 개인투자자가 쉽게 접근하기는 어려운 편입니다.

코스피200 선물로 알아보는 선물 거래의 기초

미래 어느 정해진 시점에서 현물과 교환할 가격을 미리 거래하는 금융상품을 '선물'이라고 합니다. 선물의 가장 중요한 특징은 공인된 거래소의 거래시스템 안에서 미리 정해진 청산일의 상품이 거래된다는 점입니다.

알아두세요

선물(先物, Futures)
장래의 일정한 시기에 상품을 넘겨주기로 하고 현재 시점에서 가격을 정해 매매하는 거래를 말합니다. 농촌에서 흔한 밭떼기(논밭에서 재배하는 작물을 미리 몽땅 사고파는 일)를 선도거래라 하는데요. 이런 선도거래들이 거래소 시장에서 정해진 규정과 시스템 아래에서 이루어지는 경우, 이를 선물 또는 선물상품이라고 부릅니다.

잠깐만요

선물시장 용어인 '최근월물, 청산일, 롤오버'에 대하여 알아봅시다

일반적으로 한국거래소의 선물 청산일은 3, 6, 9, 12월 정해진 주의 정해진 요일에 지정됩니다. 2023년 9월물 선물, 2023년 12월물 선물 등 3개월마다 새로운 청산일이 지정된 새로운 선물상품이 탄생하여 존재한다고 보면 됩니다. 청산일이 가장 가까운 선물 상품을 '최근월물'이라고 하며, 청산일이 아직 먼 상품을 '원월물'이라고 하는데요, 보통 최근월물이 원월물보다 거래량이 훨씬 더 많습니다. 만약 최근월물인 9월물 선물을 매수한 투자자가 계속 매수포지션을 유지하고 싶다면 청산일이 다가오는 어느 시점에서 9월물 매수포지션을 반대매매하는 동시에 차근월물(원월물 중에서 가장 청산일이 빨리 도래하는 상품)인 12월물을 매수하여 다시 매수포지션을 생성하는 매매를 해야 하는데요. 이 매매 과정을 '롤오버(Rollover)'라고 부릅니다. 만약 9월물 매수포지션을 유지한 채 반대매매나 롤오버를 하지 않는다면 이 포지션은 청산일에 청산가격으로 청산되어 버립니다. 12월물은 9월물이 청산되는 순간 최근월물이 되므로 가장 거래가 활발한 상품이 됩니다.

9월 어느 날, 12월에 청산되는 코스피200 주가지수 선물을 가격 300 으로 매수(Long)한 투자가 지혜가 있습니다. 만약 12월 청산일 선물 종료 시점에 코스피200 시수가 330이 된다면 지혜는 보유 중인 선물에서 10%의 수익을 얻게 됩니다. 같은 날 가격 300으로 매도(Short)하여 반대 포지션을 가지게 된 진영은 같은 청산일에 10%의 손실을 보게 되는 것이구요. 물론 지혜나 진영은 청산일 전 언제라도 본인의 포지션에 대한 반대거래로 그때까지의 이익이나 손실을 실현시킬 수 있습니다. 선물투자가 현물투자와 다른 점 중 하나가 바로 이것인데요. 선물투자는 롱포지션(Long Position, 가격이 상승하면 이익이 나는 포지션)과 숏포지션(Short Position, 가격이 하락하면 이익이 나는 포지션)을 모두 취할 수 있다는 것입니다. 현물가격이 10% 하락하면 선물 매수자는 10%의 손실을 입고, 선물 매도자는 10% 이익을 얻게 되는 거지요.

선물 적정가격은 현물가격에 각종 비용과 수익을 더하고 빼서 나옵니다

선물가격은 현재의 현물가격과 큰 차이 없이 움직입니다. 현재 코스피200 지수가 300이라면 선물가격도 300에 가깝게 거래되는데요. 이론적으로는 살짝 비싸게 거래되는 것이 정상입니다. 왜냐고요? 현물보다 선물에 투자하는 것이 비용이 적게 들기 때문입니다. 선물투자와 현물투자의 또 다른 차이는 투자금이 없어도 일부 증거금으로만 포지션을 보유하는 효과를 얻을 수 있다는 것인데요. 이것은 주식 선물이 현물가격보다 조금 비싸게 거래되어야 하는 이유이기도 합니다. 만약 같은 시점에 지혜는 코스피200 펀드에 1억 원 투자하고 진영은 코스피200 선물에 1억 원 투자했다면 주가가 오르든 내리든 이 둘의 투자 효과는 같다고 보아야겠지요. 다만, 지혜는 매수 시점에 1억 원의 자금을 조달해야 하기에 비용(기회비용 포함)이 많이 들지만, 진영의 경우 1,000만 원 이하

알아두세요

롱 포지션(Long Position)
선물계약을 맺을 때 투자하려는 자산이 가격이 상승할 것이라고 예상할 때 취하는 포지션입니다. 투자 대상을 현재 가격에 구매하고 나중에 가격이 상승할 때 판매하여 이익을 얻습니다. 예를 들어, 투자자가 금 선물계약을 맺으면서 롱 포지션을 취하면, 이는 미래에 금의 가격이 오를 것이라고 예상함을 뜻합니다.

숏 포지션(Short Position)
선물계약을 맺을 때 해당 자산을 판매하는 위치를 말하며, 투자하려는 대상의 가격이 하락할 것이라고 예상할 때 취하는 포지션입니다. 예를 들어, 선물거래에서 석유를 매도하는 경우, 유가가 하락하면 이익을 얻고 상승하면 손실을 보게 됩니다.

선물증거금
선물 거래에서 결제를 이행하기 위한 보증금을 말합니다. 가격 하락 시에는 매수자의 계약위반 가능성으로부터 매도자를 보호하고, 가격 상승 시에는 매도자의 계약위반 가능성으로부터 매수자를 보호하는 역할을 합니다. 선물 포지션 보유자의 손실이 커지면 커질수록 추가 납입해야 하는 증거금 금액이 커집니다. 선물증거금 비율은 종목마다 차이가 있으며 거래증거금, 위탁증거금, 유지위탁증거금이 있습니다.

의 선물증거금만 준비하면 되기에 비용이 적게 들어요. 게다가 선물증거금은 현금이 아니라도 보유하는 주식이나 채권을 담보로 상당 부분 대신할 수 있어서 비용을 더욱 줄일 수도 있어요.

따라서 지혜의 투자금 1억 원과 진영의 증거금 약 1천만 원과의 차이인 9천만 원의 3개월치 이자만큼 선물가격이 비싸야 서로 공평하겠지요? 이자비용 등을 감안하여 두 사람의 포지션을 공평하게 맞춰주는 가격을 선물이론가라고 합니다. 이론가라고 하니까 뭔가 어렵게 느껴지지만 그냥 선물적정가격이라고 생각하면 되겠습니다. 선물은 주로 이 선물이론가 내외에서 주로 거래됩니다.

선물이론가(선물적정가격)는 어느 시점에서 현물을 사든 선물을 사든 청산일까지 들고 갈 때 공평한 가격이 되도록 각종 비용이나 수익을 조정한 값입니다. 주식의 선물이론가는 소요되는 자금의 이자비용 때문에 선물이론가가 더 높은 경우가 많지만, 청산일 전에 배당기준일이 있는 경우라면 현물에서 발생하는 배당수익을 감안하여 선물이론가가 현물가보다 낮을 때도 있습니다. 선물에서는 배당이 발생하지 않으니까요.

| 예시 : 12월 말에 청산하는 주식선물의 이론가 |

주식 현물가격(100억 원)
+ 12월 말까지 100억 원 금융비용(2억 원)
– 12월 말까지 배당 예상금액(1억 원)

⇒

주식 선물이론가(X)
+ 12월 말까지 증거금 10억 원 금융비용
(0.2억 원)

$100 + 2 - 1 = X + 0.2$

$X = 100 + 2 - 1 - 0.2 =$ **100.8억 원**

원유선물 등 원자재는 현물에서 발생하는 수익은 전혀 없지만 이자비용뿐 아니라 현물의 보관비용, 보험비용 등까지 감안해야 하기에 선물이론가가 현물가보다 꽤 높습니다.

원유 현물가격(100억 원)
+ 12월 말까지 100억 원 금융비용(2억 원)
+ 12월 말까지 보관료/보험료(3억 원)

⇒

원유 선물이론가(X)
+ 12월 말까지 증거금 10억 원 금융비용
(0.2억 원)

$$100 + 2 + 3 = X + 0.2$$ $$X = 100 + 2 + 3 - 0.2 = \textbf{104.8억 원}$$

반면 채권선물의 경우 현물 자금을 마련하기 위한 자본비용보다 현물에서 발생하는 채권의 이자수익이 더 큰 경우가 대부분이기에 평소 선물이론가가 현물가보다 더 낮은 현상을 보입니다

| 예시 : 12월 말에 청산하는 채권선물의 이론가 |

채권 현물가격(100억 원)
+ 12월 말까지 100억 원 금융비용(2억 원)
− 12월 말까지 현물 이자수익(3억 원)

⇒

채권 선물이론가(X)
+ 12월 말까지 증거금 10억 원 금융비용
(0.2억 원)⇐

$$100 + 2 - 3 = X + 0.2$$ $$X = 100 + 2 - 3 - 0.2 = \textbf{98.8억 원}$$

선물에 투자하려면 선물이론가의 개념을 반드시 알아야 합니다. 하지만 실제로는 선물이론가를 거래소와 증권사에서 친절하게 계산해 주기 때문에 우리 같은 투자자가 직접 계산할 필요는 전혀 없습니다.

선물이론가 = 현물가
　　　　+ 현물을 청산일까지 유지하는 데 드는 비용
　　　　− 현물에서 발생하는 수익
　　　　− 현물을 청산일까지 유지하는 데 드는 비용

→ 선물이론가에 선물을 사서 청산일까지 들고 가면
　현물을 사서 청산일까지 들고 가는 것과 같은 효과를 얻는다.

백워데이션과 콘탱고가 생기면 차익거래가 가능하다

실제 시장에서 선물가는 수많은 참여자들의 치열한 매매 공방 속에서 매우 큰 변동성을 보이며 움직입니다. 따라서 어떤 경우에는 이론

가보다 꽤 싸지기도 하고 비싸지기도 하지요. 전문가들은 실제 선물가격이 선물이론가보다 싸게 거래되는 선물 저평가 현상을 '백워데이션(Backwardation)', 선물이론가보다 실제 선물가격이 비싸게 거래되는 선물 고평가 현상을 '콘탱고(Contango)'라고 부릅니다. 시장 참여자들은 백워데이션 상황에서는 현물을 매도하고 선물을 매수하는 운용을 하고, 콘탱고 상황에서는 현물을 매수하고 선물을 매도하는 운용을 하며 안전하게 수익을 얻는 거래를 합니다. 이런 거래 형태를 아비트리지 거래(Arbitrage Trading, 차익거래)라고 합니다. 예를 들어 현물가가 100이고 선물이론가가 98인 경우, 현물을 100에 사고 같은 금액의 선물을 98에 매도한 후 청산일까지 간다면 청산일 손익은 제로가 되지요. 현물을 100에 사며 같은 금액의 선물을 100에 매도할 수 있을 경우, 청산일에 +2만큼의 이익이 발생합니다.

알아두세요

아비트리지 거래(차익거래)
어떤 위험도 없이 안전하게 이익을 얻을 수 있는 거래. 예를 들어 어느 가상화폐를 보유하고 있는 투자자가 이 가상화폐가 한국 시장에서는 1000원, 미국 시장에서는 900원에 거래된다는 사실을 알았을 때 아비트리지 거래가 가능할 것입니다. 이 가상화폐를 한국에서 매도하고 미국에서 매수한다면 위험 없이 이익을 실현할 수 있어 이런 경우를 아비트리지 거래라고 할 수 있습니다.

우리나라의 대표 금리선물, 3년물과 10년물 국채선물

선물의 주요 특징 중 하나는 거래소에서 명확히 표준화된 제도와 시스템 안에서 거래된다는 점입니다. 전 세계 거래소에는 주식 외에도 석유, 금속, 농산물 등의 원자재, 외환 등 매우 다양한 현물에 대한 선물상품들이 존재합니다. 한국거래소에도 각종 선물상품들이 상장되어 거래되고 있는데, 금리선물이 가장 거래량이 많은 상품입니다. 금리선물이란 금리 또는 금리에 따라 가격이 변동하는 금리상품(주로 채권)을 거래 대상으로 하는 선물계약입니다. 한국거래소에 상장된 금리선물로는 3년물, 5년물, 10년물 국채선물이 있지만 실제로 거래가 활발한 상품은 단·중기 채권시장을 대표하는 3년물과 장기 채권시장을 대표하는 10년물 국채선물입니다.

종류	국고 3년물 선물, 국고 5년물 선물, 국고 10년물 선물이 존재
기계대상	표면금리가 5%, 액면가 100원인 가상고고채권
거래단위	1계약당 액면가 1억 원어치
결제월(청산월)	3, 6, 9, 12월
상장 상품	6개월 이내의 2개 결제일(현재 5월이면 6월물, 9월물 상장)
가격의 표시	액면가 100원으로 기준하여 소수 둘째 자리까지 표시
호가가격단위	0.01 = 1tick(틱, 거래 최소단위)
최소가격변동금액	10,000원(1억 원 × 0.01 × 1/100)
거래시간	오전 9시~오후 3시 45분(최종거래일 오전 9시~오전 11시 30분)
최종거래일	결제월의 세 번째 화요일(공휴일인 경우 순차적으로 앞당김)
최종결제일	최종거래일의 다음 거래일
결제방식	최종결제일, 최종 청산가격으로 현금결제
가격제한폭	기준가격 대비 상하 ±1.5%
가상국고채권 생성방식	다수의 유통 국고채를 바스켓에 포함시킨 후 포함된 국고채들의 평균 수익률을 가상채권 수익률로 가정, 가격 계산

우리나라의 국채선물은 최근 발행된 국채들을 평균하여 표면금리 5%, 액면가 100원인 가상채권을 생성한 후 그 가상채권을 거래 대상으로 하는 선물상품입니다. 따라서 1계약의 거래는 1억 원의 액면가 거래로 보아야 합니다. 여러분이 국고 10년 선물 1계약을 매수했다면 국고채 10년물 1억 원을 매수한 것과 같은 투자 효과를 얻게 되는 건데요.

옆의 그림은 2023년 10월 6일, 3년 국채선물 시세 정보입니다. 현재의 가격 102.59는 표면금리 5%인 액면가 100인 3년 만기 가상채권의 12월 청산가격을 이 가격에 매매했다는 뜻입니다. 이 가격에 매매한 투자자가 청산일까지 포지션을 보유한다면 이 가격과 청산가격과의 차이만큼 이익이나 손실이 발생하는 것이지요. 액면가 100이 1억 원에 해당되므로 가격변동의 최소 단위인 1틱(tick), 즉 0.01만큼의 가격 차이는 1계약당 10,000원이 됩니다.

'듀레이션에 따른 채권 가격 변동폭'을 이해하고 있다면 3년 국채선물가

알아두세요

틱(tick)

선물거래에서 틱은 선물 가격의 최소 변동 단위를 말합니다. 예를 들어, 특정 선물 상품의 틱 크기가 0.01이라면 이 상품의 가격은 0.01 단위로만 움직일 수 있습니다. 즉, 가격이 100.00에서 100.01로 오르거나, 100.00에서 99.99로 내려갈 수 있습니다. 코스피200 선물의 경우 틱 단위는 0.05포인트이고 틱 가치는 약 5,000원인데, 선물거래의 경우 상품마다 틱 단위와 가치가 다를 수 있습니다.

격 102.59만 보아도 현재의 국고 3년 현물의 금리 수준을 대략 추정할 수 있습니다. 3년물 국채선물의 가상채권 듀레이션은 약 2.87년(표면금리 5%인 3년 만기 채권의 듀레이션 계산 방법은 넷째마당에서 설명했습니다)이거든요. 액면가 100원인 이 가상채권의 가격이 102.59원이라는 얘기는 액면가 10,000원 채권이 10,259원으로 상승했다는 것과 같은데요, 이는 표면금리 5%보다 약 0.9% 정도 금리가 하락한 것으로 유추할 수 있지요(듀레이션 2.87년 × 금리변동 0.9% = 가격변동 약 2.59%). 따라서 102.59의 3년 국채선물가격은 현재 국채 3년물 금리가 표면금리 5%보다 0.9% 낮은 4.1% 수준일 것이라 추성해 볼 수 있습니다. 실제로 같은 날 국고 3년 금리는 4.08%로 고시되었습니다.

| 3년 국채선물 시세 예시 |

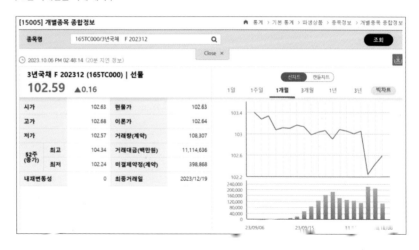

일자별 시세				+
일자	종가	대비	거래량	거래대금
2023/10/06	102.59 ▲	0.16	108,307	11,114,636,000,000
2023/10/05	102.43 ▲	0.19	208,121	21,348,326,010,000
2023/10/04	102.24 ▼	0.81	220,398	22,598,777,460,000
2023/09/27	103.05 ▲	0.05	110,802	11,414,729,460,000
2023/09/26	103.00 ▼	0.05	124,153	12,787,239,430,000
2023/09/25	103.05 ▼	0.03	131,897	13,598,777,130,000
2023/09/22	103.08 ▲	0.18	144,695	14,895,228,080,000
2023/09/21	102.90 ▼	0.16	183,944	18,925,964,150,000
2023/09/20	103.06 ▲	0.03	164,857	16,974,724,020,000
2023/09/19	103.03 ▲	0.05	126,871	13,074,366,060,000

10월 6일 선물가격은 0.16, 즉 16틱(tick) 상승한 것을 볼 수 있습니다. 이 날 국채선물은 16틱 상승했는데 이는 액면가 100의 0.16, 즉 현물가로 보면 액면가 10,000원에서 16원 상승한 정도입니다. 따라서 16틱의 선물가 상승은 곧 국채금리가 5~6bp 하락한 강세장을 반영한 것이라 보면 되겠습니다. 채권의 듀레이션 2.87을 감안하면 국채 3년물의 금리가 1bp(0.01%) 하락했을 때 선물가격은 약 3틱 상승하는 셈입니다.

> 100 액면가 선물 0.16 상승
> = 10,000원 액면가 현물 16원 상승
> → 선물 1계약(액면가 = 1억 원) 보유 시 16만 원 이익

지혜가 국채 3년 선물 매수포지션 3계약을 보유하고 있다면 이날 얼마의 이익이 발생했을까요? 국채선물 1계약의 1틱 가격 차이는 10,000원이지요? 16틱 상승한 이날 지혜는 '16틱 × 3계약 = 48만 원' 이익이 발생한 것입니다. 진영의 경우 이날 선물 단기 트레이딩을 했는데요. 시가인 102.63에 5계약 매도한 후 장중 최저가인 102.57에 모두 매수했다면 1계약당 6틱의 차익이 발생했겠지요. 따라서 이날 진영은 '6틱 × 5계약 = 30만 원' 이익을 얻었을 것입니다.

금리가 1% 움직이면 선물가는 얼마나 움직일까?

Q. 본문 내용과 관련하여 채권금리와 가격의 관계에 대해 질문을 하나 하겠습니다. 10월 6일 이후 12월 청산일 이전에 국채 3년물 금리가 1% 추가로 상승한다면 청산일 선물 청산가격은 얼마가 될까요?

A. 금리가 1% 올랐으니 가격은 '1% × 듀레이션 2.9년 = 2.9%' 정도 하락하겠죠? 따라서 청산일 가격은 '102.59 × 2.9% = 2.98' 정도 하락한 '102.59 − 2.98 = 99.61'로 추정할 수 있을 것입니다.

이제 10년물 국채선물을 한번 살펴볼까요? 10년 국채선물도 최근 발행된 10년 국채들을 평균하여 표면금리 5%, 액면가 100원인 가상채권을 생성한 후 그 가상채권을 거래대상으로 삼는 방식을 사용합니다. 1계약의 거래도 3년물과 마찬가지로 10년물 국채 1억 원의 액면가 거래로 보면 됩니다. 아래는 2023년 10월 6일 기준, 10년 국채선물 시장정보입니다. 현재의 가격 106.10은 표면금리 5%인 액면가 100인 10년 만기 가상채권의 12월 청산가격을 이 가격에 매매했다는 뜻이지요. 만약 액면가가 10,000원이었다면 10,610원이 거래가격으로 표시되겠지요.

| 10년 국채선물 종합정보 |

출처: 한국거래소 정보데이터시스템

한편 10년물 국채선물이 가상채권 듀레이션은 약 9년 정도로 보고 있습니다. 따라서 '610원 ÷ 9년'으로 계산되는 0.68%가 표면금리 5%보다 낮은 4.32% 정도에서 국채 현물들이 거래되고 있다고 추정할 수 있지요. 실제 이날 고시된 10년물 국채 금리는 4.24%입니다.

10월 6일 10년 국채선물 가격은 0.72, 즉 72틱 상승한 것을 볼 수 있습니다. 듀레이션이 9년 정도인 10년 가상채권의 금리가 8bp(0.08%) 하락한 것으로 추정할 수 있지요. 지혜가 국채 10년 선물 매수포지션 3계약을 보유하고 있다면 72틱 상승한 이날 '72틱 × 3계약 = 216만 원' 이익이 발생할 것입니다. 이 금액은 보유 중인 국채 10년 현물 3억 원의 금리가 8bp 하락할 때의 이익과 거의 같습니다.

국채선물, 어떻게 활용하면 좋을까요?

투자자 입장에서 선물의 중요한 특성이자 장점은 큰 자금을 들이지 않고도 롱포지션(매수포지션)을 가질 수 있어 레버리지를 일으킬 수 있다는 것입니다. 예를 들어 향후 금리하락(채권시장 강세)을 강하게 예상하며 최대한 많은 매수포지션을 보유하고 싶은 투자자라면, 증거금 1,000만 원 이하로 액면가 1억 원어치의 3년물 선물을 매수할 수 있고, 증거금 3,000만 원 이하로 액면가 1억 원어치의 10년물 선물을 매수할 수 있습니다(단, 이것은 2023년 10월 증거금 비율 기준이며 가격이 포지션과 반대로 움직여 손실이 커지면 그만큼 더 증거금을 납입해야 합니다. 또 개인투자자의 경우 보유 중인 채권 현물로도 증거금의 50%에 이르는 상당 부분을 대신할 수 있습니다). 3년물의 경우 보유자금의 약 12배, 10년물의 경우 보유자금의 약 4배에 이르는 채권을 보유할 수 있다는 얘기지요. 이렇게 한정된 자금으로 보유 중인 채권상품의 듀레이션 수준을 가장 높게 가져갈 수 있는 수단이 바로 국채선물입니다. 넷째마당에서 설명했던 '우산과 소금' 효과를 얻기 위해 채권을 보유하고 싶은데 자금 여력이 별로 없다면 선물 매수를 이용한 포트폴리오가 효과적일 것입니다.

국채선물의 또다른 특성은 숏포지션(매두포지션), 즉 금리상승 시 이익을 얻을 수 있는 포지션 구축이 가능하다는 것입니다. 금리상승(채권시장 약세)을 예상하는 투자자의 경우 금리선물 매도를 통해 원하는 포트폴리오의 평균 듀레이션을 만들어낼 수 있습니다. 국채선물과 같은 파생상품을 이용하여 듀레이션 위험을 제거하는 것을 듀레이션 헤지(Hedge, 위험제거)라고 합니다. 예를 들어 3년물 은행채를 1억 원어치 보유하고 있는 지혜가 3년 국채선물을 1계약 매도했다면 지혜의 포트폴리오 듀레이션은 제로(0)가 되는데요. 이론적으로 포트폴리오 듀레이션이 0이면 금리 수준이 오르든 내리든 지혜에게는 자본손익이 발생하지 않습니다.

선물을 통한 듀레이션 헤지

3년물 은행채	+	3년 국채선물	=	듀레이션 0
1억 보유		1억 매도		(시장위험 0)

→ 3년 금리가 오르든 내리든 자본손익이 발생하지 않는다.

10년물 국채	+	10년 국채선물	=	10년물 국채
5억 보유		2억 매도		3억 보유 효과

→ 10년물 국채 2억은 헤지되었고 3억 원어치의 손익효과만 남는다.

이처럼 보유하고 있는 채권 현물들의 규모가 너무 크거나, 혹은 듀레이션이 너무 높아 위험관리가 필요한 경우에 국채선물 매도를 통하여 일부 또는 전부 듀레이션 헤지를 할 수 있습니다. 예를 들어 10년물 국채 현물을 5억 원어치 보유 중인 진영이 자신의 듀레이션 위험이 너무 크다는 생각에 10년물 국채선물을 2계약(=2억 원) 매도 헤지한다면 10년물 3억 원에 해당하는 듀레이션 위험과 기대수익률만 갖게 되는 거지요. 보유 중인 2~3년물 채권의 금리가 상승하여 가격이 하락할 것 같아 헤지

를 하고 싶은 경우에는 3년물 국채선물을, 5년 이상 중장기물의 헤지를 하고 싶은 경우에는 10년물 선물을 매도하는 것이 효과적입니다.

국채선물을 활용한 스프레드 거래들

 알아두세요 ━━━━

스프레드(Spread)
경제·금융 분야에서 차이 또는 차액을 의미하는 단어로 사용됩니다. 예를 들어 장단기 금리 스프레드는 장기금리에서 단기금리를 뺀 것을 말하며, 신용 스프레드는 회사채 금리에서 국고채 금리를 뺀 것을 말합니다.

채권시장을 잘 이해하는 투자자는 국채선물을 활용하여 장단기 금리 스프레드 거래도 실행할 수 있습니다. 국채 3년물과 국채 10년물의 금리 차이(금리 스프레드)를 예상하여 매매를 하는 것인데요. 예를 들어 현재 국채 3년물 금리가 4%이고 국채 10년물 금리가 4.5%일 때 3년/10년 스프레드는 0.5%(50bp)입니다. 지혜는 이 스프레드가 더욱 벌어질 것을 예상해서(3년물 금리보다 10년물 금리가 약세를 보일 것으로 예상함) 3년물을 3계약 매수하고 10년물을 1계약 매도하는 운용을 했습니다. 반대로 진영은 스프레드가 더욱 좁혀질 것을 예상하고(3년물 금리보다 10년물 금리가 강세를 보일 것으로 예상함) 3년물을 3계약 매도하고 10년물을 1계약 매수하는 운용을 했습니다. 3년물 3계약과 10년물 1계약의 듀레이션은 거의 비슷하겠죠? 따라서 3년물과 10년물의 금리가 동일하게 하락하거나 상승할 경우(3년물 금리가 4.5%이고 10년물 금리가 5%일 때 또는 3년물 금리가 3.5%이고 10년물 금리가 4%일 때처럼 여전히 3년/10년 스프레드가 0.5%일 때) 이 둘의 손익은 거의 없다고 보아야 합니다. 하지만 3년물과 10년물의 금리 차이가 달라질 경우 한 명은 이익을, 다른 한 명은 손실을 보게 됩니다. 만약 3년물 금리는 0.2% 상승하여 4.2%가 되고 10년물 금리는 0.5% 상승하여 5%가 된다면 금리 스프레드는 0.8%(80bp)로 확대되는데요. 이 경우 지혜는 3년물 3계약 또는 10년물 1계약의 0.3%에 해당하는 이익을 얻게 되고 진영은 같은 금액의 손실을 입게 되는 것이지요.

내 포트폴리오의
평균 듀레이션 계산하는 법

선물을 이용한 레버리지 효과와 헤지 효과 계산법을 알아봅시다.

몇 가지 예시를 통해 국채선물을 이용한 레버리지와 헤지 거래 시 포트폴리오 듀레이션 계산 방법을 이해해 보겠습니다. 이때 국채선물 듀레이션은 3년물은 약 2.9년, 10년물은 약 9년으로 계산합니다.

[예시 1: 레버리지 거래]

Q: 듀레이션 2년인 은행 채권을 5억 원어치 보유 중인 지혜가 추가로 3년물 국채선물을 5계약 매수한 경우, 이 5억 원 규모 포트폴리오의 평균 듀레이션은?

A: 포트폴리오 듀레이션의 계산방식은 보유한 모든 현물과 선물의 듀레이션 금액 가중치를 더한 후 포트폴리오 규모(현금이 소요되는 현물의 규모)로 나누면 됩니다.

이 경우에는 현물의 듀레이션 2년에 5억 원을 곱한 값과 선물의 듀레이션 2.9년에 5억 원을 곱한 값을 더해준 뒤, 현물의 규모인 5억 원으로 나누어주면 평균 듀레이션 약 4.9년을 구할 수 있습니다.

> = (2년 × 5억 + 2.9년 × 5억) / 5억
> = 약 4.9년

[예시 2: 헤지 거래]

Q: 듀레이션 5년인 국민주택 채권을 10억 원어치 보유 중인 진영이 10년물 국채선물 3계약을 매도한 경우, 이 10억 원 규모 포트폴리오의 평균 듀레이션은?

A: 헤지 거래는 레버리지 거래와 반대로 현물의 듀레이션 금액 가중치에서 선물의 듀레이션 금액 가중치를 빼준 뒤 포트폴리오의 규모로 나누어줍니다.

이 경우는 현물의 듀레이션 5년에 10억 원을 곱한 값에서 선물의 듀레이션 9년에 3억 원을 곱한 값을 빼준 뒤, 현물의 규모인 10억 원으로 나누어주면 평균 듀레이션

약 2.3년을 구할 수 있습니다.

> = (5년 × 10억 - 9년 × 3억) / 10억
> = 약 2.3년

[예시 3: 레버리지 거래와 헤지 거래의 혼합]

Q: 듀레이션 2년인 은행 채권을 5억 원, 듀레이션 5년인 국민주택 채권을 10억 원어치 보유하며 3년물 국채선물을 5계약 매수하고 10년물 국채선물 3계약을 매도한 경우, 이 15억 원 규모 포트폴리오의 평균 듀레이션은?

A: 레버리지 거래와 헤지 거래가 혼합된 경우에는 현물의 듀레이션 금액 가중치에서 레버리지에 해당하는 선물 거래는 더해주고 헤지에 해당하는 선물 거래는 빼준 뒤 현물의 규모로 나누어 계산할 수 있습니다.

이 예시의 경우 현물의 듀레이션 가중치는 2년에 5억 원을 곱한 값과 5년에 10억 원을 곱한 값을 더해야 합니다. 여기에 2.9년에 5억 원을 곱한 값을 더해주고 9년에 3억 원을 곱한 값을 빼준 뒤, 현물의 규모인 15억 원으로 나누면 평균 듀레이션 약 3.17년을 구할 수 있습니다.

> = (2년 × 5억 + 5년 × 10억 + 2.9년 × 5억 - 9년 × 3억) / 15억
> = 약 3.17년

포트폴리오 평균 듀레이션을 알면 손익을 추정할 수 있다

지금까지 3가지 예시를 통해 포트폴리오의 평균 듀레이션을 구하는 방법을 알아보았는데요. 만약 이날 갑자기 금리 수준이 0.1% 상승해 버린다면 [예시 1]에서 레버리지 거래를 한 지혜의 경우 포트폴리오 5억 원의 약 0.49%에 해당하는 약 245만 원의 손실을, [예시 2]에서 헤지 거래를 한 진영의 경우 포트폴리오 10억 원의 약 0.23%인 230만 원의 손실을 입을 것이라 추정할 수 있지요.

그런데 포트폴리오 듀레이션을 통한 손익 추정 방식에는 어쩔 수 없는 약간의 함정

이 있습니다. '금리가 0.1% 올랐을 때'라는 상황은 2년물 은행채든 5년물 국민주택채권이든 3년물 국채든 10년물 국채든 간에 모든 금리가 똑같이 0.1% 상승한다는 것을 가정하고 있어요. 하지만 실제로는 그렇지 않은 경우가 많답니다. 2년물 은행채는 0.1% 금리 상승, 3년물 국채는 0.08% 금리 상승, 5년물 국민주택채는 0.2% 금리 상승인데 10년물 국채는 오히려 0.1% 금리 하락이 되는 극단적인 경우도 가끔 있을 수 있기 때문입니다. 이런 경우, 진영의 포트폴리오는 5년물 국민주택채에서 상당한 손실을 입을 뿐더러 헤지를 위해 보유한 10년물 국채선물에서도 손실이 발생하는 최악의 상황이 되어버립니다.

듀레이션 평균법으로 손익을 추징할 때에는 이런 장단기 금리의 상이한 움직임으로 오차가 생길 수 있음을 늘 염두에 두어야 합니다.

채권형 펀드,
전문가에게 운용을 맡겨보자

채권 및 채권 관련 파생상품, 일부 유동성 자산에만 투자하여 수익을 올리는 펀드를 채권형 펀드라고 합니다. 은행이나 증권사에서 펀드에 가입하여 투자금을 입금하면 그 돈은 여러 자산들을 보유한 펀드로 들어가 자산운용사의 전문 펀드매니저들이 운용합니다. 채권형 펀드는 주로 환매수수료 부과 기간에 따라 단기형(6개월 미만), 중기형(9개월 미만), 장기형(1년 이상)으로 분류되며 편입할 수 있는 채권의 종류에 따라 국공채형(국공채를 주로 편입), 회사채형(회사채를 주로 편입), 채권형(국공채와 회사채 모두 편입 가능)으로 나뉩니다.

하지만 펀드의 유형만 살펴서는 그 펀드의 특성을 파악하기 어렵습니다. 예를 들어 장기형으로 분류되는 A 채권형 펀드가 있다면 가입 후 1년 이내에 환매할 경우 수수료가 부과된다는 의미이지 펀드 포트폴리오에 장기물 채권들이 편입된다는 의미가 전혀 아니지만, 오해하기 쉽지요. 따라서 펀드에 투자하려 한다면 투자설명서에서 안내하는 벤치마크의 종류, 편입 가능한 채권들의 신용등급 수준, 펀드매니저의 운용스타일 등의 내용을 반드시 확인하는 것이 중요합니다. 채권과 마찬가지로 채권형 펀드의 가장 중요한 속성은 듀레이션과 신용등급이기에 이 두 가지는 반드시 투자설명서에서 살펴봐야 합니다. 예를 들어, 여러분이 가입한 채권형 펀드의 듀레이션이 5년이라는 사실을 안다면 시장평균금리가 20bp(0.2%) 상승했을 때 펀드에서 대략 '5년 × 0.2% = 1%'의 손실이 발생한다는 계산을 할 수 있을 것입니다.

채권 종목 투자와 채권형 펀드 투자의 차이점은?

채권 개별종목 투자와 채권형 펀드 투자와의 가장 큰 차이점은 무엇일까요? 듀레이션이 5년인 채권에 투자했을 경우를 봅시다.

개별 채권의 듀레이션은 시간이 경과하면서 4년짜리 채권, 3년짜리 채권, 2년짜리 채권의 순으로 줄어들다가 결국 만기에 이르는 반면, 벤치마크 듀레이션 5년짜리 채권형 펀드에 가입하면 투자 기간 내내 듀레이션 5년 내외를 유지하게 됩니다. 펀드에서 보유하는 채권들의 잔존만기가 줄어들어 펀드 듀레이션이 4.8년이 된다면 교체매매나 추가매수를 통해 듀레이션을 다시 5년 내외로 지속적으로 올려주는 식으로요. 5년 만기 채권은 투자 시점에서의 만기수익률(YTM)이 5년 동안의 수익률이 되지만, 벤치마크 듀레이션이 5년인 펀드에 5년간 투자할 경우에는 얼마의 수익률이 실현될지 예측하기 매우 어렵습니다. 펀드는 수많은 종류의 채권들로 구성되어 있으며 계속 새로운 채권들이 편입·편출되기에 이자수익에 대한 예측성이 낮아지고, 투자 기간 내내 듀레이션 5년의 위험(변동성)을 지니고 있어 금리가 급변할 경우 수익률이 크게 변동될 수 있기 때문이죠. 물론 채권형 펀드 중에서도 설정 당시엔 일정 듀레이션(예: 5년)으로 시작하지만 시간이 지나면서 잔존만기가 점점 줄어들어 일정 기간(예: 5년) 경과 후엔 듀레이션이 0에 가깝게 되는 '만기형 채권펀드'가 일부 존재합니다. 채권 종목을 매수한 후 만기까지 보유하는 것과 같은 효과를 가진 펀드지요. 다음 페이지의 그림들을 살펴보며 조금 더 상세히 알아보겠습니다.

| 채권 종목과 채권형 펀드의 듀레이션 추이 |

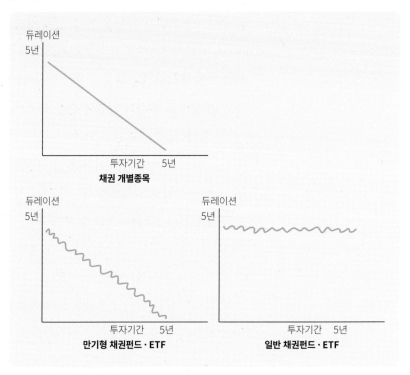

| 약세장에서의 채권 종목과 채권형 펀드, 금리 변동에 따른 수익률 추이 예시 |

금리 변동	1년차	2년차	3년차	4년차	5년차	5년 평균
	약세	강세	약세	약세	초약세	약세
5년물 채권 (만기수익률 5%) 5년 만기형 펀드 (기대수익률 5%)	3% (D:5→4년)	7% (D:4→3년)	4% (D:3→2년)	4% (D:2→1년)	7% (D:1→0년)	5%
BM5년 채권 펀드 (기대수익률 5%)	약 3% (D:약 5년)	약 8% (D:약 5년)	약 3% (D:약 5년)	약 2% (D:약 5년)	약 −2% (D:약 5년)	약 2.8%

| 강세장에서의 채권 종목과 채권형 펀드, 금리 변동에 따른 수익률 추이 예시 |

금리 변동	1년차	2년차	3년차	4년차	5년차	5년 평균
	강세	약세	강세	강세	초강세	강세
5년물 채권 (만기수익률 5%) 5년 만기형 펀드 (기대수익률 5%)	7% (D:5→4년)	4% (D:4→3년)	6% (D:3→2년)	5% (D:2→1년)	3% (D:1→0년)	5%
BM5년 채권 펀드 (기대수익률 5%)	약 7% (D:약 5년)	약 3% (D:약 5년)	약 8% (D:약 5년)	약 6% (D:약 5년)	약 8% (D:약 5년)	약 6.4%

(D = 듀레이션, BM = 벤치마크)

그림과 표를 살펴보면 5년물 채권 종목은 시간이 지날수록 듀레이션이 줄어들다가 4년 후에는 1년짜리 채권이 되어버리지요. 잔존만기가 줄어들면서 금리 변동에 따른 수익률의 변동폭이 줄어들다가 마지막으로 1년물 채권이 되면 향후 1년간 시장금리가 어떻게 변동되더라도 마지막 수익률을 내며 소멸하게 됩니다. 매년 금리 변동에 따라 다른 수익률이 나오더라도 결국 5년 평균수익률은 기존의 만기수익률인 5%를 실현하게 되죠. 5년 만기형 펀드의 경우에도 채권 종목과 유사한 수익률 추이를 보이다 가입 당시의 기대수익률(펀드는 채권과 같은 확정수익이 아니기에 기대수익률이라는 표현을 사용함)을 실현하며 만기가 **종결**됩니다. 하지만 일반 채권형 펀드, 예컨대 듀레이션 5년 내외의 종합채권지수를 벤치마크(BM)로 삼는 펀드에 가입했다면 매년 금리 변동폭에 따라 수익률이 현저히 달라질 것입니다. 5년 차에도 여전히 펀드의 듀레이션은 5년 수준이라 금리가 큰 폭으로 상승하는 약세장에는 매우 저조한 수익이 나올 수 있고 강세장에는 높은 수익률이 나올 수 있어요.

잠깐만요 | 채권형 펀드의 벤치마크 이해하기

채권 투자자의 궁극적인 목표는 높은 절대수익률의 창출일 것입니다. 하지만 채권형 펀드의 경우는 미리 정하여 고객들에게 고지한 벤치마크 또는 인덱스의 성과를 초과하는 수익률을 제공하는 것을 1차적인 목표로 삼는 경우가 대부분입니다. 주식형 펀드가 주로 코스피 종합지수를 벤치마크로 삼는 것처럼 채권형 펀드도 국내 채권시장 보는 채권들의 인덱스인 시장종합지수(시장평균지수, 듀레이션 약 5년)를 벤치마크로 사용하는 경우가 많습니다. 연금이나 보험자산 등 장기투자 성격의 자금들은 중장기 채권지수, 보수적인 성향의 고객을 위한 단기 국공채지수 등 각각의 투자자 상황에 맞게 채권시장의 몇몇 부분을 선별·조합하여 만들어내는 맞춤형 벤치마크도 많이 사용되고 있습니다.

채권형 펀드로 채권에 투자하는 개인투자자들의 수는 초저금리 시대였던 2010년대에 급격히 감소하였습니다. 펀드의 기대수익률에 비해 수수료의 비중이 꽤 컸기 때문이지요. 당시 매우 낮은 금리 때문에 채권형 펀드의 기대수익률은 1~3%대에 불과했는데, 여기서 0.5% 수준에 달하는 수수료를 감안하면 실제 수익률의 경쟁력이 크게 떨어졌거든요. 그에 따라 채권형 펀드의 규모가 급격히 줄어들었습니다. 채권형 펀드는 최소 1,000억 원 이상이 되어야 효율적으로 운용할 수 있기에 줄어든 펀드의 규모는 또다시 펀드의 경쟁력을 약화시키는 요인이 되었습니다. 2022년 이후 금리 수준이 크게 상향되면서 채권형 펀드 기대수익률이 5% 내외로 올라왔고 수수료가 0.3% 이하로 떨어지는 등 경쟁력이 높아졌습니다. 그럼에도 개인투자자용 채권형 펀드 시장은 여전히 답보 상태입니다. 채권형 펀드의 약점들을 보완하는 채권 ETF가 좋은 대안이 되고 있기 때문이지요.

잠깐만요

펀드의 수수료와 펀드 클래스에 따른 수수료 차이를 알아봅시다

펀드 수수료는 펀드 가입 시 떼는 선취수수료, 가입기간 중 환매할 경우 부과되는 환매수수료 등 일회성 수수료, 운용사·판매사·수탁사무사 등이 펀드를 관리하는 대가로 일별 부과하는 보수 수수료가 있습니다. 펀드명 뒤에 알파벳 대문자로 표기되는 각 클래스는 수수료와 보수의 차이를 뜻하기에 펀드 투자에 앞서 꼭 알아두어야 합니다.

구분		클래스	의미
1차 분류	판매수수료 부과 여부	A	수수료 선취
		B	수수료 후취
		C	수수료 미징수
		D	수수료 선후취
2차 분류	판매경로	e	온라인
		–	오프라인
		S	온라인 슈퍼마켓
		J	직판

3차 분류	기타 (1, 2차 분류에 따른 클래스에 추가되는 나머지 모든 클래스)	CDSC	보수체감
		G	무권유 저비용
		P	개인연금
		P	퇴직연금
		H	주택마련
		F	기관
		I	고액
		W	랩

클래스 A와 C 펀드 비교

위의 표를 보면 클래스가 매우 많죠? 그러나 실제로 펀드에 투자할 때 접하는 클래스는 주로 A와 C입니다. A는 선취수수료가 발생하고, C는 총보수가 높다는 특징이 있습니다. 아래의 예시 펀드를 통해 두 클래스의 차이를 비교할 수 있습니다.

유진 챔피언 중단기채 증권자투자신탁(채권)-Ae

선취수수료	연간 총보수	
펀드 매수 시 투자금액의 0.5%	**0.22%**	
	운용	0.1%
	판매	0.1%
	수탁	0.01%
	사무	0.01%

유진 챔피언 중단기채 증권자투자신탁(채권)-Ce

선취수수료	연간 총보수	
펀드 매수 시 수수료 없음	**0.265%**	
	운용	0.1%
	판매	0.145%
	수탁	0.01%
	사무	0.01%

A 클래스는 선취로 수수료를 떼어갑니다. 즉, 100만 원을 매수하면 0.5%인 5천 원을 미리 차감하기에 실제 투자되는 금액은 99만 5천 원입니다. 선취수수료는 단기 투자자에게는 불리하나 통상 2년 이상 투자하는 경우에는 후취수수료보다 유리합니다.

C 클래스는 선취수수료는 없지만 매도할 때 발생하는 후취수수료가 많거나 보수요율이 높습니다. 보수는 운용 기간에 비례해 정률로 계산하므로 투자 기간이 2년이 넘지 않는 단기 투자의 경우에 적합합니다.

펀드 가입은 온라인으로, 클래스명 뒤에 붙은 e의 이점

펀드는 클래스 구분 외에도 온라인과 오프라인 가입에 따른 차이가 있습니다. 온라인 가입은 상담비가 포함되지 않기 때문에 대체로 판매보수와 선취수수료가 낮습니다.

예를 들어, 'KB주주가치포커스 펀드 A 클래스'를 증권사 창구에서 가입하면 보수가 0.7%인데, 온라인에서 직접 가입하면 0.35%로 요율이 절반이나 낮아집니다. 온라인 가입 시에는 클래스명 뒤에 소문자 'e'가 붙기 때문에 A 클래스의 경우 Ae로 표기됩니다.

개인투자자에게 더욱 요긴한 채권형 ETF

유동성이 뛰어나고 거래가 편리한 ETF

ETF의 E는 Exchange(거래소), T는 Traded(거래되는), F는 Fund(펀드)를 의미합니다. '상장지수펀드'라고도 하는 ETF는 한마디로 '거래소에서 거래되는 펀드'라는 의미입니다. 환매 신청을 해야만 투자를 종결할 수 있는 일반 펀드와 달리, 거래소에 상장되어 주식처럼 투자자가 직접 중도매각을 하여 투자를 종료할 수 있습니다. 일반적인 ETF는 지수를 추종하는(지수와 똑같은) 수익률을 목표로 삼는 소위 패시브(Passive, 수동적) 펀드입니다.

하지만 최근 벤치마크가 아예 없거나 벤치마크 초과수익을 목표로 하는 다양한 액티브 ETF가 등장하면서 ETF의 성격과 종류가 매우 다양해졌습니다. 채권형 ETF는 액티브형을 표방한다고 해도 사실상 패시브형이라 보아도 무방한 펀드들이 대부분이고, 공격적으로 운용하는 경우는 거의 없습니다. 지수를 정확히 복제하기 어려운 채권시장의 특성 때문에 부득이하게 액티브형으로 출시하는 경우가 많기 때문입니다. 한편, 일반 채권형 펀드에 만기형 펀드가 존재하는 것과 마찬가지로 채권형 ETF에도 만기형(만기매칭형) 채권 ETF가 출시되고 성황리에 판매되고 있습니다. 만기형 채권 ETF의 명칭에는 흔히 '53-09', '23-12' 같은

알아두세요 ──

패시브 펀드와 액티브 펀드

패시브(인덱스) 펀드는 코스피, 코스피200 등 지수를 벤치마크로 삼아 벤치마크의 수익률과 최대한 유사한 수익률을 목표로 하는 소극적인 투자 유형의 펀드입니다. 지수를 추종하기 때문에 수수료가 낮은 장점이 있습니다. 반면 액티브 펀드는 벤치마크 수익률보다 높은 수익률을 추구하는 적극적인 투자이므로 패시브 펀드보다 변동성과 리스크가 크고 안정성이 떨어진다는 특징을 가지고 있습니다.

숫자가 표기되는데 이는 채권 만기 시점을 알려주는 숫자입니다. 53-09
는 2053년 9월이 만기라는 의미입니다. 만기 시점과 만기수익률도 대
략 알 수 있기에 적은 금액으로도 개별 채권투자와 매우 유사한 효과를
얻을 수 있습니다. 예를 들어 '만기형 채권 ETF(은행채) 25-12'에 투자한
다면 2025년 12월 만기 은행채에 투자하는 것과 거의 같은 효과를 얻게
되지요. 만약 '만기형 채권 ETF 53-09 국고채'를 매입하고 싶다면 2053
년 9월 만기인 국채들의 민평수익률을 살펴보세요. 그 채권을 민평수익
률에 매수하고 보유하는 것과 거의 같은 투자 효과를 얻게 될 것이니까
요. 만기형 채권 ETF의 만기수익률이 같은 만기의 다른 채권이나 예금
과 금리가 같다면 ETF를 선택할 개인투자자가 꽤 많을 것입니다. 가장
유동성이 우수한 상품이기 때문이지요.

알아두세요

민평수익률(민평금리)

민간 채권평가사가 평가한 금리
의 평균을 의미하며, 민평금리를
활용하여 산출한 채권의 평가가
격을 '민평단가'라고 합니다.

거꾸로 가는 인버스 ETF, 묻고 더블로 가는 레버리지 ETF

일반적인 ETF와는 다른 성격의 ETF도 있습니다. 인버스 ETF(리버스
ETF라고도 합니다)는 선물의 숏포지션처럼 자산 가격이 하락할 때 이익이
발생하고 자산 가격이 상승할 때 손실이 발생하는 ETF입니다. 주로 선
물 숏포지션을 담거나 공매도를 하는 방식으로 펀드 포트폴리오를 구성
하는데요. 채권형 인버스 ETF를 매수한다면 국채선물 3년물 또는 10년
물을 매도하는 것과 유사한 투자 효과를 얻을 것입니다. 유의해야 할 점
은 인버스 ETF 매수 등으로 채권 숏포지션을 보유하는 동안 채권의 이
자만큼 계속 부담해야 한다는 사실입니다.

한편, 자산 가격이 상승하면 펀드의 수익이 가격 상승률의 2배, 3배 또
는 그 이상 되는 ETF를 레버리지 ETF라고 부릅니다. 레버리지를 우리
말로 번역하면 지렛대인데요. 지렛대가 작은 힘을 들여 몇 배의 효과를
얻을 수 있는 것처럼, 한정된 자금에 비해 몇 배의 수익성을 추구하는 투
자를 레버리지 투자라고 합니다. 레버리지 ETF는 현물과 파생상품 등

을 중복으로 투자하는 방식으로 펀드 포트폴리오를 구성하는데요. 영국에는 5배 레버리지 ETF 상품도 존재한다고 합니다. 레버리지 ETF는 가격 변동성이 상당히 큰 만큼 기대수익률 못지않게 위험도 상당하기에 투자 시 상당한 주의가 필요합니다.

한국거래소에서 거래되는 채권형 ETF

다음은 2023년 10월 기준, 국내 주요 채권형 ETF 펀드들의 기초지수와 듀레이션 등의 특징을 정리한 표입니다. ETF의 이름만 잘 살펴봐도 어떤 성격을 가지고 있는지 상당 부분 알 수 있습니다. 예를 들면 'KODEX 종합채권(AA- 이상)'의 경우 우리나라에 발행되어 존재하는 모든 채권 중 AA- 이상 등급만을 모아 만든 채권지수를 벤치마크로 삼는 펀드라는 것을 알 수 있습니다. 또 'TIGER 25-10 회사채(A+ 이상)'는 25년 10월에 만기가 되는 A+ 등급 이상의 회사채들을 모아 만든 지수를 벤치마크로 삼는 만기형 ETF이기에 25년 10월에 만기가 되는 A+ 등급 이상의 회사채를 모두 보유하는 효과와 비슷할 것입니다. 'KODEX53-09 국고채'의 경우 잔존만기가 약 30년 남아 계산되는 듀레이션이 약 19년임을 확인할 수 있습니다. 채권형 펀드의 가장 주요한 특성인 포트폴리오의 듀레이션과 신용등급 수준은 투자설명서를 살펴보면 알 수 있습니다.

| 한국거래소 주요 채권 ETF |

종목명	기초지수	복제 방법	기초 시장	듀레이션
KODEX 53-09 국고채	KAP 53-09 국고채 총수익지수	실물 (액티브)	국내	19.0년 내외 (23.04.28)
KBSTAR 단기국공채액티브	KIS 종합채권국공채 3M~1.5Y지수	실물 (액티브)	국내	0.9년 내외

KODEX 국고채30년	KAP 국고채 30년 총수익지수	실물 (액티브)	국내	19.0년 내외 (22.05.31)
KODEX 국채선물10년 인버스	10년국채선물지수	실물 (패시브)	국내	9년 내외 (추정)
KODEX 국채선물10년	10년국채선물지수	실물 (패시브)	국내	9년 내외 (추정)
KODEX 23-12 은행채(AA+이상)	KAP 23-12 은행채 총수익지수	실물 (액티브)	국내	1.1년 내외 (22.09.30)
ACE 미국30년국채(H)	Bloomberg U.S Treasury 20+ Year Total Return Index	실물 (액티브)	해외	17.5년 내외 (22.12.31)
TIGER 미국채10년선물	S&P 10-Year U.S. Treasury Note Futures(ER)	실물 (패시브)	해외	9년 내외 (추정)
KODEX 종합채권(AA-이상)	KAP 한국종합채권지수	실물 (액티브)	국내	5.2년 내외
KBSTAR 종합채권(A-이상)	KIS 종합채권 지수 (A-이상, 총수익지수)	실물 (액티브)	국내	5.8년 내외
KODEX 24-12 은행채(AA+이상)	KAP 24-12 은행채 총수익지수	실물 (액티브)	국내	1.3~1.4년 내외 (23.06.30)
KOSEF 국고채10년	KIS 10년 국고채 지수(총수익지수)	실물 (패시브)	국내	6.5년 내외
TIGER 25-10 회사채(A+이상)	KIS 회사채 25-10 만기형 지수(총수익지수)	실물 (액티브)	국내	2.0년 내외 (23.8.31)
ARIRANG 국고채30년	KAP 국고채 30년 지수(총수익)	실물 (액티브)	국내	18.1년 내외 (23.08.31)
KODEX 국고채3년	MKF 국고채지수 (총수익)	실물 (패시브)	국내	2.5~3년 내외
TIGER 중장기국채	KIS 국채 3-10년 지수(시장가격지수)	실물 (패시브)	국내	5.1년 내외
KBSTAR 단기종합채권(AA-이상)	KIS 단기종합채권지수 (AA-이상) (총수익지수)	실물 (액티브)	국내	0.7~0.8년 내외
KODEX 장기종합채권(AA-이상)	KAP 한국장기종합채권지 수(AA-이상, 총수익)	실물 (액티브)	국내	9.4년 내외 (23.8.31)

채권형 ETF의 듀레이션,
직접 찾아보기

채권형 ETF의 듀레이션, 어떻게 알 수 있을까요? 듀레이션 찾는 방법을 함께 알아보겠습니다.

채권형 ETF의 주요 특성은 투자설명서를 보면 알 수 있는데요. 투자설명서는 해당 ETF를 운용하는 운용사 사이트에서도 찾을 수 있고, 한국거래소 정보데이터 시스템에서 '[13109] ETF 상세검색' 화면을 이용하면 쉽게 투자설명서 내용을 찾아볼 수 있어요.

1. 한국거래소 정보데이터 시스템에서 듀레이션을 찾는 방법

한국거래소 정보데이터 시스템의 검색창

❶ '종목검색' 옆에 있는 아래 화살표 버튼 → ❷ '화면검색'을 선택 → ❸ '13109'를 검색

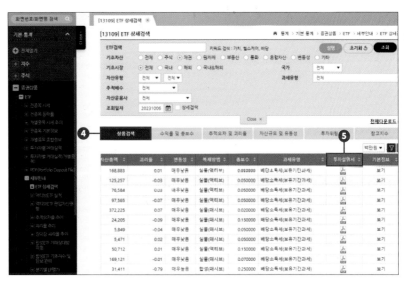

한국거래소 정보데이터 시스템에서 13109 또는 ETF상세검색으로 검색하면 나오는 화면

조회된 '13109' 화면 ❹ '상품검색' 탭의 오른쪽에서 두 번째에 각 상품의 ❺ 투자설명서가 첨부되어 있습니다. 이를 다운로드하여 얼어보면 됩니다.

한편, 운용사마다 투자설명서 양식이 다르기 때문에 듀레이션(가중평균만기)을 표기하는 방법도 다른데요. 투자설명서 내 투자전략 부분에 운용사에서 계산한 듀레이션을 표기해주는 경우도 있지만, '기초지수의 흐름과 비슷하게' 또는 '기초지수의 80~130%'와 같이 애매하게 표시하여 기초지수의 듀레이션을 알아내야 하는 경우도 있습니다.

금융투자협회 채권정보센터의 '시장지표 지수' 화면에서도 일부 확인이 가능하지만, 조회되지 않는 지수들은 지수 산출기관인 한국자산평가(KAP), KIS자산평가 등의 기관 사이트에서 조회가 가능합니다. 조회하는 방법도 함께 알아보겠습니다.

2. 한국자산평가에서 기초지수를 조회하는 방법

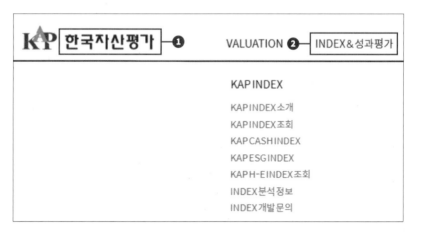

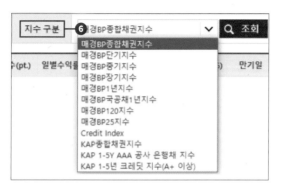

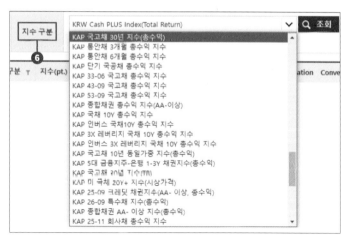

한국자산평가(KAP, www.koreaap.com)에서 기초지수 조회하는 법

❶ 한국자산평가 → ❷ INDEX&성과평가 → ❸ KAP INDEX 조회 → ❹ 채권지수, ETF-ETN 지수 등 → ❺ 일자별 지수 → ❻ 지수 구분

위 순서대로 화면에 들어간 뒤 조회 기간과 지수 구분에서 원하는 지수를 선택하여 지수를 확인할 수 있습니다.

3. KIS자산평가에서 기초지수를 조회하는 방법

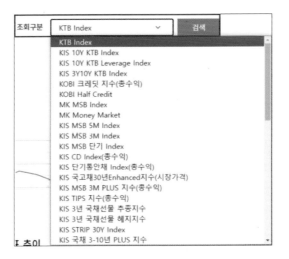

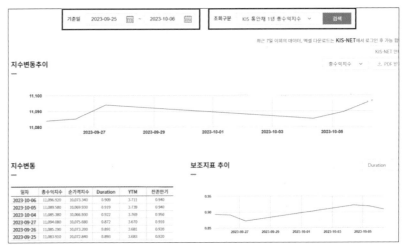

KIS자산평가(www.bond.co.kr)에서 기초지수 조회하는 법

❶ KIS자산평가 → ❷ Beyond Pricing → ❸ Asset Information 실시간 지수 추이

위 순서대로 화면에 들어간 뒤 조회 기간과 지수 구분에서 원하는 지수를 선택하여 지수를 확인할 수 있습니다.

왜 많은 사람이 채권 ETF에 투자할까?

ETF의 장점이 매우 많기 때문이겠죠. 채권 ETF의 장점을 정리해 보았습니다.

① 증권거래세가 없는 등 거래비용이 적다.

② 유동성이 뛰어나 거래소에서 언제든지 적정가격에 사고팔 수 있으며 소액 거래가 가능하다.

③ 운용보수가 일반 채권형 펀드보다 훨씬 싸서 투자 비용이 낮다.

④ 여러 채권 종목들이 분산되어 투자되고 있다(금융투자업 규정상 최소 10종목 이상 편입).

⑤ 매일 보유 포트폴리오를 공개하여 고객들에게 투명한 정보를 전달한다(비공개 ETF도 일부 존재하나 인기 없음).

⑥ ETF(특히 만기매칭형)의 수가 증가하면서 개인투자자가 증권사에서 접할 수 있는 한정된 수의 채권들보다 선택지가 더 다양해지고 있다.

이런 이유로 최근 채권형 ETF 규모는 계속 증가 추세입니다. 이전에는 주로 기관투자자가 채권 ETF를 거래했지만, '다양한 투자'와 '안정적인 투자', '신속한 투자'를 추구하는 개인투자자들의 수요가 채권 ETF 투자로 이동하고 있지요. 하지만 장점이 있다면 단점도 존재하겠죠? 2024년 기준 채권형 ETF는 분배금(배당금) 외에 매매차익에 대해서도 소득세(배당소득세로 분류)를 내야 합니다. 예컨대 어느 채권 ETF를 100만 원어치 투자한 후 1년 동안 분배금을 5만 원 받고 1년 후 110만 원에 팔았다면 총 15만 원의 이익 모두가 배당소득세로 산정되는 것이지요. 이 세금은 모두 금융소득종합과세에 산입되기 때문에 소득이 많은 투자자에게는 상당히 불리할 수 있습니다. 때문에 채권형 ETF는 퇴직연금 DC형(직접 투자형)이나 ISA 등 세금을 절약할 수 있는 계좌 보유자들에게 특히 관심을 받고 있습니다.

국내 채권 ETF 순자산총액은 2009년에는 1조 원에도 미치지 못했습니다. 10년 후인 2019년 5.7조 원으로 점진적으로 상승하다 2020년대 들어서면서 급증하여 2023년 6월 기준 약 20조 원에 이르고 있습니다. 점점 더 많은 채권 ETF 상품이 상장되고 있고 다양한 채권 ETF에 대한 투자자들의 관심도 커지고 있어 앞으로 채권 ETF는 채권시장의 큰 축이 될 것입니다. 하지만 채권 ETF를 잘 알고 투자하기 위해서는 앞에서 설명했던 채권에 대한 기본적인 개념의 이해가 필수적이라는 사실을 잊지 말길 바랍니다.

채권쟁이 서준식의 투자 조언

롤링효과가 우수한 ETF로
기대수익률을 높인다

서준식 교수는 개별주식이나 채권에 대한 투자를 자유여행으로, 반드나 ETF에 대한 투자를 단체여행으로 비유하곤 합니다. 가이드를 따라다니기만 하면 되는 단체여행은 비용도 저렴하고 안전하게 여행지를 적당히 즐기기에는 좋지만 정말 기억에 남는 행복한 여정은 개별적인 자유여행에서 나올 가능성이 높은 것처럼, 정말 만족할 만한 수익률은 개별종목 투자에서 나온다는 것이지요. 단, 단체여행보다 만족스러운 자유여행을 위해서는 여행지에 대한 많은 공부와 준비가 필요한 것처럼 개별종목에 투자할 때에도 투자 대상에 대한 상당한 학습이 전제조건이라고 합니다. 워런 버핏 등 많은 투자 대가가 '나는 잘 알지 못하는 곳에는 절대 투자하지 않는다.'라고 한 것과 같은 맥락입니다.

하지만 대부분의 투자 자산을 개별종목에서 선택하고 있었던 서 교수가 관심을 가진 ETF가 있는데요. 바로 만기형 채권 ETF입니다. 그는 "일반 지수형 채권 ETF에는 채권의 주요 수익효과인 롤링효과가 크게 반영되지 않는다는 큰 약점이 있기 때문에 롤링효과가 우수한 채권 종목을 선호했다."라고 말합니다. 하지만 앞으로는 만기형 ETF 중에서 롤링효과가 우수한 ETF를 찾아 투자할 계획이라고 합니다. 롤링효과가 좋은 만기의 만기형 ETF를 매수 후 롤링효과가 줄어든 구간에서 매도하는 방식으로 추가 수익을 얻겠다는 뜻이지요.

참고로 국내 채권의 경우, 대체로 3년물보다는 2년물이, 5년물보다는 4년물이, 10년물보다는 7~8년물의 롤링효과가 좋아 위험 대비 기대수익률이 높은 경향이 있습니다. 마음에 드는 ETF를 선별하는 일은 훌륭한 가이드가 안내하고 본인의 입맛에 딱 맞는 단체관광 상품을 잘 선택하는 일과 같을 것 같습니다.

| 채권 일드커브에서 롤링효과 구분하는 방법 |

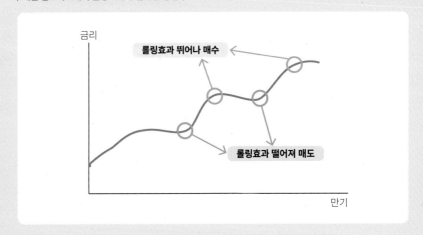

채권 고수와의 인터뷰

1% 더 잘하면 고객에게 그만큼 큰 수익이 돌아간다는 마음으로 운용한다

한수일 채권운용부문상(NH-Amundi자산운용 채권운용부문 CIO/FI Division)

채권업계 경력 1997년~현재

KB은행 자금부 딜러로 채권운용 경력을 시작하여 삼성자산운용 펀드매니저, 메릴린치은행 서울지점 딜러, 메리츠증권 딜러, 매쿼리은행 서울지점 딜러를 거쳐 현재의 NH-Amundi자산운용 펀드매니저와 CIO에 이르기까지, 줄곧 채권 및 이자율 상품을 운용하였다. 그가 채권운용부문을 총괄한 이후 조직은 지속적으로 좋은 성과를 유지하고 수탁고를 키우며 명실상부한 업계 선두그룹으로 올라서게 되었다.

Q. 채권업계로 진출한 계기가 있으실까요?

자산운용을 처음 생각하게 된 것은 대학원 1학기 때였어요. 당시 유학하고 갓 귀국한 교수님께 옵션 등 파생상품 가격결정모델에 대한 지도를 받았습니다. 이전의 경영 관련 재무관리가 아닌 가격결정이론 중심의 금융 관련 재무관리 영역을 제대로 접하고부터 자본시장에서 트레이딩을 하겠다는 꿈을 키우게 된 거지요. 1997년, 첫 직장이었던 KB은행 자금부에서 주가지수옵션 트레이딩을 한 것을 시작으로 지금까지 27년째 채권운용에 전념하게 되었습니다.

Q. NH-Amundi자산운용에 대한 간단한 소개와 함께 회사에서의 역할에 대한 설명 부탁드립니다.

NH-Amundi자산운용은 종합자산운용사로서 전통자산인 주식·채권과 대체투자자산 펀드운용을 주 사업영역으로 삼고 있으며, 한국의 농협과 유럽 최대 운용사인 아문디의 합작사입니다. 총 수탁고는 2023년 9월 15일 기준 53조 원으로 업계 순위 6위이며 그중 채권 자산은 32조 원 정도입니다. 회사는 주식/채권/글로벌/대체자산 4개 부문으로 나뉘어 있습니다. 저는 채권 부문 CIO로서 최종 투자의사결정 및 조직운영을 책임지고 있어요. 채권 부문은 다시 액티브운용본부, 패시브운용본부, 리서치본부의 3개 본부로 구성되어 있고요. 이 본부들은 채권형 수익증권, 투자일임, MMF 및 채권형 ETF 등의 자금을 운용하고 있습니다.

Q. 채권 부문을 급성장시킨 주역으로 채권업계에서 큰 주목을 받고 계시는데요. NH-Amundi자산운용에서의 성과에 대해 말씀해 주시겠어요?

제가 이 회사에 합류한 2015년만 해도 채권 부문의 규모가 10조 원에 불과했습니다. 하지만 이후 32조 원까지 운용자산을 증대시켰습니다. 꾸준하고 안정적인 운용 성과가 1차적인 원동력이었으며, 이를 뒷받침하는 강한 조직의 구축이 있었기에 가능하였다고 생각합니다.

Q. 국내은행, 외국계 은행, 증권사, 자산운용사 등 여러 기관에서 근무하셨는데 각 기관마다 채권운용에는 어떤 차이가 있었나요?

가장 큰 차이는 자금의 성격이 다르다는 것입니다. 저는 운용역이 갖춰야 할 중요한 덕목 중 하나가 자금의 성격을 잘 이해하고 그 성격에 맞게 운용하는 것이라 생각합니다. 자금은 1차적으로 고유계정과 신탁계정으로 나눌 수 있습니다. 국내은행 자금부나 보험사 자금이 대표적인 국내 고유계정 자금이며 자산운용사나 은행·증권의 신탁자금은 신탁계정 자금입니다. 고유계정 자금의 운용 목표는 절대수익 추구이지요. 일정한 목표수익률 달성을 위해 강세장이든 약세장이든 관계없이 플러스 수익을 내야 합니다. 이를 위해 헤지 수단도 능숙하게 구사해야 하며 초단타 트레이딩에 집중하거나, 만기보유계정을 통해 장부가평가 만기보유를 꾀하기도 합니다. 반면 신탁계정은 상대수익을 추구하지요. 금리의 흐름을 지수화해서 벤치마크 지수를 만들고 이를 초과하는 수익률을 목표로 합니다. 즉, 플러스 수익이든 마이너스 수익이든 벤치마크 지수를 초과하는 수익률을 달성하는 것이 목표입니다. 이를 위해 벤치마크 지수를 면밀히 분석·연구하고 이를 초과하기 위해 여러 전략을 통해 유리한 포트폴리오를 지속적으로 구축해 나갑니다.

또한, 국내에 있는 외국계 기관들은 본사의 높은 신용등급과 파생상품 운용 역량을 동원하여 고객들의 자금을 활용한 FICC 비즈니스에 집중합니다. 국내 기관들의 운용과는 다소 다른데요. 요즘은 국내 대형 증권사에서도 FICC 비즈니스를 도입해 활발히 활동합니다.

고유계정·신탁계정, 국내기관·외국계기관, 증권사·운용사 등 회사나 부서에 따라 자금의 성격과 운용 목표는 상당히 달라집니다. 운용역에게 요구되는 자질과 운용 스타일도 다를 수밖에 없습니다. 좋은 운용역이 되기 위해서는 자기가 속한 기관의 자금의 성격과 운용 목표를 분명히 인식해야 합니다. 자기의 성격과 철학이 어떤 자금의 성격에 맞는지를 잘 파악하고 그에 맞는 조직을 선택해야 하고요. 자금의 성격에 맞는 운용 전략과 운용 스타일을 만들어가야 합니다. 제가 지금껏 봐 왔던 대부분의 운용역은 특정한 자금 성격에만 강점을 보였고, 여러 계정의 자금을 모두 잘 운용한 경우는 아주 드물었습니다.

 알아두세요

FICC
채권(Fixed Income), 외환(Currency), 상품(Commodity)과 관련된 현물과 파생상품을 이용한 고객 맞춤형 금융상품을 개발·운용·판매하는 전반적인 업무를 담당합니다.

Q. 하지만 어떤 성격의 운용이라도 공통적으로 필요한 덕목이 있을 것 같은데요?

그렇습니다. 저는 그게 리서치(분석) 능력이라고 생각합니다. 시장의 흐름에 대해 자기만의 매크로 및 크레딧 분석 능력을 갖춰야 합니다. 어느 기관에서 어떤 자금을 운용하든 리서치 능력이 뛰어나지 않으면 절대로 수익을 낼 수 없습니다. 개인적인 차원에서도 물론 리서치 능력을 향상시키기 위한 노력을 해야겠지만, 조직적인 차원에서도 조직의 리서치 능력을 향상시키기 위한 운용프로세스와 평가 시스템을 구축하는 데 전력을 쏟아야 합니다. 개인적으로 리서치 능력 향상을 위해서는 '많이 읽고, 많이 고민하고, 많이 토론하고, 많이 써보고, 많이 주장하는' 과정을 끊임없이 반복하는 것을 권해 드립니다.

Q. 자산운용사의 CIO는 구체적으로 무슨 일을 하는 자리인가요?

첫째, CIO는 무엇보다도 그 하우스의 운용 성과를 최종적으로 책임지는 사람입니다. 이를 위해 제가 꼭 지키는 룰(Rule)이 최종 의사결정과정에 반드시 참여한다는 것입니다. 만약 의사결정에 참여하지 않고 운용역들 성과 평가에만 참여한다면 나는 책임을 안 지겠다는 얘기가 되겠지요. 둘째, CIO는 조직 구성원의 역량을 최대한 끌어올리는 역할을 하는 자리입니다. 이를 위해 항상 저는 통찰력 있는 질문을 던지고자 노력합니다. 수준 높은 리서치는 수준 높은 토론에서 나옵니다. 그리고 수준 높은 토론을 위해서는 수준 높은 질문이 필요한 것이고요.

Q. 우수한 조직을 만들고 유지하기 위해 자산운용사 CIO로서 필요한 덕목은 무엇이라고 생각하시나요? 본인의 노하우를 조금만 알려주신다면요?

첫째, 운용철학이 분명해야 합니다. 예를 들어 NH-Amundi자산운용은 '수익과 위험의 관리자'라는 운용철학을 분명히 하고 있습니다. 이를 풀

어쩌면 고객이 요구한 수익을 달성하기 위해 필요한 위험을 사전에 계산하고, 이 위험만큼은 적극적으로 활용한다는 뜻입니다. 무모한 수익 추구나 맹목적인 위험 회피를 모두 지양한다는 것이지요.

둘째, 앞서 말씀드린 대로 강한 리서치 능력을 보유한 조직을 만드는 것입니다. 각자가 개인적 차원에서 리서치 능력을 계발할 수 있는 환경을 만들어 주고 자극을 줘야 하며 이러한 노력의 결과가 조직의 리서치 능력 제고로 발현될 수 있도록 해야 합니다. 이를 위해 필요한 것이 각자의 리서치 역량이 모여서 실제 운용 프로세스에 연결이 되는 과정이 명확하고 투명해야 하지요. 그래야 그 리서치 역량에 대한 평가와 보상이 가능해지니까요.

Q. 마지막으로 업계 후배들에게 하고 싶은 얘기가 있을까요?

돈과 수익만을 좇는 것은 인생에서 가장 중요한 것이 아니라고 생각합니다. 그럼에도 불구하고 트레이딩을 해서 성과를 내야 한다면, 첫째, 앞에서 계속 강조했던 것처럼 자신의 인생관, 철학, 성격에 맞는 계정의 자금을 운용해야 승률을 높일 수 있지요. 둘째, 감정적인 부분을 최소화하고 스스로를 객관화시켜야 합니다. 이를 위해 승률을 높일 수 있는 나름의 운용 원칙(Discipline)을 구축하고 이를 지킬 수 있게 스스로 의식적인 훈련을 반복해야 하지요.

우리가 속해 있는 평가 시스템에서는 매일매일 성과가 리셋됩니다. 과거의 성과나 전략, 주관적 상황 등에 얽매이지 말고 매일 새롭게 태어난다는 생각으로 시장에 임한다면 보람 있고 즐거운 운용역 인생을 살 수 있을 거라는 말씀을 마지막으로 드리겠습니다.

*본 인터뷰 내용은 NH-Amundi자산운용의 공식적인 의견이 아니며 본인의 사견입니다.

보다 고수익을 추구할 수 있는 기타 채권과 해외채권

이번 마당에서는 일반적인 채권보다 고수익을 추구할 수 있는 확장된 범위의 채권의 종류와 성격, 투자 방법에 대해 알아보겠습니다. 주식과 회사체 성격을 모두 가진 메자닌 증권, 그리고 채권과 외환에 동시 투자하는 효과를 지닌 해외채권이 그것이죠. 메자닌 증권은 크게 두 종류로 나눌 수 있는데요. 첫 번째, 주식과 채권의 성격을 동시에 지닌 주식관련사채. 두 번째, 평소 채권처럼 이자를 지급하면서도 발행자인 회사 입장에서 부채라기보다는 자본의 역할을 해주는 자본성 증권입니다.

| 메자닌 증권의 종류 |

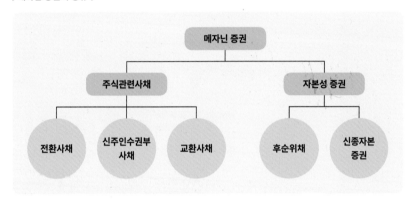

한편 해외의 발행자가 발행한 채권과 국내 발행자가 해외에서(해외 통화로) 발행한 채권을 모두 해외채권으로 분류하고 있습니다. 하지만 이 책에서는 개인투자자 입장에서 보는 '외환으로 발행한 투자 대상 채권'을 모두 해외채권으로 명시하였습니다.

메자닌 증권이나 해외채권 모두 일반적인 국내 채권에 비해 기대수익이 높아 많은 관심을 받지만, 위험도 역시 높아 잘 알아보고 투자해야 합니다. 이번 마당에서는 다양한 메자닌 증권과 해외채권에 대해 설명하고 예시를 통해 어떤 상황에서 어떻게 투자하면 좋을지 상세히 알아보겠습니다.

채권 투자
무작정 따라하기

036

채권과 주식 둘 다 놓치지 않을 거예요, 주식관련사채

알아두세요 ──────

메자닌

메자닌이라는 용어는 건물의 1층과 2층 사이에 존재하는 일종의 라운지를 뜻하는 이탈리아어에서 유래되었습니다. 채권과 주식의 성격을 모두 가지고 있는 투자상품을 일컫는 용어로 쓰이고 있습니다.

주식관련사채란 특정 조건에 따라 채권이 주식으로 전환되거나 주식을 매입할 수 있는 권리가 부여된 채권, 즉 채권과 주식의 성격을 모두 가진 채권입니다. 메자닌 증권 혹은 그냥 메자닌이라고도 하지요. 주식관련 사채로는 전환사채, 교환사채, 신주인수권부사채, 이익참가부사채 등이 있습니다. 일반 채권처럼 유통시장에서 매입할 수도 있지만 개인투자자도 주관사에 증거금을 납부하고 청약을 신청하면 공모발행시장에 직접 참여하여 투자할 수 있습니다. 발행된 주식관련사채늘의 상당수가 한국거래소에 상장되어 장내 유통시장에서 거래되기 때문에 증권사 MTS나 HTS를 통해 매수 또는 매도할 수 있습니다.

주가가 오르면 주식으로 바꿔주는 전환사채

전환사채(CB, Convertible Bond)는 회사채를 주식으로 전환할 수 있는 권리가 투자자에게 부여된 채권입니다. 만기까지 원리금을 지급받을 수 있는 채권의 권리를 보유하고 있다가 투자자가 원하는 경우 정해진 조건에 맞추어 채권을 주식으로 전환할 권리(전환권)를 행사할 수 있습니다. 주가가 상승했을 때에는 주식으로 전환하여 이익을 얻고, 주가가 하락할 경우 채권을 유지하여 원금을 보전할 수 있어 안전성을 중시하는 보수적인 투자자가 선호합니다. 이런 유리한 권리를 가지고 있기에 일반 회사채에 비해 이자가 상당히 낮다는 특징도 있습니다. 발행금리 0%로 아예 이자를 지급하지 않는 전환사채도 많습니다. 전환사채를 발행하려면 일반 채권에는 없는 몇 가지 조건이 추가로 붙는데, 전환가격, 만기상환율, 전환청구기간 같은 조건들입니다.

| 전환사채의 구조 |

전환가격에 대하여

전환가격(또는 전환가액)이란 채권자가 전환청구기간 동안 발행회사의 주식으로 전환할 때 채권으로 지불하는 원가를 말합니다. 예를 들어볼까요? 지혜가 무따기 회사의 전환사채 100만 원어치(액면가 기준)를 보유하고 있다고 가정하겠습니다. 만약 전환가격이 주당 20,000원이라면, 100만 원어치의 채권은 50주의 주식으로 전환될 수 있겠죠('100만 원 ÷ 2만 원'으로 계산). 여기서 주의할 것은 전환할 때 채권의 가치는 항상 '액면금액을 기준으로 한다'는 점입니다. 지혜의 전환사채가 현재 90만 원에 거래되든 120만 원에 거래되든 상관없이 주식으로 전환할 경우에는 채권액면금액 100만 원을 기준으로 하여 전환된다는 것입니다.

전환가격이 중요한 이유는 주가가 전환가격보다 높으면 높을수록 투자자의 수익이 큰 폭으로 증가하기 때문입니다. 위의 예시에서 주가가 일정 금액 이상, 예컨대 30,000원으로 상승한 경우라면 전환권을 행사하여 주식으로 바꾼 후 바로 매도하면 주당 10,000원의 이익을 실현할 수 있겠죠? 50주의 주식이 150만 원이 되므로 투자금 대비 50%의 수익을 얻는 거지요. 만약 주가가 40,000원이 된다면 100%의 수익을 얻게 되겠고요.

그런데 전환가격과 관련해서 주의해야 할 점이 있습니다. 전환가격은 발행 당시의 계약조건에 따라 시간이 경과하며 변할 수도 있다는 겁니다. 무상증자, 유상증자, 주식배당 등 전환가격보다 낮은 가격으로 주식이 추가 발행되어 주식 가치가 희석된 경우, 희석된 가치를 감안하여 전환가격을 조정하게 됩니다. 또 주가가 미리 정해신 수준 이상으로 하락할 경우에도 전환가격을 낮추는 전환가격 조정(Refixing)을 하게 됩니다. 전환가격 조정 조건에 따라 전환사채의 가치는 크게 달라질 수 있으니 투자설명서를 주의 깊게 살펴볼 필요가 있습니다.

이때 주가/전환가격의 비율을 '패리티(전환가 대비 주가)'라고 부르는데요, 패리티가 높을수록 이 전환사채가 높은 수익을 얻을 가능성이 높으며 패리티가 낮을수록 이 전환사채기 높은 수익률을 얻을 가능성이 낮아십니다. 장내시장에서 전환사채의 패리티가 높을수록 높은 가격에, 패리티가 낮을수록 낮은 가격에 거래되는 이유랍니다.

$$패리티(\%) = \frac{주가}{전환가격} \times 100$$

일반 채권과는 조금 다른 전환사채의 이자지급방식

그런데 만약 전환사채를 보유하는 동안 주가가 충분히 오르지 않는다면 이자라도 잘 챙겨야 하겠죠? 그런데 전환사채의 이자 지급 방식은 일반 채권과 조금 다릅니다. 일반 채권의 경우 표면이자율이 곧 발행 당시의 만기수익률이지만, 전환사채는 표면이자율과 발행 당시의 만기수익률이 별도이며 다르게 표기될 수 있습니다. 이때 전환사채의 표면이자율은 만기 전 지급되는 이표 이자만을 뜻하는 경우가 대부분이고, 이표 이자는 통상 연 1회 지급되는 경우가 많습니다. 하지만 만기수익률(YTM) 또는 발행수익률은 '표면이자율+α'로, 만기상환 시 지급되는 원리금의 보장수익률(만기보장수익률, 만기보장율이라고도 함)이라고 보면 됩니다.

그렇다면 표면이자율 1%, 만기수익률 3%로 기재된 5년물 전환사채 발행물에 10,000원 투자하면 이자와 원금이 얼마나 될지 계산해볼까요? 먼저 5년 동안 매년 1%에 해당되는 100원의 이자를 받겠죠. 그리고 만기까지 주식으로 전환하지 않은 경우 만기일에 추가로 연복리 2%의 5년 치에 해당하는 금액을 포함한 원리금 11,041원을 지급받게 됩니다. 이표를 포함한 만기상환율은 복리로 계산되어 따로 고지하고 있습니다. 이 경우 3%의 5년 치 복리에 해당하는 11,593원이 총 원리금이 되므로 원금의 115.93%로 만기상환율이 표기됩니다.

| 전환청구가 없을 경우 표면이자율 1%, 만기상환율 3% 전환사채의 현금흐름표 |

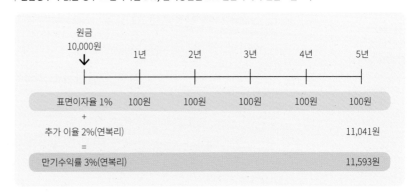

전환사채 예시를 통해 전환사채 투자를 이해해 봅시다

그렇다면 2023년 8월 기준 유통시장에서 실제 거래되고 있는 전환사채의 예를 통해 전환사채 투자에 대해 상세히 알아보겠습니다.

종목명	동아에스티8CB
신용등급	A+
발행일	2021.8.3
발행가액(액면가)	10,000원
전환가격(권리행사가격)	72,359원
표면이자율	0%
발행수익률(YTM)	3개월 복리 연 1%
만기상환율	105.12%
만기일	2026.8.3
전환청구기간	2021.9.3~2026.7.3

※ 주의: 예시로 든 종목은 학습을 위한 것이며 결코 투자 추천을 위한 것이 아닙니다.

예시로 든 '동아에스티8CB'는 전환가격 조정이 있었습니다. 발행 당시 전환가격이 86,800원이었으나 주가 하락으로 인해 전환가격이 72,359 원으로 리픽싱된 것이죠. 표에서 표면이자율과 YTM(만기수익률)이 다르다는 것을 확인할 수 있습니다. 표면이자율 0%, 발행수익률 3개월 복리 연 1%로 발행되었기에 5년간 이자를 한 푼도 못 받다가 5년 후 원금의 105.12%로 계산된 만기상환율로 원리금을 지급받게 될 것입니다. 물론 이 채권을 9,000원에 매수했거나 11,000원에 매수했다면 투자자의 YTM은 크게 달라지겠죠.

| 동아에스티8CB의 현금흐름표 |

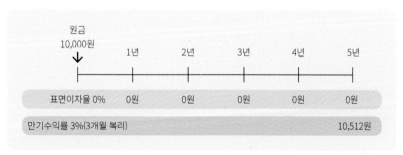

위의 발행조건으로 발행된 동아에스티 전환사채에 진영이가 공모하여

액면금액 1,000만 원을 투자하여 보유하고 있다고 가정해 보겠습니다. 전환사채의 가치를 측정하기 위해 가장 중요하게 보아야 할 것은 전환가격입니다. 이 채권의 전환가격은 현재 주식 1주당 72,359원이기에 진영이가 투자한 1천만 원어치의 채권은 '1천만 원÷72,359원'으로 계산된 주식 138주로 전환될 수 있습니다. 이 전환사채의 경우, 발행일 한 달 후인 2021년 9월 3일 이후부터 만기일 한 달 전인 2026년 7월 3일 이전까지 주식으로 전환가능하다는 조건이 붙어 있습니다. 그 기간 동안 진영이는 주가의 변동에 따라 다음 세 가지 중 하나를 선택할 수 있습니다.

1. 주가가 올라서 채권을 주식으로 전환하는 경우

전환가능 기간 중 주가가 전환가액(72,359원)보다 높아진다면, 예컨대 약 30% 높은 94,100원이 된 경우 138주의 주식으로 전환하여 매도한다면 투자금의 30%인 300만 원의 수익을 얻게 됩니다. 전환가액 대비 주가의 상승률이 곧 투자수익률이 되는 것입니다. 리픽싱 조건과 시장 상황에 따라 전환가격은 다시 변동될 수 있으므로 이에 따른 수익률 상황도 달라질 수 있습니다. 물론 주식으로 전환한 후 매도하지 않고 계속 보유하며 가격등락에 따른 추가 손익을 얻을 수도 있습니다.

2. 주가가 오르지 않아 계속 채권으로 보유하는 경우

만기일까지 주가가 전환가액보다 높아지지 않는 경우에는 주식으로 전환하지 않고 만기까지 채권으로 보유하는 선택을 할 수 있습니다. 이럴 경우 진영은 만기일에 만기상환율 105.12%에 해당하는 1,051.2만 원의 원리금을 수령하게 됩니다.

3. 전환사채를 중도에 매도하는 경우

많은 전환사채들이 한국거래소 장내시장에서 거래되고 있습니다. 채권을 주식으로 전환하거나 만기까지 보유하지 않고 장내시장에서 바로 매도하는 것도 투자 옵션 중 하나입니다. 실제로 2023년 8월 9일 기준 이 채권은 액면가보다 낮은 약 9,950원에 거래되고 있습니다. 발행기업의 주가가 69,000원 수준으로 전환가격보다 낮은 상황이기 때문이지요. 주가 69,000원은 전환가격 72,359원의 95% 수준이므로 패리티가 95%인 것입니다. 주가가 상승하여 패리티가 높아지면 전환사채의 가격도 상승하는 것이 당연한데요, 만약 전환사채의 가격이 11,000원으로 상승하여 진영이 이 채권을 매도하면 10%의 수익을 얻게 됩니다.

| 전환사채의 수익실현 유형 |

| ① 주가 상승 시 주식으로 전환 | ② 주가 미상승 시 채권 보유 유지 | ③ 거래소시장에서 전환사채 매매 |

이렇게 다양한 투자 옵션이 있는 전환사채는 투자자 입장에서만 유리안 것일까요? 회사채를 발행하는 발행자에게도 장점이 있습니다. 주식으로 전환할 수 있는 권리를 주는 대신 일반 회사채에 비해 낮은 금리로 채권을 발행하기 때문에 자금 조달 비용을 줄일 수 있으니까요. 또한, 주가 상승으로 전환사채 보유자들이 채권을 주식으로 전환한다면 부채인 채권은 사라지고 자본인 주식이 증가하므로 재무구조가 개선되기도 합니다. 반대로 단점도 존재합니다. 채권이 주식으로 전환되는 경우 대주주의 지분율이 하락하여 경영권에 악영향을 주고, 전환권이 행사되는 시점마다 증자해야 하기 때문에 업무상으로도 번거롭습니다. 이렇듯 채권과 주식의 특징을 모두 가지고 있는 전환사채가 복잡하고 어렵게 느껴질 수도 있지만, 이해하고 나면 안정성과 수익률을 동시에 추구하는 투자자에게 좋은 투자상품이 될 수 있습니다.

패리티가 낮은 전환사채로 높은 수익을 얻을 수도 있다

패리티(전환가 대비 주가)가 너무 낮아져 주식으로 전환하여 수익을 얻을 가능성이 매우 낮을 경우, 장내시장에서 전환사채가 매우 낮은 가격에서 거래되는 경우가 가끔 있습니다. 채권투자자 입장에서는 매우 좋은 기회입니다. 예를 들어 만기상환율 105.12%인 액면가 10,000원인 '동아에스티8CB' 전환사채의 실망 매물이 증가하여 만기를 1년 앞둔 시점에 9,500원에 매수할 수 있다면, 1년 후 만기상환금 10,512원을 상환받으므로 약 10.7%의 수익률을 얻을 수 있습니다.

| 전환사채와 회사채의 차이 |

구분	전환사채	회사채
표면금리	상대적으로 낮음	상대적으로 높음
재무구조	전환 시 개선(부채 → 자본)	재무부담(부채)
배당 및 이자부담	– 전환 전 : 이자부담 – 전환 후 : 배당부담	이자부담
대주주 지분율	전환 시 하락	변동 없음
총 자금 조달비용	회사채에 비해 낮음	전환사채에 비해 높음

채권(B) + 신주인수권(W) = 신주인수권부사채(BW)

주식관련사채 두 번째는 신주인수권부사채입니다. 신주인수권부사채(BW, Bond with Warrant)는 채권(Bond)과 신주인수권(Warrant, 주식을 미리 정한 가격으로 인수할 수 있는 권리)이 함께 있는 채권입니다. 채권자가 원할 때 미리 정해진 행사가격만큼 회사에 추가로 지불하고 주식을 인수할 수 있는 채권입니다. 신주인수권부사채(BW)는 채권과 신주인수권, 두 증권이 합쳐져 있는 개념이며 발행 후 두 증권이 분리되어 따로 거래될 수도 있다는 점이 전환사채와 가장 큰 차이점입니다. 추가자금을 지불해야 신주를 인수할 수 있다는 점, 신주인수권을 행사해도 채권이 소멸되지 않고 여전히 남아있다는 점도 전환사채와 다릅니다.

투자 측면에서는 전환사채와 마찬가지로 채권의 안정성과 주식의 수익성을 동시에 충족시킬 수 있다는 장점이 있습니다. 예를 들어, 무따기 회사(현재 주가 5,000원)가 발행한 신주인수권부사채 10,000원어치는 이자가 시세보다 매우 낮은 2%이지만 대신, 행사가격이 6,000원인 1주의 신주인수권리를 가지고 있습니다. 투자자는 평소 2%의 이자를 받으며 채권을 보유하다가 주가가 6,000원을 넘으면 적당한 때에 회사에 6,000원을 납입하고 주식 1주를 부여받아 매도하여 추가적인 수익을 얻을 수 있습니다.

신주인수권부사채는 신주인수권을 분리할 수 있느냐 없느냐에 따라 다시 분리형과 비분리형으로 나뉩니다. 분리형은 신주인수권을 따로 분리하여 거래할 수 있습니다. 신주인수권부사채가 최초로 도입될 당시에는 비분리형 신주인수권부사채만 발행이 허용되었으나, 1999년부터는 분리형 신주인수권부사채의 발행도 허용되어 신용도가 낮은 중소기업들이 낮은 금리로 자금을 조달하는 수단이 되고 있습니다. 일반적으로 신주인수권 증권의 권리를 행사한 경우에는 신주인수권은 소멸되나 채권은 남아있어 만기일까지 원리금에 대한 권리를 행사할 수 있습니다. 그런데 분리형은 처음부터 채권과 신주인수권으로 분리하여 따로 매매할 수 있으므로 유통시장에서 신주인수권을 따로 매수한다면 채권자가 아니더라도 기업이 신주인수권을 보유할 수 있습니다. 기업의 주가가 앞으로 상승할 것으로 판단된다면 신주인수권만을 바로 매수하는 것도 방법이겠지요. 전환사채와 마찬가지로 발행회사 측면에서는 회사채 발행보다 자금 조달 비용이 적다는 장점이 있지만, 신주인수권 행사 시 대주주 지분율이 낮아질 수 있다는 단점을 안고 있습니다.

실제 유통시장에서는 신주인수권(W)이 분리된 이후 남은 채권(B)을 여전히 신주인수권부증권 또는 신주인수권부채권이라고 불러서 혼동되기도 하지만 엄연히 구분해서 불러야 합니다. 이 책에서는 용어의 혼선을 방지하기 위해 이 세 증권을 신주인수권부사채(BW), 채권(B), 신주인수권(W)으로 구분하여 부르겠습니다.

| 신주인수권부사채와 전환사채의 차이 |

구분	신주인수권부사채	전환사채
권리 행사	추가 현금으로 신주 인수	사채를 주식으로 전환 (채권 소멸)
권리 행사기간	행사청구기간	전환청구기간
권리 행사 후 사채	채권 존속	채권 소멸
기업재무구조	전환사채에 비해 개선 효과가 작음	신주인수권부사채에 비해 개선 효과가 큼

BW 예시를 통해 BW 투자를 이해해 봅시다

이번에는 2023년 10월 기준 유통시장에서 실제 거래되고 있는 '대유에이피9'을 예시로 BW 투자의 이모저모를 알아보겠습니다. 다음은 대유에이피9 BW의 발행조건들입니다.

종목명	대유에이피9
신용등급	B- (발행 당시 BB등급이었으나 23.09.27 B-로 등급 하락)
분리여부	분리형 신주인수권부사채
발행일	2023.6.5(신주인수증권 2023.6.21)
발행가액(액면가)	10,000원
행사가격	5,070원(2023.9.5 4,304원으로 리픽싱)
신주인수권 이론가치	발행당시 1,168원(20영업일 기준)
표면이자율	2%
발행수익률(YTM)	3개월 복리 연 4%
만기수익률	112.68%
만기일	2026.6.5
전환청구기간	2023.7.5.~2026.5.5

※ 주의: 예시를 든 종목은 학습을 위한 것이며 결코 투자 추천을 위한 것이 아닙니다. 특히 상기 종목처럼 신용등급 B- 수준의 채권은 투자위험도가 매우 높은 채권이므로 투자에 주의가 필요합니다.

알아두세요

신주인수권의 이론가치

블랙-숄즈 모형 등의 금융공학 이론을 통해 산정한 신주인수권(W)의 가치입니다. 주식의 가격 변동성이 심할수록, 증권 잔존만기가 길면 길수록, 행사가에 비해 주가가 높을수록 이론가는 상승합니다. 하지만 실제 신주인수권 시장에서는 이론가 대비 낮은 수준에서 가격이 형성되는 경우가 많습니다. 정확한 가격 산정을 한다고 보기는 어렵지만 대략적인 적정 가격을 가늠할 때 참조할 수 있습니다.

위 표의 발행조건으로 발행된 대유에이피의 BW에 지혜가 공모 투자하여 액면금액 1,000만 원을 보유하고 있다고 가정하겠습니다. 해당 사채는 B(채권)와 W(신주인수권)가 분리되어 거래되는 분리형 BW입니다. 실제이 BW는 발행 후 '대유에이피9' 채권과 '대유에이피9WR' 신주인수권으로 나뉘어 거래되고 있습니다. 분리된 '대유에이피9' 채권은 4% 복리의 금리를 지닌 액면 1,000만 원어치의 채권이 되었지요. 또, 분리된 신주인수권의 행사가격은 1주당 4,304원입니다. 지혜가 투자한 1천만 원어치의 채권에서 분리된 신주인수권에서는 '1천만 원÷4,304원'으로 계산한 수식 2,323주를 주당 4,304원의 내금을 따로 지불하면 살 수 있는 권리를 갖게 됩니다. 지혜는 신주인수권 2,303주를 보유하는 셈입니다. 그렇다면 앞으로 주가의 변동에 따라 지혜가 선택할 수 있는 투자 결정으로는 어떤 것들이 있을까요? 지혜는 투자한 1,000만 원 원금 대비 채권(B)과 신주인수권(W)의 가격이 얼마인지를 주시하게 될 것입니다. 예를 들어, 지혜의 경우 보유하고 있는 채권을 장내에서 900만 원에 팔 수 있고, 따로 보유하게 된 신주인수권을 200만 원에 매도할 수 있다면 총 1,100만 원을 회수하며 1년간 10%의 수익을 얻게 되는 거지요. 그렇다면 2023년 10월 당시 상황을 살펴볼까요?

1. 채권(B)을 중도 매각할지 만기까지 보유할지의 의사결정

| 대유에이피9의 현금흐름표 |

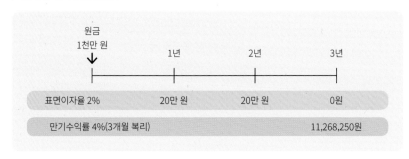

지혜가 채권을 만기까지 보유한다면 위 현금흐름표처럼 연 환산 4%의 만기수익률을 얻을 수 있습니다. 물론 만기까지 회사에 아무런 크레디트 이벤트가 발생하지 않는다는 전제 하에서겠지만요.

알아두세요

크레디트 이벤트

'크레디트 이벤트가 발생한다'는 말은 신용과 관련한 이슈가 발생하는 것을 말합니다.
예시① 코로나19의 여파로 외국인 관광객의 입국이 감소하자 2020년 호텔롯데와 호텔신라의 누적매출액이 전년도의 반 토막이 났으며, 신용등급도 AA에서 AA-로 떨어졌다.
예시② 프로젝트파이낸싱(PF) 부실 우려가 꾸준히 제기되던 태영건설이 2023년 12월 28일 워크아웃(기업개선작업)을 신청하면서 3대 신용평가사는 태영건설의 무보증 회사채 신용등급을 A-에서 CCC로 10단계 내렸다.

[14002] 개별종목 시세 추이   ♠ 통계 › 기본 통계 › 채권 › 종목시세 › 개별종목 시세 추이

시장구분 ○ 국채전문유통시장 ● 일반채권시장 ○ 소액채권시장   조회
종목명 KR6290121D68/대유에이피9
조회기간 20221006 ~ 20231006 | 1일 1개월 6개월 1년

Close ×

2024.01.04 PM 07:53:00 (20분 지연 정보)   천원 ▼

일자	종가			시가		고가		저가	
	가격	대비	수익률	가격	수익률	가격	수익률	가격	수익률
2023/10/06	6,500.0 ▼	380.0	21.491	6,500.0	21.491	7,100.0	17.903	6,500.0	21.49
2023/10/05	6,880.0 ▼	20.0	19.157	7,169.0	17.493	7,700.0	14.623	6,700.5	20.23
2023/10/04	6,900.0	-	19.019	6,051.0	24.374	7,000.0	18.437	6,051.0	24.37
2023/09/27	-		-	-	-	-		-	
2023/09/26	5,050.0 ▼	1,981.0	31.612	6,003.0	24.490	6,004.0	24.483	4,951.0	32.43
2023/09/25	7,031.0 ▼	1,369.0	18.084	8,200.0	11.987	8,400.0	11.042	7,000.0	18.26
2023/09/22	8,400.0 ▼	40.0	11.007	8,350.0	11.240	8,439.0	10.826	8,200.0	11.94
2023/09/21	8,440.0 ▼	20.0	10.810	8,350.0	11.228	8,450.0	10.764	8,350.0	11.22
2023/09/20	8,420.0 ▲	50.0	10.891	8,350.0	11.216	8,420.0	10.891	8,350.0	11.21
2023/09/19	8,370.0 ▲	10.0	11.112	8,300.0	11.439	8,490.0	10.557	8,300.0	11.43
2023/09/18	8,360.0 ▲	30.0	11.146	8,498.5	10.508	8,498.5	10.508	8,350.0	11.19
2023/09/15	8,330.0 ▲	29.0	11.251	8,300.0	11.391	8,398.5	10.933	8,300.0	11.39

출처 : 한국거래소 정보데이터시스템

앞의 그림처럼 '대유에이피9' 채권은 2023년 10월 기준 액면가보다 상당히 낮은 6,500원 수준에 가격이 형성되고 있습니다. 만약 지혜가 보유하고 있는 채권을 매도한다면 650만 원을 회수할 수 있는데요. 채권에서는 350만 원의 손실이 불가피하다는 얘기지요.

한편, 화면에 계산되어 표시된 것처럼 6,500원이라는 가격의 만기수익률은 21.5%에 이릅니다. 현시점에서 준식이 채권을 6,500원에 매수한다면 만기까지 21.5%의 연환산수익률을 얻을 수 있다는 것입니다. 상당히 높은 만기수익률이지요? 이 회사의 신용등급이 최근 BB 등급에서 B- 등급으로, 투기등급 중에서도 상당히 불안한 등급으로 하향 조정되었기 때문입니다. 화면을 살펴보면 채권 가격이 8,000원대에서 급락한 것을 알 수 있습니다.

2. 신주인수권(W)을 중도 매각할지 계속 보유할지의 의사결정

[12018] 신주인수권증권 시세

종목코드	종목명	종가	대비	등락률	시가	고가	저가	거래량	거래대금	시가총액
2552221D	SG 17WR	218 ▼	16	-6.84	248	248	199	131,015	28,038,703	2,426,925,
00532219	국동 9WR	289 ▲	34	+13.33	245	297	243	1,147	324,789	1,388,793,
2901221D	대유에이피 9WR	457 ▼	25	-5.19	478	496	423	131,974	61,432,692	1,800,771,
0003021C	대유플러스 12WR	2	0	0.00	2	2	1	3,322,684	4,553,811	46,021,
0003021D	대유플러스 14WR	3 ▼	2	-40.00	4	4	3	604,017	2,305,406	83,410,
01957229	리더스 기술투자 9WR	61 ▼	3	-4.69	61	66	59	131,889	8,059,305	1,056.2/9,

출처 : 한국거래소 정보데이터시스템

위 화면에서 2023년 10월 기준 거래되고 있는 '대유에이피9WR' 신주인수권의 가격은 457원에 불과합니다. 지혜가 보유 중인 신주인수권(W)을 이 가격에 매도하게 되면 457원×2,323주=1,061,611원의 자금을 회수할 수 있지요. 만약 지혜가 보유 중인 채권과 신주인수권을 모두 매각하고 투자금을 청산한다면 '채권 매각금 6,500,000원 + 신주인수권 매각금 1,061,611원 = 7,561,611원'을 회수할 수 있는데요, 투자한 지 4개월도 지나지 않아 2,438,389원의 손실을 보는 셈입니다.

신주인수권의 투자 의사결정에서 가장 중요한 요인은 주가와 행사가격의 관계라고 할 수 있어요. 2023년 10월 기준 행사가격은 최초의 5,070원에서 4,304원으로 리픽싱되었고 주가는 4,420원입니다. 행사가격보다 주가가 약간 높아 나쁘지 않은 상황이지만 신주인수권을 457원에 매수하는 신규투자자의 입장에서는 만기일까지 4,761원(4,304원+457원) 이상에서 주식 전환 후 매도할 수 있어야 수익이 발생하기 때문에 신중한 판단이 필요합니다. 만약 준식이 457원에 신주인수권 1주를 매수했는데 1년 후 주가가 7,000원이 되었다면, 준식은 4,304원을 지불하고 주식 1주를 받은 후 매각하여 2,239원의 수익을 거둘 수 있습니다(=주식 매도가 7,000원-주식 행사가격 4,304원-신주인수권 매수가격 475원). 한편, 지혜가 미리 신주인수권(W)을 매도하지 않고 주가 7,000원까지 기다렸다가 주식으로 행사 후 매도했다면, 주식 매도가 7,000원에서 주식 행사가격 4,304원을 제한 주당 2,696원의 차익이 발생하여 2,696원×2,323주 = 6,262,808원의 수익을 얻게 됩니다.

지금까지 신주인수권부사채 투자에 대한 사례를 살펴보면서 신주인수권부사채 투자 시 회사의 신용도에 주의하지 않으면 자칫 큰 손실을 볼 수 있다는 점도 확인하였습니다. 투기등급 채권에 투자한다면 신중에 신중을 가해야 합니다. 투자 결정을 하기 전에 반드시 신용평가사의 신용분석보고서, DART에서 조회되는 영업보고서와 재무제표 등을 면밀히 분석할 필요가 있습니다. 그러나 개인투자자가 수많은 채권을 모두 분석하여 적합하고 안전한 것을 추려내기는 어렵습니다. 모라토리엄 등 실제 문제가 발생했을 때 개인투자자의 위기 대응력도 전문가에 비해 현저히 떨어진다는 사실도 명심해야 할 것입니다.

 알아두세요

모라토리엄(Moratorium)

일정 기간 채무의 이행을 연기 또는 유예하는 일을 말하며, 비상시에 채무자를 위하여 일시적으로 안정을 도모하기 위한 응급조치로서 발동됩니다. 모라토리엄을 선언하면 채권자들에게 채무 상환을 연기받거나, 부채를 탕감하는 협상에 나설 수도 있으나 신용 하락으로 인한 충격이 훨씬 크고 경제적 혼란을 겪게 됩니다. 한국은 1997년 외환위기 때 3개월 채무상환을 유예한 적이 있으며, 2010년 7월 12일에는 지방자치단체인 경기도 성남시에서 지급 유예를 선언하였습니다. 전 세계에서 1회 이상 모라토리엄을 선언한 국가로는 프랑스, 독일, 페루, 브라질, 멕시코, 아르헨티나, 러시아, 일본, 미국 등입니다.

상식으로 알아두는 교환사채(EB)

교환사채는 실제로 발행되는 경우가 거의 없어 시장에서 만나기 어렵습니다. 하지만 교환사채가 무엇인지는 알아두면 좋겠죠.

교환사채란 투자자에게 발행조건에 명시된 조건(교환조건)으로 채권 발행자가 보유하고 있는 유가증권(자기 주식 또는 타 회사 주식)으로 교환할 수 있는 권리가 부여된 채권을 말합니다. 발행 시 자본의 변동이 발생할 가능성이 있는 전환사채, 신주인수권부사채와 달리 교환사채는 채권이 발행회사가 보유 중인 유가증권으로 교환되기 때문에 자본의 변동이 없다는 점이 큰 특징입니다. 즉, 발행회사 입장에서는 부채(채권)의 감소와 자산(보유 중인 유가증권)의 감소가 동시에 이루어지는 것입니다.

예전에는 상장회사만 교환사채를 발행할 수 있다고 해석되었으나, 2012년 상법 개정 시 교환사채에 관한 내용이 명시되어 비상장법인도 비상장증권을 대상으로 교환사채를 발행할 수 있게 되었습니다. 단, 교환사채 발행 전 이사회 의결을 받아야 하며 교환 대상이 되는 유기증권을 한국예탁결제원에 예탁해야 합니다. 이 점은 유가증권의 유동화에 영향을 주기 때문에 발행자의 입장에서는 단점이기도 하지요.

여섯째마당 | 보다 고수익을 추구할 수 있는 기타 채권과 해외채권

주식관련사채 투자 시 유의할 점

주식관련사채 투자에 대해 충분히 이해하셨나요? 이런 채권에 투자할 경우에는 발행회사의 주가 전망도 반드시 살펴봐야 합니다. 주가가 예상보다 오르지 않아 전환하거나 행사할 수 없다면 채권만으로는 일반 회사채보다 낮은 이자만 받게 되기 때문이죠. 그러나 주가가 많이 상승할 경우에는 권리를 행사해 높은 수익을 얻을 수 있습니다. 또한, 주가가 하락해도 회사가 부도나지 않는 한 원리금이 보장된다는 점도 상당한 장점입니다. 장내시장에서 소액으로도 활발히 거래되는 경우가 많아 일반 채권에 비해 유동성이 더욱 좋다는 장점도 있습니다.

하지만 주식관련사채에도 장점만 있는 것은 아닙니다. 주가가 올라 주식관련사채 보유자들이 전환청구나 신주인수청구를 하게 되면 발행주수가 늘어나 주식의 가치가 희석되고 주식시장에 매물이 증가하여 주가 하락의 원인이 될 수도 있습니다. 또한 투자자 입장에서 유리한 채권을 기업들이 무작정 발행해 주지는 않겠지요? 회사 상황이 좋고 신용도가 높은 우량기업들이 주식관련사채를 발행하는 경우는 거의 없습니다. 기업의 자금 사정이 좋지 않을 때, 또는 주가가 이미 많이 올랐다고 기업 스스로가 판단했을 때 자금 조달 비용을 최소화하기 위해 주식관련사채를 발행하는 경우가 많습니다.

그러니 꼼꼼히 잘 살펴보고 투자해야겠지요? 가치투자의 선구자인 벤저민 그레이엄은 "우량 기업이 투자자에게 유리한 전환증권을 발행할 이유가 없다"라며 주식관련사채의 허구성을 주장한 바 있습니다. 또한, 대주주가 이익을 얻기 위해 전환사채 발행으로 소액주주에게 피해를 주는 사례도 있으니 투자자들은 주의해야 할 필요가 있습니다.

수익이 커지는 만큼 책임도 커지는 자본성 증권

채권 투자 무작정 따라하기

037

 알아두세요

채무 변제 우선순위

1. 선순위채
2. 후순위채
3. 신종자본증권
4. 우선주
5. 보통주

이자를 꼬박꼬박 지급받는 채권의 성격을 가지면서도 발행회사가 청산할 경우 채무변제 우선순위에서 배제되기 때문에 금융감독 당국이 주식과 함께 발행사의 자기자본으로 인정해주는 증권을 자본성 증권이라고 합니다. 자본성 증권에 속하는 채권은 후순위채와 신종자본증권이 대표적입니다. 자본성 증권은 일반 채권(자본성 증권과 구분하여 선순위채라고도 부름)이나 예금에 비해 높은 이자를 받지만 만약의 사태가 발생한다면 매우 높은 위험을 감수해야 하는 채무증권입니다. 자본성 증권이 발행된다면 발행사의 선순위채는 보다 안전해지겠죠? 발행회사가 부도 혹은 파산할 경우 이 회사가 발행한 자본성 증권이 많으면 많을수록 청산금을 상환받을 수 있는 일반 채권을 보유한 투자자가 더 안전하기 때문입니다. 예를 들어 자기자본이 100억 원, 채권 발행을 통한 부채가 100억 원인 어느 회사가 파산하여 이 회사가 보유한 자산들을 청산·정리해 보니 고작 110억 원의 자금만 남게 되었다고 가정하겠습니다. 이런 경우, 일반 채권 투자자들은 자신들이 빌려준 100억 원을 먼저 변제받을 권리가 있습니다. 하지만 자본성 증권에 투자한 투자자들은 나머지 10억 원을 조건에 따라 서로 나누어 가지며 큰 손실을 감수해야 하지요. 이런 일이 생길 수도 있기 때문에 자본성 증권에 투자할 때에는 발행자의 신용도나 손익 상황을 크게 신경 써야 합니다.

후순위채, 일반 채권보다 뒤, 신종자본증권보다는 앞

후순위채는 평소에는 확정금리를 지급하는 등 일반 채권의 성격과 유사하지만 채권 발행기관이 부도나 파산한 경우, 일반 채권이나 예금자들에 대한 부채가 모두 청산된 뒤 상환받을 수 있는 채권입니다. 자본의 안정성을 위해 은행 등 금융회사에서 많이 발행하지요. 만약 은행이 파산했다면 후순위채에 투자한 투자사는 은행이 예금과 선순위채 등 다른 빚을 모두 갚은 뒤에야 투자금을 돌려받을 수 있습니다. 하지만 신종자본증권이나 주식보다는 변제순위가 앞서지요. 이런 이유로 후순위채에 대한 신용등급은 선순위채보다 한 등급 떨어지는 경우가 일반적입니다. 보통 시중은행의 신용등급이 AAA 등급이라면 시중은행 후순위채의 신용등급은 AA+로 평가되고 있습니다. 이처럼 다른 채권보다 상환 순위가 낮아 원금 손실을 볼 가능성이 있으나, 일반 채권보다 금리가 높아 고금리에 매력을 느껴 투자하는 투자자도 많습니다. 한편 후순위채권 중에서도 만기가 5년 이상 되는 채권은 국제결제은행(BIS) 기준 100% 자기자본으로 인정되기 때문에, 기업들과 금융회사들이 국제결제은행 자기자본비율을 높이는 수단으로 5년 이상 만기의 후순위채를 발행하기도 합니다.

📝 알아두세요 ——————

국제결제은행(BIS, Bank for International Settlements)

국제금융 안정과 각국 중앙은행의 관계 조율하는 목적으로 1930년에 설립된 국제협력기구이며 58개국이 가입되어 있습니다. 중앙은행 간의 통화결제나 예금을 받아들이는 등의 업무를 하고 있습니다.

신종자본증권, 채권처럼 이자를 받는 자본

신종자본증권은 주식처럼 만기가 없거나 매우 길면서 채권처럼 매년 일정한 이자를 주는 금융상품을 말합니다. 일반 채권이나 후순위채보다 높은 금리의 이자를 지급받지만 '해당 회사의 주주에게 배당을 지급하지 못할 경우, 이자 지급을 하지 않을 수 있다'라는 계약 조건에 따라 이자 지급 여부가 변동될 수 있습니다. 통상 만기가 30년 이상으로 정해져 있으나 발행회사의 선택에 따라 만기를 연장할 수 있어 영구채라고 부르기도 하며, 주식과 채권의 중간 성격의 증권이라 하이브리드(Hybrid) 증권이라고 부르기도 합니다. 일반적으로 우선주나 보통주보다는 변제 순위가 우선하지만 후순위채보다는 나중 순위입니다.

원칙적으로는 신종자본증권은 만기가 없어 발행사 입장에서는 상환 부담이 크게 없습니다. 만기 20~30년 이상의 장기채는 시장에서 거의 거래되지 않기 때문에 대부분 발행 5년 후에 콜옵션을 행사하여 투자자들에게 자금을 돌려주고 다시 신종자본증권을 발행하는 방식을 사용합니다. 만기가 없거나 길기 때문에 국제결제은행 기준 자기자본비율 산정 시 자본확충 효과가 더 큰 기본자본으로 인정받을 수 있어 은행들이 BIS 비율을 높이기 위한 수단으로 많이 발행합니다. 한편 신종자본증권에 대한 신용등급은 선순위채보다 두 등급, 후순위채보다는 한 등급 떨어지는 경우가 일반적입니다.

| 자본성 증권의 특징과 차이 |

구분	후순위채권	신종자본증권
자본유형	보완자본	기타 자기자본
변제순위	예금 및 선순위채권 대비 후순위 신종자본증권, 주식보다 선순위	후순위채보다 후순위 우선주 및 보통주보다 선순위
만기	5년 이상	영구채
이자지급	의무	요건 충족시 미지급 가능
투자자 회계처리	채권(채무증권)	주식(지분증권)

조건부 자본증권, 코코본드

한편, 특정한 사유 발생 시 강제로 주식으로 전환되거나 상각되는 회사채로서 평소에는 채권(금융기관의 입장에선 부채)으로 분류되어 자기자본에

포함되지 않지만 유사시에는 주식으로 변하는 자본성 증권을 코코본드
(CoCo Bond, Contingent Convertible Bond)라고 합니다. 조건부 자본증권이라
고도 하지요. 각종 감독기관이나 평가기관에선 보완적 자기자본으로 인
정해 줍니다. 참고로 전환사채는 투자자가 주식 전환 여부를 선택하지
만, 코코본드는 발행자가 강제로 주식 전환을 실행할 수 있다는 아주 큰
차이가 있습니다.

신종자본증권과 함께 금융지주회사, 은행 등 금융기관에서 많이 발행하
며 투자자 입장에서는 신종자본증권과 거의 같은 성격으로 인지되고 있
습니다. 만약 코코본드를 발행한 은행의 자기자본비율이 일정 수준 이
하로 떨어져 경영개선명령을 받거나 부실금융기관으로 분류되는 등 경
영이 악화되는 특정 사유가 발생하면 파산 전이더라도 원리금이 주식으
로 자동 전환되거나 소멸될 수 있다는 강제조항이 있습니다.

| 신종자본증권 또는 코코본드 투자 시 유의사항 |

만기
- 만기가 없거나 30년(연장 가능)으로 발행
- 중도상환 권리는 투자자가 아닌 발행회사에 있음
- 콜옵션부 채권투자자는 중도상환을 요구할 수 없음

원금 상각 위험
- 발행한 금융기관이 부실금융기관으로 지정되면 원금 상각될 수 있음

이자
- 발행사가 부실금융기관으로 지정되면 이자 지급을 정지하거나 제한할 수 있음
- 사유가 해소될 때까지 이자를 지급받지 못하고, 과거에 받지 못한 이자는 향후에도 지급하지 않음

채무변제순위
- 조건부자본증권은 특약에 의해 후순위 또는 후후순위라는 불리한 조건이 포함된 후후순위 조건은 파산, 정산, 회생, 외국에서의 도산 등의 경우에 모든 후순위 채권보다 변제가 후순위라는 의미

실제 발행된 자본성 증권 예시를 살펴볼까요?

Credit Opinion

(주)우리은행

평가일: 2023.03.31

김경률 책임연구원   정문영 실장

KR
KOREA RATINGS

유효등급

무보증사채	AAA(S)
후순위사채	AA+(S)
신종자본증권	AA(S)
CoCo(후)	AA(S)
CoCo(신종)	AA (B)
ICR	AAA(S)

평가 개요

평가대상		종류	직전등급	현재등급
ICR		본		AAA(안정적)
무보증사채	27-04 외	본		AAA(안정적)
무보증사채	우리은행21 06 이표 07-딥-16 외	정기	AAA(안정적)	AAA(안정적)
후순위사채	우리은행17-10-이표 (후)10-갑-11 외	정기	AA+(안정적)	AA+(안정적)
신종자본증권	17화-11-이표 (신종)30-갑-13 외	정기	AA(안정적)	AA(안정적)
CoCo(후)	22화-5-이표 (후순위)15-갑-29 외	정기	AA(안정적)	AA(안정적)
CoCo(신종)	26회-09-이표(신종) 영구7-갑-21 외	정기	AA-(안정적)	AA-(안정적)

등급 추이

(무보증사채)

출처 : 한국거래소 정보데이터시스템

실제로 발행된 자본성 증권의 예시를 통해 채권과 비교해 보셨습니다. 앞서 일반 채권과 자본성 증권의 신용등급이 다르다고 말씀드렸는데요. 위의 그림에서 우리은행의 기업평가보고서를 보면 일반 채권은 AAA, 후순위채는 AA+, 신종자본증권은 AA입니다. 같은 기업에서 발행한 채권임에도 변제순위가 다르므로 신용등급에도 차이가 있는 것입니다.

| 일반 채권과 후순위채, 신종자본증권의 만기와 금리 |

구분	종목명	발행일	만기일	만기	표면금리
일반 사채	우리은행 17-10 이2갑-24	2013.10.24	2015.10.24	2년	2.85
후순위채	우리은행 17-10 이10갑-11(후)	2013.10.11	2023.10.11	10년	3.89
신종자본증권	우리은행 17-11 이(신종)30갑-13(콜/후)	2013.11.13	2043.11.13	30년	5.68

비슷한 시기에 발행된 채권들과 비교해 보면 만기에 따라 금리에도 차이가 있다는 것을 알 수 있습니다. 먼저 만기를 비교해 보죠. 우리은행 일반 채권의 만기는 대부분 1.5년에서 3년 사이이지만, 후순위채는 10년이고 신종자본증권은 30년입니다. 일반 채권에 비해 자본성 증권의 만기가 상당히 길다는 것을 알 수 있습니다.

| 발행 당시 기준금리, 국고채 금리 |

구분	기준금리	국고채 1년	국고채 3년	국고채 5년	국고채 10년	국고채 30년
금리 (2013년 10월 기준)	2.50	2.66	2.83	3.08	3.44	3.76

금리를 비교해 볼까요? 2년 만기 일반 채권은 2.85%이지만, 10년 만기 후순위채는 3.89%, 30년 만기 신종자본증권은 5.68%입니다. 일반 채권과 자본성 증권의 금리차가 꽤 크다는 것을 알 수 있습니다. 발행 당시 기준금리, 국고채 금리와 비교하면 그 차이가 상당히 크다는 것을 바로 알 수 있습니다. 앞에서 예를 든 우리은행 신종자본증권 30년물의 금리(5.68%)는 국고채 30년물의 금리(3.76%)보다 거의 2% 높은 수준에서 형성되고 있습니다.

위험과 수익이 공존하는 해외채권투자

지금까지 국내에서 발행한 채권과 채권시장에 대해 알아보았습니다. 이제 투자대상으로서의 채권의 범위를 해외로 넓혀보고자 합니다. 해외채권은 말 그대로 다른 국가의 정부나 기업이 발행한 채권을 말합니다. 우리가 국내주식에만 투자하는 것이 아니라 미국이나 중국 등 다른 국가의 주식에도 투자하듯 채권도 마찬가지입니다.

투자자 입장에서의 해외채권과 발행자의 입장에서 얘기하는 해외채권은 다릅니다. 예를 들어 브라질 국채는 브라질 입장에선 국내채권이지만 우리나라 투자자에겐 해외채권이 되는 것입니다. 발행자 입장에서의 국내채권, 해외채권 분류도 투자자의 입장과는 다릅니다. 대한민국 정부가 해외에서 달러화로 채권을 발행한 경우를 해외채권으로 분류하는 식입니다. 이 책에서는 투자자의 입장에서 보는 해외채권을 기준으로 설명하고 있으니 헷갈리지 마세요.

환율 등락에 따른 위험이 있더라도 해외채권투자를 해야 하는 이유

해외채권에 투자하기 위해서는 원화를 외화로 환전한 후 매수해야 하므로 환율의 등락에 따른 위험이 추가됩니다. 하지만 해외로 눈을 돌리면 국내보다 다양한 채권들이 훨씬 많고, 그중에서 기대수익률이 높은 채권도 선택할 수 있습니다. 결국 해외채권에 투자하기 위해선 상당한 수준의 위험과 수익을 동시에 감당해야 하죠. 이처럼 상당한 위험을 감수해야 함에도 불구하고 해외채권에 투자해야 하는 이유는 무엇일까요?

보유자산의 위험을 분산한다

평소 투자자는 많은 위험을 접하고 감당하며 투자를 진행합니다. 그런데 우리나라 투자자에게 가장 큰 위험 중 하나는 너무 많은 자산이 원화자산에 집중되어 있다는 것입니다. 그럴 가능성은 매우 낮지만, 우리나라 경제가 어려워져 심각한 원화 약세 상황이 온다면 이는 투자자들뿐만 아니라 국민 전체에게 큰 위험이 됩니다. 이럴 때를 대비해 주식이든 채권이든 해외자산에 투자자산의 일부 또는 상당 부분을 투자해야 하죠. 해외투자를 해야 하는 가장 큰 이유는 자산배분 다변화를 통한 위험 축소에 있습니다. 최근 서학개미 열풍처럼 해외주식에 투자하는 비중이 점차 늘어나는 긍정적인 모습을 보이고 있기도 합니다.

달러 예금이나 미국 국채는 대표적인 안전자산입니다. 따라서 불황이나 금융위기를 대비한 자산으로 요긴합니다. 전 세계적인 경제불황이나 위기가 닥치면 달러의 강세가 두드러지고 달러채권들의 금리 수준이 하락하는 경향이 높아지기 때문입니다. 이런 상황을 대비해 자산가들은 달러화로 된 자산, 특히 달러채권에 투자하고 있습니다. 다음 페이지의 그래프에서 볼 수 있듯이 과거 금융위기가 발발했을 때나 코로나 위기로 세계 정국이 불안할 때 국내 주가는 폭락하고 달러화는 강세를 보였습니다. 때문에 국내주식 비중이 높은 가치투자자들은 경제위기 등으로 주가가 폭락할 때 가격이 크게 상승한 달러채권이나 예금을 현금화한 뒤 저렴해진 주식들을 매수하는 전략을 많이 사용합니다.

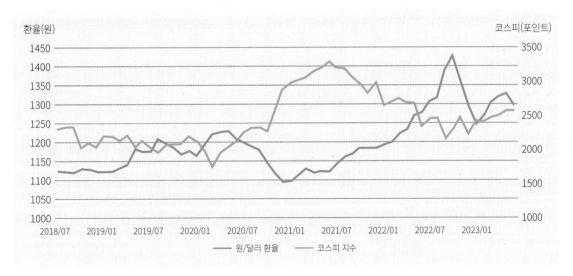

투자 대상이 다양해지면 기대수익률도 높아진다

| 3개국의 만기별 국채수익률 |

구분	1년	2년	3년	5년	10년	20년	30년
한국	3.5	3.7	3.6	3.7	3.7	3.7	3.7
미국	5.4	4.9	4.5	4.2	4.0	4.2	4.0
브라질	11.5	9.9	10.3	10.7	10.9	–	–

위의 표에서 보듯이 2023년 7월 30일 기준 대한민국 국채는 1년물에서
30년물에 이르기까지 4% 이상의 금리는 없는 상황입니다. 반면 미국 국
채의 경우, 1년물은 5% 중반대, 3년물은 4% 중반대의 금리에 투자할 수
있는 여건입니다. 브라질 국채의 금리는 어떨까요? 2022년과 2023년
상반기에 금리 수준이 많이 하락했지만, 여전히 대부분 10% 이상의 금
리에서 투자 가능합니다. 이처럼 투자 대상의 선택지를 넓히면 국내채
권보다 높은 기대수익률의 채권을 많이 찾을 수 있습니다. 다른 나라들
의 사정은 어떨까요? 몇 개 국가의 채권 수익률을 조회해 보았습니다.

│ 해외채권의 금리 현황(2023년 1월 4일 기준) │

종목 ⇕	채권수익률
뉴질랜드 1개월	5.620
뉴질랜드 2개월	5.650
뉴질랜드 3개월	5.670
뉴질랜드 4개월	5.640
뉴질랜드 5개월	5.620
뉴질랜드 6개월	5.590
뉴질랜드 1년	5.083
뉴질랜드 2년	4.585
뉴질랜드 5년	4.331
뉴질랜드 7년	4.398
뉴질랜드 10년	4.595
뉴질랜드 15년	4.771
뉴질랜드 20년	4.864

종목 ⇕	채권수익률
인도네시아 1개월 ▲	6.576
인도네시아 3개월	6.538
인도네시아 6개월	6.570
인도네시아 1년	6.592
인도네시아 3년	6.437
인도네시아 5년	6.655
인도네시아 10년	6.718
인도네시아 15년	6.773
인도네시아 20년	6.930
인도네시아 25년	7.023
인도네시아 30년	6.990

종목 ⇕	채권수익률
터키 3개월	36.370
터키 6개월	38.264
터키 9개월	36.750
터키 2년	41.115
터키 3년	33.440
터키 5년	27.640
터키 10년	26.805

출처: 인베스팅닷컴

만기에 따라, 금리에 따라 투자자의 다양한 욕구를 충족시켜 주는 많은 채권을 찾아볼 수 있네요.

뉴질랜드 남섬에서 한 달 살기를 해보고 싶은 진영은 뉴질랜드 1~2년 국채에 소액 투자하면 어떨까 하는 생각이 들었고, 은퇴 후 발리에서 살고 싶은 지혜는 6.99%의 복리수익률을 제공하는 인도네시아 30년물 채권에 투자하고 싶은 마음이 생겼습니다. 현재는 튀르키예의 정세가 불안하지만 환율이 너무 싸서 더 이상 떨어지지 않을 것이며 경제도 회복될 것이라고 전망하는 준식은 엄청나게 높은 이자를 주는 튀르키예 국채 5년이나 10년물을 매수하고 싶어졌습니다. 이처럼 해외채권까지 투자 대상으로 삼는다면 매우 다양한 선택지 중에서 효용을 극대화할 수 있는 투자가 가능해집니다.

이 책에서는 세계 최고의 안전자산으로 인정되는 미국 국채와 금리 수준이 높고 이자소득세가 부과되지 않아 국내에서 인기가 좋은 브라질 채권을 중심으로 설명하겠습니다. 상반된 성격의 두 나라의 채권의 특징과 투자 방법에 대해 공부하면 전 세계 모든 나라의 채권투자에 대한 안목도 키울 수 있기 때문입니다.

전 세계 해외채권 금리, 어디서 조회할 수 있나요?

해외채권 금리를 알아보기 위해 가장 많이 사용하는 사이트는 www.
investing.com(한국어 버전으로 보려면 kr.investing.com)입니다.
인베스팅닷컴은 채권 외에도 주식, 원자재, 환율 등의 다양한 자산의 정
보를 제공하고 있어 누구나 쉽게 필요한 정보를 확인할 수 있습니다.
미국국채 수익률을 조회하는 방법을 알아보겠습니다. 상단 탭에서 '시
장'을 선택하고 채권, 세계 국채 순서로 선택합니다. 조회된 화면에서 국
가 목록을 미국으로 선택한 뒤 다시 검색하면 다음과 같은 화면을 볼 수
있습니다.

영문 사이트

국문 사이트

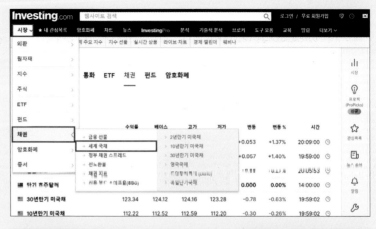

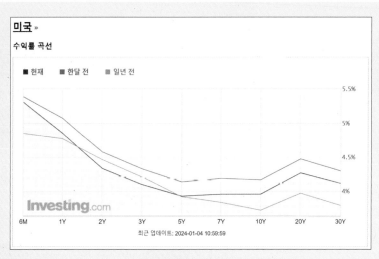

종목 ⇕	채권수익률	이전	고가	저가	변동 ⇕	변동 % ⇕	시간 ⇕
🇺🇸 미국 1개월	5.447	5.381	5.470	5.401	+0.066	+1.22%	20:05:53 ⏱
🇺🇸 U.S. 2M	5.411	5.412	5.512	5.403	-0.001	-0.02%	03/01 ⏱
🇺🇸 미국 3개월	5.463	5.399	5.500	5.425	+0.064	+1.19%	18:27:10 ⏱
🇺🇸 U.S. 4M	5.383	5.389	5.427	5.378	-0.006	-0.11%	03/01 ⏱
🇺🇸 미국 6개월	5.290	5.277	5.319	5.288	+0.013	+0.25%	19:54:10 ⏱
🇺🇸 미국 1년	4.848	4.816	4.862	4.835	+0.032	+0.66%	19:54:08 ⏱
🇺🇸 미국 2년	4.339	4.318	4.339	4.299	+0.021	+0.48%	20:09:50 ⏱
🇺🇸 미국 3년	4.101	4.070	4.101	4.056	+0.031	+0.76%	20:09:40 ⏱
🇺🇸 미국 5년	3.929	3.892	3.931	3.877	+0.037	+0.96%	19:58:58 ⏱
🇺🇸 미국 7년	3.959	3.912	3.962	3.902	+0.047	+1.20%	20:09:39 ⏱
🇺🇸 미국 10년물 국채 금리	3.959	3.906	3.961	3.901	+0.053	+1.37%	20:11:00 ⏱
🇺🇸 미국 20년	4.269	4.212	4.273	4.214	+0.057	+1.36%	20:09:50 ⏱
🇺🇸 미국 30년	4.115	4.057	4.119	4.062	+0.058	+1.42%	20:09:39 ⏱

화면에 보이는 것처럼 채권 종류별로 현재 수익률은 물론 과거의 수익률 곡선과도 비교할 수 있습니다.

해외채권투자는 채권과 외환에 동시에 투자하는 효과

| 해외채권투자의 수익구조 1 |

앞서 국내채권투자에 있어서는 금리의 영향이 가장 크다고 말씀드렸는데요. 해외채권투자를 할 때는 금리는 물론 환율의 영향도 크기 때문에 환율의 동향에도 주의를 기울여야 합니다. 환율이란 한 국가의 통화와 다른 국가의 통화 간의 통화가치를 비교한 교환 비율을 말하지요. 우리나라의 원화와 기축통화인 미국의 달러화를 예시로 총 투자수익에 미치는 환율의 영향을 설명해 보겠습니다.

오늘 원/달러 환율이 1,000원이라고 한다면 이는 1달러와 1,000원의 교환가치가 동일하다는 표현이에요. 오늘 미국채를 1달러 즉 1,000원어치를 매수했다고 가정해 보겠습니다. 그런데 다음날 원/달러 환율이 900원이 된다면 1달러의 가치가 900원이 되었다는 의미인데, 어제 산 채권 1달러어치를 팔아 이를 다시 원화로 환전해도 900원밖에 받지 못하여 10%의 손실이 발생합니다. 반대로 원/달러 환율이 1,100원으로 상승했다면 이 투자자는 환전 과정에서 1,100원을 받을 수 있기에 외환에서 10%의 이익이 발생합니다.

잠깐만요

'환율이 상승했다'는 말은 원화 강세인가요, 원화 약세인가요? 너무 헷갈립니다

환율과 관련된 뉴스나 기사를 접하다 보면 상승, 약세, 평가절하 등 다양한 표현을 쓰고 있어서 의미가 헷갈리는 경우가 종종 생기곤 합니다. 원/달러 환율의 상승과 하락을 통해 그 의미를 정확히 알아보겠습니다.

원/달러 환율이 1,200원에서 1,300원으로 오른 경우는 '환율이 상승했다'라고 합니다. 환율이 100원 상승한 거지요. 1달러를 사기 위해 원화 100원을 더 지불해야 하는 상황이 된 것입니다. 따라서 달러화의 가치가 오르고 원화의 가치가 하락하여 '원화 약세' 또는 '원화 평가절하'로 표현합니다. 반대로 원/달러 환율이 1,200원에서 1,100원으로 내린 경우는 '환율이 하락했다'라고 합니다. 이번에는 같은 1달러를 사기 위해 원화 100원을 덜 지불해도 되는 상황입니다. 달러화의 가치가 내리고 원화의 가치가 상승한 '원화 강세' 또는 '원화 평가절상'이라고 표현할 수 있겠습니다.

앞으로 헷갈리지 마세요. '원/달러 환율이 올랐다'는 말은 '원화 가치가 내렸다'와 같은 의미입니다.

환율이 오르다 = 환율 상승 = 환율 약세 = 원화 약세 = 원화 평가절하

이처럼 해외채권에 투자하면 환율의 변동이 총수익률에 큰 영향을 미칩니다. 해외채권 매입 후 채권을 중도 매각하거나 만기까지 보유한다면 그동안 발생했던 모든 채권 관련 손익과 원금을 함께 자국 통화로 환전하는 과정에서 총수익률은 변하게 되는 거지요. 다음 페이지의 그림처럼 해외채권 매입을 위해 환전했을 때의 원/달러 환율보다 만기 시 최종 원리금을 환전할 때 원/달러 환율이 하락(원화 가치 상승)한다면 환차손이 발생해 해외채권 수익률이 감소됩니다. 반대로 원/달러 환율이 상승(원화 가치 하락)한 경우는 환차익이 발생해 해외채권 수익률이 증가하는 것입니다.

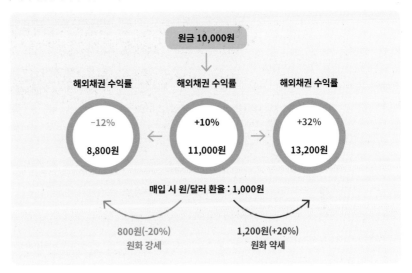

이러한 이유로 해외채권에 투자할 때는 환율 변동에 대한 나름의 전망과 분석이 반드시 선행되어야 합니다. 향후 A국 통화의 강세가 예상된다면 보다 적극적으로 A국 채권에 투자하고, B국 통화의 약세를 전망한다면 B국 채권투자는 보다 보수적으로 접근하는 식으로 말입니다. 하지만 환율 전망은 전문가들도 적중률이 매우 낮다고 합니다. 그러니 해외채권에 투자할 때 환율 전망에 너무 연연하지 않는 것이 좋습니다. 환차익을 노리기보다는 국내채권보다 충분히 높은 금리를 통해 수익을 얻으면 되기 때문입니다.

해외채권투자 시 환헤지? 남는 것도 없다

그러나 아무리 좋은 금리의 채권이더라도 발행국의 환율이 약세를 보이면 수익률이 떨어지는 것을 물론이고, 심지어 투자 손실을 초래할 수도 있습니다. 그렇다면 이런 궁금증이 생길 수 있습니다. 그 나라의 외환을 선물 매도거래 등을 통해 헤지하면 그런 위험을 없앨 수 있지 않을까 하는 궁금증이죠. 결론을 먼저 말씀드리면 '해외채권을 환헤지하여 투자하면 의미 있는 실익이 없다'입니다.

예를 들어 국내 국채 1년물의 금리가 4%이고 미국 국채 1년물의 금리가 5%일 때, 이론적으로는 미국 국채 1년물 매수 후 달러화 선물을 매도하거나 인버스 달러 인덱스 ETF(달러가 하락하면 수익이 나는 펀드) 매수 등으로 달러화 하락 위험을 헤지하면 5%에 가까운 수익을 얻을 수 있을 것 같습니다. 그러나 이는 큰 오판입니다. 달러화 선물과 인버스 ETF에는 이미 금리차인 1%의 비용이 포함되어 있습니다. 따라서 1년 동안 환율의 변동이 없더라도 1% 정도의 손실이 발생할 수밖에 없습니다. 거기에 거래수수료, 펀드수수료 같은 추가적인 비용까지 더 발생합니다. 환헤지에는 '금리차이+α'만큼의 비용이 들기 때문에 수익률 변동폭이 큰 미국 주식이라면 달러 환헤지가 도움이 될 수도 있으나, 금리 차이를 이용한 미국 채권투자는 실익이 없는 것입니다. 한편, 기축통화국이 아닌 우리나라에는 세계 모든 나라의 통화 관련 파생상품이 존재하지는 않습니다. 때문에 기축통화국이 아닌 B국가의 채권에 투자할 때 헤지를 하고자 한다면, 달러와 B국가 외환의 환헤지 파생상품을 거래한 후 다시 원화와 달러화의 환헤지 파생상품을 이중으로 거래해야 하는 현실입니다. 앞서 살펴본 것처럼 비용이 상당하므로 금리 차이를 통한 이익을 얻기 힘들겠죠.

경제 상황이 불안한 국가들의 채권에 투자할 때 금리가 충분히 높다면 환율 하락을 너무 두려워하지 않아도 됩니다. 높은 이자수익이 환율에서 발생하는 환차손을 보상하고도 남을 가능성이 높기 때문입니다. 매년 투자금액의 10%씩 배당을 주는 주식이라면 주가가 5%씩 하락해도 좋은 투자처가 될 수 있는 것처럼 매년 투자금액의 15% 이자를 주는 해외채권이 있다면 환가치가 매년 10%씩 하락해도 문제가 전혀 없는 이치입니다. 한편, 우리는 첫째마당에서 복리의 위력을 살펴보았는데요. 15% 수준의 10년 만기 해외채권에 10,000원을 투자한 후 환율의 변동이 없다면 10년 뒤 원리금이 10,000원×(1+0.15)^{10} = 40,500원이나 된다는 것을 알 수 있습니다. 이것은 곧 해외채권의 외환 가치가 10년 동안 반 토막이 되더라도 20,250원의 원리금을 얻을 수 있어 연환산 약 7.3%에 해당하는 수익률을 거둘 수 있다는 얘기지요.

따라서 이 책에서는 환헤지를 병행한 해외채권투자는 소개하지 않겠습니다. 개인투자자가 환헤지를 병행하기는 현실적으로 어렵고, 그 비용을 감안하면 해외채권에 투자하는 고수익 메리트가 상당히 감소하기 때문입니다. 또한 해외채권투자의 가장 큰 이유 중 하나가 원화에 집중된 자산을 다른 외환으로 일부 분산하는 것인데 환헤지를 하면 외환 분산효과가 사라져 버립니다.

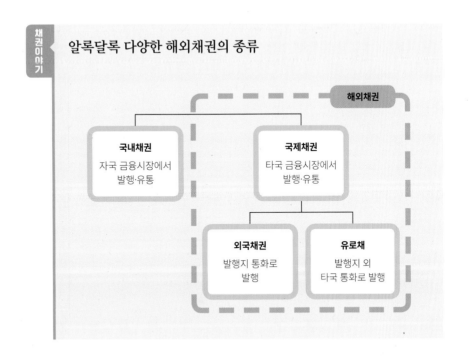

채권이야기

알록달록 다양한 해외채권의 종류

해외채권

국내채권
자국 금융시장에서
발행·유통

국제채권
타국 금융시장에서
발행·유통

외국채권
발행지 통화로
발행

유로채
발행지 외
타국 통화로 발행

채권의 종류는 크게 발행자가 자국 금융시장에서 발행·유통하는 '국내채권'과 타국 금융시장에서 발행·유통하는 '국제채권'으로 나눌 수 있는데, 국제채권은 해외채권의 한 종류입니다. 국제채권은 타국에서 발행된 채권 중 해당 발행지의 통화로 발행되는 '외국채권'과 타국에서 발행되나 발행지의 통화가 아닌 또 다른 통화로 발행되는 '유로채'로 나눌 수 있습니다. '유로'라는 단어로 인해 유로채가 EU에서 발행한 채권이라고 혼돈하는 경우가 종종 있으나, 유로채는 발행지의 현지 통화가 아닌 타 통화로 발행하는 채권이라는 점을 기억해야 합니다.

금융시장과 관련된 뉴스 기사에서 '아리랑 본드', '딤섬 본드', '판디 본드' 등 생소한 단어들을 본 적이 있나요? 각 국가의 특징을 붙였기에 이름만 들어도 어느 나라와 관련된 채권인지 쉽게 인식할 수 있습니다. 이처럼 국제채권은 해당 국가를 대표하는 상징을 이용하여 별칭을 붙입니다. 대한민국 금융시장에서 원화로 채권이 발행되면 '아리랑 본드', 미국 금융시장에서 달러화로 발행되면 '양키 본드', 일본 금융시장에서 엔화로 발행되면 '사무라이 본드'라고 합니다. 유로채의 경우 대한민국 금융시장에서 발행하지만 원화 외의 다른 통화로 발행되면 '김치 본드'라고 불리고, 홍콩 금융시장에서 홍콩달러 외의 통화로 발행되면 '딤섬 본드'라고 합니다.

채권 발행지	외국채 (발행지 통화로 발행)	유로채 (발행지 통화 외 통화로 발행)
대한민국	아리랑 본드(원화)	김치 본드
미국	양키 본드(달러화)	–
홍콩	–	딤섬 본드
중국	판다 본드(위안화)	–
일본	사무라이 본드(엔화)	쇼군 본드
유럽	–	유로 본드
호주	캥거루 본드(호주달러화)	–
영국	불독 본드(파운드화)	–
뉴질랜드	키위 본드(뉴질랜드달러화)	–
네덜란드	렘브란트 본드(길더화)	–

채권쟁이 서준식의 투자 조언

해외채권투자 실전 투자기

1. 포트폴리오의 위험을 적극 분산한다

서준식 교수는 '투자자산의 10% 이상을 해외자산으로 보유한다'는 자산 분배 원칙을 갖고 있습니다. 그는 한국인 투자자에게 가장 큰 리스크는 보유자산 대부분을 원화표시 자산으로 보유한 것이라고 봅니다.

평소 그는 해외자산의 대부분을 달러화 금리상품(금리수준이 높을 때면 중장기 채권, 금리수준이 낮을 때면 단기 채권이나 예금)이나 브라질 채권으로 구성해 보유하고 있습니다. 그중 미국 달러화 자산을 보유한 이유로는 '주가가 폭락할 때 안전자산인 달러화가 초강세를 보이는 경우가 많기 때문'이라고 설명합니다. 한국 주식시장의 약세로 저평가가 심화된 주식을 추가 매수할 필요가 있을 때 달러를 매도하며 생기는 자금이 큰 도움을 준다고 하네요. 브라질 채권을 많이 보유한 이유는 10%가 넘는 금리를 제공하면서도 이사소득세가 없기에 복리 효과를 누릴 수 있기 때문이라고 합니다. 또한, 세계적으로 원자재 가격이 상승할 때에도 브라질 채권이 유리하다고 합니다.

실제로 2020년 코로나 위기로 주가가 폭락하고 원/달러 환율이 급등했을 때 서준식 교수는 달러 자산을 처분하고 국내 주식을 매수하였고, 2021년에 주가가 큰 폭으로 상승하고 달러화가 다소 낮아졌을 때에는 일부 주식을 매도한 자금으로 달러를 매수하는 식의 자산배분 운용을 하였는데 이 방법이 포트폴리오 수익률에 큰 보탬이 되었다고 합니다.

한편 2022년에 들어서면서 국내 주가기 폭락히여 큰 이려움을 겪는 가운데 포트폴리오에서 10% 수준으로 보유하던 브라질 채권의 가격이 상승해 많은 도움을 받았다고 합니다. 2022년 헤알화로 발행된 브라질 장기국채의 1년간 수익률은 20~30% 수준이었으며, 2023년 7월까지도 역시 20~30% 수준의 기간수익률을 보이고 있습니다. 매수한 채권들의 이자수익률이 13% 수준이었기에 헤알화 환율이 조금만 강세를 보이거나 채권금리가 조금만 하락해도(채권시장 강세) 20%를 훌쩍 뛰어넘는 총수익률이 실현된다고 합니다.

2. 해외채권, 금리가 높다고 무조건 좋은 것이 아니다

'싸면 삼키고 비싸면 뱉는' 가치투자자의 습성을 가지고 있는 그는 과거 브라질 채권투자 광풍이 불었던 때에는 브라질 채권을 쳐다보지도 않았습니다. 2011년 국내에서 처음으로 브라질 채권투자가 성행했던 때가 그랬지요. 당시 한국의 채권이나 예금금리는 3%대에 불과했으나 브라질은 국채가 연 10% 수준에서 발행되었고, 1991년 한국과 브라질이 맺은 국제조세협약 덕분에 브라질 정부에서 발행한 채권의 투자수익에 대해 국내에서 비과세 혜택을 받을 수 있었기 때문입니다. 2012년부터 금융소득종합과세 기준을 4천만 원에서 2천만 원으로 내리자 종합과세를 피하기 위한 자산가들의 브라질 채권 매수는 절정에 달했습니다.

이 시기에 너무 많은 투자자가 달려들어 브라질 채권 가격은 비싸졌고 헤알화도 비싸졌습니다. 급기야 브라질 정부는 원금의 6%에 달하는 '토빈세'를 해외투자자들에게 부과했음에도 대형 증권사들의 마케팅 영업까지 가세하여 더욱 많은 자금이 비싼 환율의 비싸진 채권으로 이동했습니다. 서준식 교수는 평소 외환도 싼지 비싼지를 판단하는 가치투자가 중요하다고 강조했는데 도쿄의 스타벅스 커피 가격이 서울의 커피

알아두세요

토빈세(Tobin tax)
토빈세란 국제 투기자본(핫머니)의 급격한 자금 유출입으로 각국의 통화가치가 급등락하여 통화위기가 촉발되는 것을 막기 위한 국경 간 자본이동 규제 방안의 하나입니다. 브라질은 외국인이 자국 채권에 투자할 때 6%의 세율을 부과하였으나 이것이 채권 투자를 억제하는 요인으로 작용하자 2013년 6월 폐지하였습니다.

가격보다 20% 비싸면 엔화가 원화보다 20% 비싸기에 향후 엔화가 하락할 가능성이 높다고 판단하는 방식을 사용합니다. 그래서 당시 브라질의 음식 가격, 호텔숙박 가격 등을 참조한 물가 수준으로 브라질의 환율이 너무 비싸다고 판단했습니다. 증권사의 마케팅에 넘어가 잘 알아보지 않고 비싼 가격에 브라질 채권을 매수했던 투자자들은 결국 저조한 성과를 얻을 수밖에 없었습니다. 2011년 680원대였던 원/헤알화 환율은 지속해서 하락했고 10년 뒤인 2021년에는 200원대까지 떨어졌습니다. 브라질 국채의 이자가 10%라고 할지라도 환율이 1/3로 하락하니 손실을 피할 수 없게 된 것입니다. 이 시기 브라질 채권에 투자했던 투자자들은 수익은커녕 원금 손실까지 보았습니다.

3. 10% 이상 금리의 해외 장기채들의 복리효과는 어마어마하다

가치투자자 서준식이 브라질 채권에 적극적으로 투자한 것은 2015년부터입니다. 그즈음 북적이던 투자자들도 줄어들었고 토빈세도 사라졌습니다. 헤알화 환율이 충분히 싸졌다고 판단한 그는 2015년 헤알화가 360원 수준, 채권금리 13% 수준일 때 주로 8년 만기 브라질 국채에 적극 투자하여 2023년 1월에 원리금을 지급받았습니다.

당시 헤알화는 지속적인 하락세로 매우 불안한 모습이었지만 개의치 않았습니다. 매년 13%의 이자를 받을 수 있다면 외환에서 상당한 손실을 본다 하더라도 장기적으로 상당한 수준의 수익률을 얻을 수 있기 때문입니다. 가치투자자들은 항상 투자하기 전 자신만의 원칙을 세우고 투자하지요. 브라질 국채에 대한 그의 투자원칙은 투자기간 동안 헤알화가 폭락하여 반 토막이 나더라도 수익률이 연환산복리 5% 이상이 된다면 적극 매수한다는 것이었습니다.

지금까지 공부한 채권 지식을 이용해 이 투자에 대해 분석을 해볼까요? 13%짜리 채권에 투자한 서준식 교수의 8년간 투자 성적을 계산해 보겠습니다. 8년 동안 그의 원리금은 '10,000원 $\times (1+0.13)^8$ = 약 26,600원'이 되었겠지요. 하지만 환율이 360원에서 240원으로 3분의 1이 되면서 그의 손에 쥐어진 원화는 26,600원의 3분의 2 수준인 17,733원에 불과했습니다. 결국 총기간수익률은 77% 수준이었지요. 이를 8년간 연환산복리수익률로 환산하면 약 7.4%가 되네요. 환전수수료, 이자의 재투자 시 비용 등을 고려하면 이보다 실제 수익률은 살짝 낮아질 것입니다. 그러나 2015년 당시 국내채권 5년물 평균 금리가 1.98%이고 10년물 금리가 2.31%인 점을 고려하면 아주 좋은 성과로 볼 수 있어요. 금리가 높아 아주 좋은 복리효과를 얻을 수 있을 때 환율은 크게 신경 쓰지 않고 채권에 적극 투자한다는 그의 원칙에 어느 정도 공감이 갑니다.

그는 평소 브라질 환율이 급락하거나 채권금리가 급등할 때를 노려 추가적으로 브라질 채권을 매수합니다. 예를 들어 2023년 1월, 13% 내외의 금리를 형성하는 브라질 국채 장기물들을 매입했다면 어떤 결과가 나왔을까요? 2023년 1월, 13% 금리의 10년물 브라질 국채에 10,000원 투자했다면 10년 후 원리금은 '10,000원 $\times (1+0.13)^{10}$ = 약 34,000원'이 됩니다. 만약에 10년 후 브라질 환율이 반 토막이 된다면 총수익은 '34,000원 $\times 0.5$ = 17,000원'이 되고, 10년간 복리승수 1.7배에 해당하는 연환산수익률을 검색해 보면 약 5.45%에 해당한다는 것을 알 수 있어요. 결국 브라질 헤알화가 반 토막이 나는 최악의 상황이 와도 연환산수익률 5.45%, 기간수익률 70%를 얻을 수 있습니다. 만약 환율이 10년간 변하지 않는다면 원리금 34,000원으로 연평균수익률 13%, 기간수익률 240%를 얻게 되구요. 만약 환율이 50% 정도 상승해 준다면 '34,000원 $\times 1.5$ = 51,000원'이 되어 무려 323%의 기간수익률, 즉 17.7%의 연환산수익률을 얻게 될 것입니다.

그의 실전 투자기를 살펴보면 몇 가지 인사이트를 얻을 수 있습니다. 첫째는 금리든 환율이든 전망하려 하시 않고 싼지 비싼지만을 분석한나. 둘째는 싼지 비싼지는 복리수익률과 물가 비교를 통해서 분석한다. 셋째는 많은 사람에게 인기가 좋아 북적이는 상품에는 관심을 두지 않는다. 정도가 되겠네요. 채권과 금리의 구조를 잘 알고 있을수록 남들과는 다른 시각을 가지고 투자 기회를 잡아 좋은 성과를 낼 수 있는 것이죠. 채권과 금리에 대해 잘 배워둬야 할 이유가 충분하죠?

서준식 교수는 튀르키예 채권을 주시하는 중

2023년 11월, 서준식 교수는 튀르키예 채권에 큰 관심을 두고 경제와 금리 상황을 조사했습니다. 튀르키예 2~10년 만기 국채의 경우 금리는 30% 내외로 매우 높아 고수익이 기대됩니다. 하지만 증권사에 문의해 보았더니 개인투자자가 튀르키예 국채를 매입하는 것은 아직 불가능하였습니다. 다만 유럽시장에 상장된 아시아인프라투자은행, 유럽평의회개발은행, 유럽부흥개발은행 같은 AAA 등급 국제은행에서 튀르키예 리라(TRY) 통화로 발행하는 2년~4년 만기 채권을 매수할 수 있었습니다. 그는 30% 수준 금리의 4년물 유럽부흥개발은행 채권을 매수하였습니다. 30%의 복리는 10년 후 원리금이 약 14배나 되는 엄청난 효과를 갖고 있습니다. 현재 1TRY는 44원인데, 이 환율이 10년간 14분의 1 수준이 되더라도 거의 손실이 나지 않을 수준이지요. 서준식 교수는 최근 튀르키예 리라의 환율하락 속도는 점차 누그러져 복리의 속도보다 빠르지 않을 것이라 예측하고 있습니다. 다만, 30%에 달하는 이자에 대한 세금이 채권의 수익률을 꽤 잠식할 수 있으므로 아직은 개인보다는 법인이나 기관을 통한 투자가 유효하다는 생각입니다.

채권 고수와의 인터뷰

내 채권 성과가 높을수록
아시아 공공사업의 판이 커진다

남진중 선임운용역(아시아개발은행 자금부)

해외채권 운용 경력 2002년~현재

필리핀 소재 아시아개발은행(Asian Development Bank, ADB)에서 자금부 업무를 담당하고 있다. 삼성생명 해외투자사업부에서 직장생활을 시작하였으며 이후 한국투자공사(KIC)를 거쳐 현 직장에 이르기까지 주로 해외채권, 파생, 외환 등 Fixed Income 관련 상품 투자 및 자금관리 업무를 담당하였다.

Q. 아시아개발은행은 어떤 일을 하는 곳인가요?

아시아개발은행은 아시아 지역 경제 개발을 위해 세워진 국제 금융기관입니다. 31개 국가의 주도로 1966년 창립되었는데요. 2022년 말 기준 회원국은 68개국(아시아 역내 49개국, 역외 19개국)입니다. 필리핀의 수도 마닐라에 본부를 두고 있습니다. ADB는 아시아 지역의 빈곤 감소, 기후변화 대응, 통합성장 등을 위한 기술지원, 자금제공 등을 통해 지속가능한 발전을 추구한다는 목표 하에 사업을 진행하고 있습니다.

Q. 아시아개발은행에서 현재 담당하고 있는 업무에 대해서 구체적으로 설명해 주시겠어요?

제가 속한 자금부(Treasury Department)의 주된 업무는 조금 전 설명한 우리 기구의 목적을 달성하기 위해 필요한 자금을 국제 자금시장을 통해 조달하고 실제 사업에 투입되기 전까지 운용하는 것입니다. 제가 하는 일은 각종 통화로 된 채권투자 및 파생상품 거래를 통해 가장 저렴하게 자금을 조달하고, 또 이 자금으로 최대한의 운용수익을 올리는 일이죠. 제 성과가 높을수록 보다 많은 국가, 보다 많은 공공사업에 낮은 대출금리로 혜택을 줄 수 있다는 사명감과 보람을 가지고 일하고 있습니다.

Q. 어느 정도 규모의 자금을 관리하고 계신지 궁금한데요.

우리 기구의 총자산은 2022년 말 기준 약 2,900억 달러(원화 기준 386조 원)입니다. 이중 약 60%는 아시아 멤버 국가에 대출이나 무상 지원을 하고, 나머지는 채권(14%) 및 기타 파생자산 등으로 구성되어 있는데요. 이 채권 및 기타 자산이 저희 팀에서 관리하는 자산이라고 할 수 있지요.

Q. 어떤 계기로 해외채권과 관련된 경력을 시작하셨나요?

IMF 외환위기 직후 군대 제대하고 학교에 돌아오니 경영학과 동기들 대부분이 회계사 시험을 준비하고 있더라고요. 저도 막연히 안전한 자격증을 따야겠다며 회계사 학원에 등록하고 공부를 시작했지요. 하지만 왼손으로 계산기를 두들기며 오른손으로 답을 적어내는 그런 모습이 도무지 제 성향과 맞지 않았습니다. 그리고 세계를 누비며 일하고 싶은 저의 포부와도 맞지 않아 몇 개월 되지 않아 공부를 그만두었습니다.

이 시기에 이창용 교수님(현 한국은행 총재)의 〈주식, 채권, 파생상품의 이해〉라는 수업을 듣게 된 것이 제가 채권 관련 투자 운용역이라는 직업을 선택한 계기가 되었습니다. 당시 한국 금융기관 종사자들에게도 생소한 각종 신상품인 MBS, ABS 등의 원리와 구조, 가격 결정 방법 등에 대한 강의는 저에게 그야말로 신세계였지요. 그리고 이런 신상품에 적극 투자하고 있는 당시 거의 유일한 기관이 삼성생명 해외투자사업부라는 것을 알게 되어 그곳에 지원했습니다. 그곳에서 각종 금융상품들을 다루며 지낸 4년의 경력을 발판 삼아 현재에 이르게 되었습니다.

Q. 지금 업무는 어떤 면에서 매력적인가요? 또 지금의 업무를 위해선 어떤 능력이 필요할까요?

저는 개별종목 분석이 필요한 주식보다는 국가 간 거대 담론을 다루는 해외채권 운용이 더 재미있고 적성에 맞았습니다. 채권운용업무는 이자율에 대한 이해가 필수적이고, 이를 위해서는 이자율에 영향을 주는 거시경제 상황에 대한 면밀한 분석이 선행되어야 합니다. 범위를 넓혀 해외채권업무까지 확장한다면 필연적으로 외환과 파생상품 거래를 수반하는데, 이 역시 각 국가의 이자율이 상대적으로 어떻게 변하는지에 대한 이해가 바탕이 되어야 한다는 면에서는 동일하지요. 특정한 작전세력이 영향을 미치기에는 너무나 거대하고 투명한 글로벌 금융시스템 안에서 순수하게 자신의 지식과 판단에 근거하여 성과를 내는 것이 저에게는 여전히 큰 의미입니다.

Q. 운용역으로 갖추어야 할 자질이나 능력에 대해 조언을 해주신다면요?

개개인이 우선시하는 덕목은 다르겠지만, 제가 지금껏 보아왔던 훌륭한 운용역들은 공통적으로 세 가지 정도의 자질을 갖췄습니다.

첫 번째는 유연한 사고입니다. 항상 자기가 틀릴 수도 있다는 생각을 가지므로 남의 말을 경청하고 깊게 생각한 후 틀렸을 때의 플랜 B를 가지고 행동합니다.

두 번째는 데이터에 기반한 투자 수행입니다. 서사(Narrative)나 자극적인 뉴스에 반응하는 것이 아니라 숫자를 잘 기억하고 그에 따라 투자합니다.

마지막으로는 조금 뜬금없지만 세상을 바라보는 긍정적 마인드가 아닐까 생각합니다. 세상이 좋은 쪽으로 나아갈 것으로 보는 사람들이 장기적으로는 좋은 성과를 나타내는 것 같습니다. 말 그대로 롱(매입포지션)은 길게, 숏(매도포지션)은 짧게 가져가는 것이 역사적으로도 좋은 성과를 냈으니까요.

저도 이 덕목들을 갖추려고 스스로 매일 다짐하고 있습니다.

**일곱째
마당**

채권 실전투자
무조건 따라해보자

039

개미들의 채권투자,
이제는 MTS가 대세

지금까지 다소 어렵고 복잡한 이론과 개념 위주로 배우느라 수고 많으셨습니다. 일곱째마당에서는 실제로 채권투자를 하는 방법을 단계별로 상세히 알려드리려 합니다. 개인투자자가 채권을 가장 쉽고 효율적으로 매매할 수 있는 창구는 증권회사입니다. 증권회사에서 채권 매매를 할 수 있는 채널로는 ① 지점 창구, ② HTS(홈트레이딩시스템), ③ MTS(모바일트레이딩시스템)가 있습니다. 어떤 채널을 통해서든 거래 절차나 방법은 유사하지만, 최근 들어 편의성이 매우 높아진 MTS 사용 비중이 급증하는 추세입니다. 그렇기에 여기서는 MTS를 활용하여 채권을 실제로 매매하는 과정을 상세히 소개하겠습니다. 여러분이 거래하는 증권사 MTS를 실제로 다운로드하고 열어서 채권투자를 실행하다 보면 왜 지금까지 이런저런 개념과 계산법에 대해 배웠는지를 어느새 이해하게 될 것입니다.

MTS 활용으로 편리해진 채권투자 시대

'MTS'가 무슨 의미인지 대부분 알고 계시죠? 그동안 영화나 드라마 혹은 가정에서 컴퓨터 앞에 앉아 HTS로 각종 차트를 띄워놓고 투자하는 모습을 흔히 볼 수 있었습니다. 요즘은 컴퓨터보다는 언제 어디서나 접속할 수 있는 스마트폰으로 은행, 증권사 거래를 많이 하고 있는데요. 그에 따라 투자 채널 역시 MTS가 대세가 되었습니다.

MTS는 증권사마다 각양각색

한국투자증권 '한국투자'

NH투자증권 '나무'

신한투자증권 '신한알파'

KB증권 'KB M-able'

스마트폰이 생활의 많은 부분을 편리하게 만든 것처럼 MTS도 투자하는 방식에 혁신을 불러왔습니다. 요즘 사람들은 사무실에서, 카페에서, 심지어 휴가 중에도 MTS를 통해 투자할 수 있습니다. 과거 컴퓨터와 인터넷 설치가 된 환경에서만 투자할 수 있었던 것에 비해 요즘은 스마트폰만 있으면 공간과 시간의 제약이 없는 MTS로 인해 편하게 투자할 수 있는 시대가 되었습니다.

증권사별 채권 매수 화면에 접근하는 방법

MTS의 메인 화면 모습은 제각각이지만 채권 매수 화면으로 접근하는 경로는 증권사 모두 비슷합니다.

일반적으로 ① 홈 화면에서 **메뉴바**를 클릭한 후 ② **상품**을 선택하고 ③ **채권**을 골라 장외채권과 장내채권 중 ④ **원하는 채권시장을 선택**하여 **매수** 화면에 도착하는 경로입니다.

1. 한국투자증권 '한국투자'

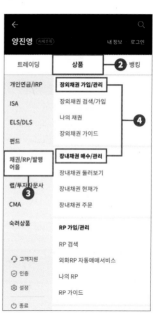

❶ 홈 화면 **메뉴바** → ❷ **상품** → ❸ **채권/RP/발행어음** → ❹ **장외채권 가입/관리**와 **장내채권 매수/관리** 중에 선택합니다.

2. NH투자증권 '나무'

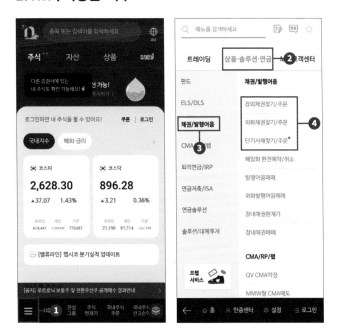

❶ 홈 화면 메뉴바 → ❷ 상품·솔루션·연금 → ❸ 채권/발행어음 → ❹ 장외 채권찾기/주문, 외화채권찾기/주문, 단기사채찾기/주문에서 원하는 시장을 선택합니다.

3. 신한투자증권 '신한알파'

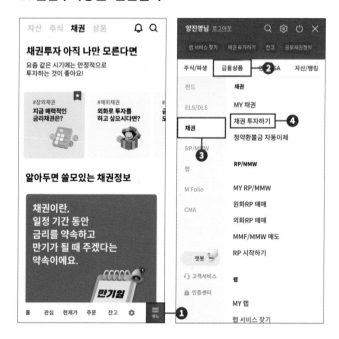

❶ 홈 화면 메뉴바 → ❷ 금융상품 → ❸ 채권 → ❹ 채권 투자하기 경로입니다.

4. KB증권 'KB M-able'

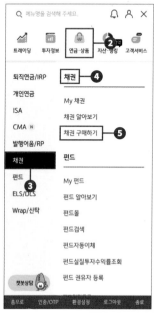

❶ 홈 화면 **메뉴바** → ❷ **연금·상품** → ❸ **채권** → ❹ **채권** → ❺ **채권 구매하기** 경로입니다.

시작이 반이라 하니 채권 매수 화면까지 갔다면 이미 절반을 해낸 것입니다. 이제 원하는 투자 목적에 따라 실행하는 채권투자의 절차를 알려드리겠습니다. 함께 따라해주세요.

잠깐만요

증권사 MTS별 거래 수수료 따져봐야죠?

증권사 앱을 설치하면 비대면으로 손쉽게 계좌를 개설할 수 있습니다. 요즘은 대부분의 증권사에서 채권투자가 가능하지만 증권사마다 제공하는 거래 기능과 편의성은 조금씩 다릅니다. 예를 들자면, 한국투자증권 앱에는 외화채권을 매매할 수 있는 메뉴가 없는 것이 대표적입니다. 그러므로 앞으로 어떤 거래를 할 것인지 생각해 보고 증권사를 선택해야 합니다.

수수료가 낮은 증권사를 활용하는 것도 좋은 방법입니다. 채권 수수료는 상품의 잔존기간에 따라 차등 적용되는 특징이 있습니다. 증권사별 수수료를 확인해 보면 잔존기간에 따라 각기 다른 수치를 보입니다. 그러므로 여러 증권사를 비교해 투자할 상품에 알맞은 곳을 선택하여 계좌를 개설하는 것이 좋겠지요?

| 증권사별 장내채권 잔존기간에 따른 거래 수수료율 ('24.01.03. 기준) |

이베스트투자증권	3개월 미만		3개월~1년		1년~2년		2년 이상	
	0.0052		0.05		0.10		0.15	

신영증권	3개월 미만		3개월~1년		1년~2년		2년 이상	
	없음		0.1		0.2		0.3	

하나증권	120일 미만	120일 이상~210일 미만	210일 이상~1년 미만	365일 이상~550일 미만	550일 이상~730일 미만		730일 이상	
	0.01	0.03	0.05	0.10	0.15		0.20	

유진투자증권	1년 미만				1년 이상			
	없음				0.2			

메리츠 증권	1년 미만		2년 미만			2년 이상		
	0.1		0.2			0.3		

한화투자증권	3개월 미만		3개월 이상~12개월 미만		12개월 이상~24개월 미만		24개월 이상	
	국채: 0.0001265 일반: 0.0051785		0.10		0.20		0.30	

대신증권	3개월 미만	3개월 이상~6개월 미만	6개월 이상~1년 미만		1년 이상~2년 미만		2년 이상	
	0.0052	0.03	0.05		0.10		0.15	

SK증권	12개월 미만		12개월 이상~24개월 미만			24개월 이상		
	0.1		0.2			0.3		

신한투자증권	30일 이하	30일 초과~60일 이하	60일 초과~90일 이하	90일 초과~183일 이하	183일 초과~366일 이하	366일 초과~549일 이하	549일 초과~731일 이하	731일 초과
	0.01	0.02	0.03	0.05	0.10	0.15	0.20	0.30

NH투자증권	1년 미만		1년~2년 미만			2년 이상		
	0.1		0.2			0.3		

삼성증권	1년 미만		1년 미만~2년 미만			2년 이상		
	0.1		0.2			0.3		

한국투자증권	365일 미만		365일 이상~730일 미만			730일 이상		
	0.1		0.2			0.3		

미래에셋증권	1년 미만		1년 이상~3년 미만			3년 이상		
	0.1		0.2			0.3		

키움증권	90일 미만	90일~120일	120일~210일	210일~300일	300일~390일	390일~540일	540일 이상	
	없음	0.01	0.02	0.03	0.05	0.10	0.15	

※ 주식 관련 채권, 소액채권, 일반채권, 외화채권은 장내채권 수수료율과 다를 수 있음

증권사는 왜 나의 투자성향을 체크할까요?

2021년 6월 1일부로 금융소비자들을 보호하기 위한 '금융소비자 보호에 관한 법률'이 시행되었습니다. 이에 따라 금융기관은 투자상품 판매를 하기 전 소비자에게 여섯 가지 사항을 안내할 의무가 있는데요. 그것은 적합성 원칙, 적정성 원칙, 설명 의무, 불공정행위 금지, 부당권유 금지, 허위 및 과장 광고 금지입니다. 금융소비자들이 부당한 권유를 받지 않으면서도 자세한 설명을 들을 권리를 가지게 된 것이죠. 이렇게 금융기관의 설명 의무 강화로 인해 증권사 앱을 처음으로 설치하고 투자상품을 선택할 경우 먼저 투자성향을 알아보라는 안내창이 뜹니다.

출처: 미래에셋증권

'금융소비자 보호에 관한 법률'에 따라 자신의 투자성향을 파악하여 안전하게 투자하라는 의미인데요. 투자성향은 다섯 가지 등급으로 분류되며, 각 등급은 아래와 같은 의미가 있습니다.

출처: 신한투자증권

① 공격투자형(1등급)
→ 대부분의 투자자가 기대하는 시장 평균 수익률을 크게 초과하는 수익을 목표
→ 자산 가치의 변동에 따른 손실 위험을 적극적으로 받아들일 수 있으며, 주식이나 주식형 펀드, 파생상품 등의 위험자산에 대부분의 투자금을 할당할 의향이 있는 경우

② 적극투자형(2등급)
→ 투자 원금의 보전보다는 위험을 감내하더라도 높은 수준의 투자수익 실현을 추구
→ 투자자금의 상당 부분을 주식, 주식형 펀드 또는 파생상품 등의 위험자산에 투자할 의향이 있는 경우

③ 위험중립형(3등급)

→ 투자와 그에 따른 위험을 충분히 이해

→ 예금이나 적금보다 높은 수익을 기대하면서, 그에 따른 일정 수준의 손실 위험을 감수
하는 경우

④ 안정추구형(4등급)

→ 투자 원금의 손실 위험을 최소화하면서 안정적인 수익을 목표

→ 예금이나 적금보다 높은 수익을 위해 자산의 일부를 높은 변동성을 가진 상품에 투자할
의향이 있는 경우

⑤ 안정형(5등급)

→ 원금의 손실을 원치 않고, 기본적으로 예금이나 적금 수준의 수익률을 기대하는 경우

금융투자상품(채권) 위험도 분류

| 투자자 유형 및 금융투자상품 위험도 분류표 |

구 분			초고위험(1등급)	고위험(2등급)	중위험(3등급)	저위험(4등급)	초저위험(5등급)
채권	국내		회사채 (BB 이하)	회사채 (BBB- 이상)	회사채 (BBB0 ~ BBB+)	금융채, 회사채 (A- 이상)	국고채, 통안채 지방채, 특수채
	해외	S&P, 피치	B 이하	BB 이상	BBB 이상	A 이상	AA 이상
		무디스	B 이하	Ba 이상	Baa 이상	A 이상	Aa 이상
투자자구분			성장형	성장추구형	위험중립형	안정추구형	안정형

출처: 미래에셋증권

자신의 투자성향과 등급별로 분류된 채권의 위험도를 확인하여 적합한 투자 전략을 세우
는 데 참고하세요.

채권정보 화면에서
알 수 있는 정보

채권정보 = 발행정보 + 매매정보

투자 화면에 접근하여 장외시장에서 채권 하나를 고르면 채권 상품 정보를 알려주는 화면이 나타납니다. 증권사별로 보이는 화면의 모습은 조금씩 다르지만, 채권의 이름부터 위험성, 발행정보 등의 핵심적인 내용을 담고 있다는 점은 거의 같습니다. 다음 두 종류의 MTS에서 보여주는 채권정보 예시를 통해 매수하고자 하는 채권의 정보를 파악하는 방법을 알아보겠습니다.

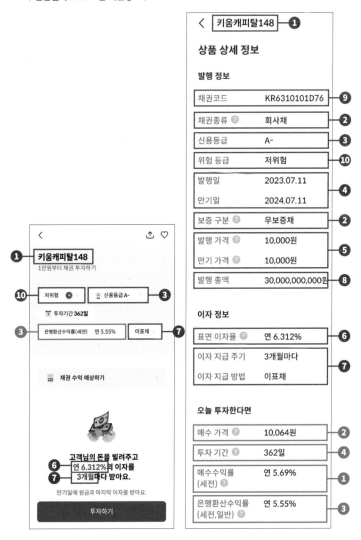

MTS 창의 채권정보 또는 채권상세정보 화면에서 제공되는 내용은 크게 발행정보와 매매정보로 나누어집니다.

A. 발행정보

신용등급 등 채권의 발행자에 대한 정보, 발행가격(액면가), 발행일과 만기일, 표면 이자율 및 이자지급 방법과 같은 핵심적인 발행정보를 확인할 수 있습니다(발행정보에 대한 내용은 준비마당 004 참고).

❶ **채권명(발행자):** 채권명은 보통 발행자를 명칭합니다. 여기서 '148'이란 숫자는 키움캐피탈이 발행한 148번째 채권을 의미합니다.

❷ **채권 종류:** 발행 주체에 따라 국채, 지방채, 특수재, 금융지주채, 회사채 등으로 나뉘며, 신한알파 MTS 화면에 보이는 '키움캐피탈148' 회사채는 주식회사가 발행하는 채권으로, 기업의 투자 및 운영 등의 자금을 조달하기 위해 발행된 것입니다. 미래에셋 MTS 화면에 보이는 '신한금융지주136-1'은 금융지주채로, 은행, 증권, 보험회사 등 금융기관을 자회사로 두고 있는 금융지주회사가 발행하는 채권을 말합니다.

보증 유무에 따라 보증채와 무보증채로도 분류됩니다. 보증채는 채권 발행 주체의 원리금 상환 의무를 정부·금융기관 등의 제3자가 보증하며, 무보증채에 비해 안정성은 좋으나 수익률은 다소 낮은 편입니다. 화면에 보이는 '키움캐피탈148' 무보증채는 발행 주체의 신용만으로 발행되는 채권입니다.

❸ **신용등급**: BBB-부터 AAA 등급은 '투자적격등급'이며, BB+ 등급 이하의 채권은 '투자부적격채권'으로 구분됩니다.

❹ **발행일과 만기일**: 발행 시 몇 년의 만기를 가졌는지 알 수 있으며, 채권 만기일을 알면 현재부터 만기일까지 남은 투자 기간을 확인할 수 있습니다.

❺ **액면가**: 원래 발행 가치로, 국내의 경우 1만 원 단위의 고정된 금액으로 설정되며 이를 기준으로 이자나 수익을 계산합니다.

❻ **표면금리**: 채권이 발행될 때 결정된 만기까지 지급되는 고정된 이자율입니다.

❼ **이자지급 유형**: 크게 이표채, 할인채, 복리채로 나뉩니다. 위 화면에 보이는 두 채권은 모두 이표채로 정기적으로 이자를 지급하는 채권임을 알 수 있습니다.

❽ **기타발행정보**: 선순위 또는 후순위채 여부와 발행총액 등을 투자자에게 안내합니다.

❾ **채권코드**: 채권의 발행 주체와 종목을 식별하기 위해 부여된 고유한 숫자 또는 문자로 이루어진 코드를 말합니다. 한국에서는 한국예탁결제원이 채권코드를 부여하고 관리합니다. 채권코드는 국명코드(KR), 발행회차(발행 회차를 나타내는 숫자 4자리), 채권 종류코드(채권의 종류를 나타내는 영문 1자리), 발행기관코드(발행기관을 나타내는 영문 2자리), 체크기호(코드의 정확성을 검증하기 위한 숫자 1자리)로 구성됩니다. 예를 들어, 'KR1035A1'라는 채권코드가 있다면, 이는 대한민국에서 발행된 10번째 채권이며 35회

차에 발행된 A종류의 채권이라는 뜻입니다. 채권코드를 알고 있으면 채권의 발행정보와 시세 등을 쉽게 검색할 수 있습니다.

❿ **위험등급**: 투자자의 이해를 위해 증권사에서 제공하는 정보로, 채권 발행자의 신용등급, 채권 만기 등을 고려하여 측정한 투자위험의 정도입니다. '키움캐피탈148' 채권의 신용등급은 A- 수준으로 다소 불안한 면이 있지만 만기가 1년 이하라 저위험군으로 측정한 듯합니다.

B. 매매정보

❶ **매수수익률**: 투자자가 현재부터 만기일까지 보유하면 얻을 수 있는 만기수익률입니다.

❷ **매수가격**: 매수수익률로 현시점에서 매수할 경우 10,000원 액면가당 지불해야 하는 가격으로, 투자자의 입장에서는 매수가격이 되겠지만 증권사 입장에선 이 채권을 팔고 싶은 매도가격입니다.

❸ **은행환산수익률**: 세후수익률이 어느 정도 수준인지를 은행예금금리로 환산해보는 지표로, 뒤에서 조금 더 상세히 설명할 예정입니다.

❹ **투자기간**: 채권의 매수일로부터 만기일까지의 기간입니다.

❺ **주문가능 수량**: 현재 시장에서 구매가능한 잔여 수량을 말합니다. 잔여 수량이 부족한 경우 주문이 제한될 수 있으므로 투자하려는 수량이 충분한지 확인합니다.

잠깐만요

채권정보 화면에서 표면금리만 보면 안돼요

신한알파 MTS 화면에서 '고객님의 돈을 빌려주고 연 6.312%의 이자를 받아요.'는 표면금리에 대한 설명이며 실제 매수수익률 또는 만기수익률을 뜻하는 것이 아닙니다. 이렇듯 수익률과 관련해 증권사에 따라 고객들에게 오해나 혼란을 줄 수 있는 표기가 있을 수 있으니 항상 주의를 기울여야 합니다. 표면금리가 아니라 매수수익률(만기수익률), 세후수익률을 봐야 한다는 것을 잊지 마세요(B. 매매정보의 ①).

채권 매수 시 알아둘 수익률과 매수가격의 관계

채권투자정보에 표기되는 '매수금리', '표면금리', '은행환산수익률'과 '세후수익률' 등 수익률 표기와 성격을 잘 구분하고 이해하면 채권의 투자 결정을 더욱 합리적으로 내릴 수 있고, 투자 성과를 측정할 때도 도움이 됩니다. 이에 관해서는 첫째마당에서 학습했지만 여기서는 실제 유통되는 채권인 '키움캐피탈148'과 '신한금융지주136-1'의 예시를 통하여 수익률에 대해 현실적으로 이해해 보겠습니다.

① 표면이자율(표면금리)

채권이 발행될 때 결정된 원래의 이자율입니다. 채권 투자 시 표면금리에 신경 써야 하는 이유는 이자소득세가 매수금리가 아닌 표면금리에 부과되기 때문입니다. 단, 2025년부터는 이자와 자본손익을 합산한 수익에 금융투자소득세가 부과될 예정이므로 세금 때문에 표면금리를 신경 쓸 이유는 없어집니다. 기본적으로 채권의 가치는 매일 표면이자율의 하루치 이자만큼 증가합니다.

● '키움캐피탈148'의 표면이자율

표면금리가 6.31%이기에 이 채권에서 1년간 발생하는 이자는 631원입니다. 3개월 이표일마다 10,000원의 액면가당 631원의 1/4 수준인 157~158원씩 이자가 지급된다는 얘기입니다. 만약 금리의 변화가 없다면 이 채권의 가치는 매일 하루 경과이자 '631 ÷ 365 = 약 1.73원'씩 증가하다가 3개월 후 이자를 투자자에게 지급하면서 가치는 다시 10,000원이 되었다가 다시 경과이자만큼 가치가 증가하는 수순을 밟게 됩니다.

한편 1년물로 발행되었던 채권의 투자 기간이 362일이라는 얘기는 이 채권이 현재 발행된 지 3일이 지난 채권이라는 뜻인데요, 3일간 경과이자 5원(단가 계산 시 소수점 이하는 절사함)이 발생했기에 증권사가 제시하는 매수가격 10,064원에는 3일간의 경과이자 5원이 포함되어 있습니다.

● '신한금융지주136-1'의 표면이자율

표면금리가 1.17%이기에 이 채권에서 1년간 발생하는 이자는 117원입니다. 3개월 이표일마다 10,000원의 액면가당 117원의 1/4 수준인 29원~30원씩 이자가 지급된다는 얘기입니다. 만약 금리의 변화가 없다면 이 채권의 가치는 매일 하루 경과이자 '117 ÷ 365 = 약 0.32원'씩 증가한다고 보면 됩니다. 이 채권의 가격 9,910원에도 지난 이표일 이후 매일 0.32원씩 쌓이는 경과이자가 포함되어 있습니다.

② 매수수익률(매수금리)과 매수가격

투자시점에서 만기일까지의 세전 채권이자율. 즉, 만기수익률을 뜻합니다. 변화하는 매수수익률에 따라 매수가격도 시시각각 변화합니다.

● '키움캐피탈148'의 매수수익률

이 채권의 매수금리는 5.69%인데요. 매수금리가 표면금리 6.31%보다 62bp 낮다는 것을 보면 매수가격이 액면가보다 높을 것임을 미리 추정할 수 있습니다(채권 금리가 내리면 채권 가격은 올라간다는 사실, 기억하시죠?). 사실 채권의 가격은 '액면가+경과이자+자본손익'으로 구성되어 있는데요. 표면금리와 매매금리의 차이 즉, 금리의 변동으로 발생하는 섯이 사본손익이라 할 수 있습니다. 대략적인 자본손익을 계산하는 방법은 셋째 마당에서 학습했습니다. 기억하시나요? 이 채권은 다음과 같은 방식으로 자본이익을 대략 계산할 수 있습니다.

$$투자금액 \times 금리변동\% \times 듀레이션(평균만기)$$
$$= 10,000(원) \times 0.62(\%) \times 362/365(년)$$
$$= 약 61원$$

역시나 앞의 채권정보를 보면 매수금리 5.69%에 대한 가격은 10,064원으로 계산되어 표기되어 있습니다. 이 가격에서 3일간 경과이자 5원을 제외한 가격 10,059원을 전문용어로 '클린 프라이스'(경과이자 부문을 제외한 가격)라고 하는데요. 클린 프라이스가 액면가보다 59원 높다는 얘기는 59원만큼 금리의 변화에 따른 자본이익이 보유자(증권사)에게 발생했다는 얘기입니다(우리가 계산한 추정치는 약 61원이어서 약간 차이가 납니다). 반면 경과이자와 자본손익이 모두 포함된 매수가격 10,064원을 전문용어로 '더티 프라이스'라고 부릅니다.

Clean Price = 액면가+자본손익 = 10,000 + 59 = 10,059원
Dirty Price = 액면가+경과이자+자본손익 = 10,000 + 5 + 59 = 10,064원

잠깐만요

채권 매수가격(더티 프라이스)에서 경과이자를 제외한 '클린 프라이스'를 유추하는 방법

❶ 표면금리를 확인하고 이를 통해 하루 경과이자를 계산한다.
   (예시) 표면금리가 3.65%라면 하루 경과이자는 1년 이자 365원÷365일 = 1원으로 계산된다.
❷ 지난 이표 지급일 이후 경과일을 계산하여 경과이자를 산정한다.
   (예시) 3개월 이표채의 도래하는 이자지급일이 6월 30일이라면 직전 이자지급일은 3월 31일이다.
   만약 매수일 날짜가 5월 30일이라면 직전 이자지급일 이후 60일이 경과했으므로 경과이자는 60원으로 산정된다.
❸ 매수가격에서 산정된 경과이자를 뺀 '클린 프라이스'를 유추한다.
   (예시) 만약 해당 채권의 매수가격이 10,110원이라면 경과이자 60원을 제외한 10,050원이 '클린 프라이스'이다. 이 50원은 표면금리보다 매수금리가 낮아(금리 하락) 상승한 자본수익 금액이다.

한편 발행일 후 며칠 지나지 않아 증권사에서 장외로 팔리고 있는 채권은 처음부터 개인 고객들에게 소매금융으로 판매하기 위해 증권사에서 발행시상에서 매입했을 가능성이 높습니다. 그렇다면 증권사는 발행금리 6.31%와 판매금리 5.69%의 차이인 0.62%만큼의 마진을 얻게 되는 것입니다. 만약 증권사가 100억 원치의 해당 채권을 매입 후 리테일 창구에서 금일 모두 판매한다면 3일만에 100억 원의 0.62%인 6,200만 원의 이익을 얻게 되는 것입니다.

● '신한금융지주136-1'의 매수수익률

이 채권의 매수수익률은 3.41%인데요. 매수금리가 표면금리 1.17%보다 높다는 것을 보고 매수가격(Clean Price)이 액면가보다 꽤 쌀 것이라는 것을 미리 추정할 수 있습니다(채권 금리가 올라가면 채권 가격은 내려간다는 것을 기억하세요). 역시나 위의 채권정보를 보면 매수금리 5.69%에 대한 가격은 9,910원으로 액면가 대비 낮게 계산되어 표기되어 있습니다. 이를 계산해보면 아래와 같은데요.

이 채권의 매수일은 7월 15일이고, 지난 이자 지급일 4월 29일 이후 77일간 경과이자는 '표면이율 × 액면가 ÷ 365 × 경과일'로 계산하므로

1.17% × 10,000원 ÷ 365일 × 77일 = 약 25원

채권의 더티 프라이스 9,910원에서 경과이자 25원을 제외한 9,885원이 이 채권의 클린 프라이스가 되는 것입니다.

③ 세후수익률 및 은행환산수익률

세후수익률은 말 그대로 이자소득세를 제한 후 남는 금액의 수익률입니다. 은행환산수익률(세전 은행환산금리)는 채권에 투자했을 때 몇 %의 예금과 세후 기준으로 똑같은 효과를 얻는지를 보여주는 금리입니다. 만약 은행예금 금리가 5%라면 이자소득세 15.4%를 제한 세후수익률은 '5%

 알아두세요

채권은 2025년 이전까지는 매수금리가 아닌 표면금리에 이자소득세가 매겨집니다. 때문에 은행환산수익률이란 용어는 2025년부터는 사라질 예정입니다. 금융투자소득세의 도입으로 채권에 표면금리 외에도 표면금리와 매수수익률의 차이인 자본손익에 대해서도 세금이 산정되기 때문입니다. 단, 이 부분은 향후 정책 변경으로 내용이 바뀔 수 있습니다.

×(1-0.154) = 4.23%'가 세후수익률이 되지요? 따라서 은행환산수익률이 5%라는 얘기는 이 채권의 세후수익률도 4.23%가 된다는 것입니다. 한편, 채권 경과물의 세후 수익률과 은행환산수익률의 경우 이미 매수 전 경과이자에 대한 세금까지 고려해야 하는 이유로 개인투자자들이 정확한 계산을 하기는 꽤 어렵습니다. 그래서 대략적인 계산은 해보되 정확한 계산은 증권사가 제시하는 수익률을 참조하면 좋습니다.

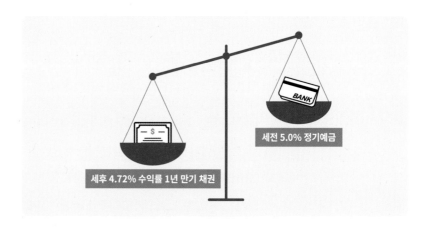

세전 5.0% 정기예금

세후 4.72% 수익률 1년 만기 채권

● '키움캐피탈148'의 세후수익률

해당 채권의 은행환산수익률 5.55%는 이 채권의 세후수익률이 5.55% 짜리 은행예금의 세후수익률과 같다는 것을 보여줍니다. 매수금리는 5.69%이지만 표면금리가 6.31%나 되어 이자소득세는 6.31%에 대한 15.4% 즉, 0.97%나 됩니다. 따라서 이 채권의 대략적인 세후수익률은 '5.69%-0.97% = 4.72%'입니다, 이는 5.58% 예금의 세후수익률과 같다고 간단히 계산할 수 있습니다. 하지만 증권사는 경과이자에 관한 미묘한 차이를 보다 정확히 계산하여 은행환산수익률을 5.55%로 우리에게 보여주는 것입니다. 해당 채권의 은행환산수익률 5.55%는 이 채권의 세후수익률이 같은 투자기간 5.55%짜리 은행예금의 세후수익률과 같다는 것을 보여줍니다.

 알아두세요

은행환산수익률 = 세전 은행환산금리 = 은행예금 환산수익률 = 예금환산금리 등으로 불리기도 합니다. 모두 같은 용어이니 기억해 두세요.

● '신한금융지주136-1'의 세후수익률

신한금융지주채의 경우 매수금리는 3.41%이지만 표면금리는 1.17%에 불과해 이자소득세는 1.17%에 대한 15.4%인 0.18%입니다. 결국 이 채권의 세후수익률은 약 '3.41 − 0.18 = 3.23%'가 됩니다(이 역시 경과이자에 대한 문제로 정확한 계산과는 조금 차이가 날 수 있습니다). 은행예금의 경우 금리가 3.82%일 때 세후수익률은 '3.82%×(1−0.154) = 3.23%'로 이 채권의 것과 같으므로 3.82%가 세전 은행환산금리가 되는 것입니다. 한마디로 세금을 따져보았을 때, 이 채권의 수익 효과는 은행예금 3.82%짜리에 가입하는 것과 같다는 얘기입니다.

시가평가표로 수익률이 타당한지 참고할 수 있어요

국민주택 5년 만기 채권을 매수할 때 적정금리 수준인지를 확인하는 방법

진영이는 여윳돈을 5년간 안정적으로 운용하고자 어느 증권사의 MTS 장외시장에서 '국민주택1종채권 23-09'에 투자하려 합니다. 하지만 그 전에 증권사가 제시하는 매수금리 4.13%가 시장금리를 크게 벗어나지 않는 적절한 수익률인지 확인할 필요가 있습니다. 이럴 때 도움이 되는 것이 금융투자협회 사이트(https://www.kofiabond.or.kr/)에서 제공하는 '채권시가평가수익률표'입니다.

채권시가평가수익률

HOME>시가평가>채권시가평가수익률

| 일자별 | 기간별 |

| 조회일 | 2023-09-27 🗓 | | 기관명 | 평가사 평균('23.1.9~) ∨ | 조회 > |

기관명 * 2023년 1월 9일부터 2개이상 평가회사를 선택하여 조회하시면 평균값을 확인할 수 있습니다.
☑ 나이스피앤아이 ☑ 한국자산평가 ☑ KIS자산평가 ☑ 에프앤자산평가 ☑ 이지자산평가

(단위 : %) 📋

종류	종류명	신용등	3월	6월	9월	1년	1년6월	2년	2년6월	3년	4년	5년	7년	10년	15년	20년	30년	50년
국채	국고채권	양…	3.4…	3.6…	3.5…	3.6…	3.799	3.859	3.880	3.875	3.926	3.925	3.994	4.012	3.964	3.931	3.882	3.857
	제2종국민주택채권	-	3.2…	3.4…	3.4…	3.5…	3.589	3.711	3.789	3.847	3.885	4.036	3.998	4.097	-	-	-	-
	제1종국민주택채권	기…	3.5…	3.6…	3.6…	3.7…	3.826	3.942	4.015	4.063	4.093	4.260	-	-	-	-	-	-

출처: 금융투자협회

위의 정보를 통해 잔존만기 5년 국민주택1종 채권의 민간평가사 평균 금리는 4.26%임을 알 수 있습니다. 민간평가사들의 평균수익률(민평수익률)인 4.26%보다 0.13% 낮은 4.13%로 증권사에서 매수금리를 제시하고 있는데요. 소량으로 매매하는 리테일 가격이기에 평가금리보다는 어느 정도 비쌀 수(금리가 낮을 수) 있음을 감안해야겠지요? 증권사에 지불하는 일종의 수수료라고 생각하면 되겠습니다.

장외 채권시장에서는 판매하는 증권사가 과도한 마진을 뗀 후 고객에게 비싸게 채권을 매도할 우려가 있고 장내시장에서는 터무니없이 비싼 가격으로 매도호가가 올라와 있을 경우가 많습니다. 때문에 채권을 매수할 경우에는 항상 매수금리가 금융투자협회 사이트에 올라와 있는 시가평가수익률표의 금리와 너무 괴리가 크지 않은지 확인하고, 다른 증권사 매물의 금리, 장내시장에서 매수힐 수 있는 금리 등을 꼼꼼이 체크한 후 가상 유리한 금리의 채권을 매입하는 절차를 밟아야 합니다.

기한이 있는 자금으로 예금보다 높은 수익 안전하게 얻기

자금의 규모, 투자 가능 기간, 위험에 대한 민감도 등 투자금의 성격은 투자자마다 모두 다를 것입니다. 투자금의 성격을 잘 이해하고 그 성격에 맞는 투자 대상을 찾는 것 또한 아주 중요한 투자의 기본입니다. 어떤 이는 풍요로운 노후생활을 위해 어느 정도의 위험을 감내하며 장기간 운용할 수 있는 자금을 가지고 투자에 임할 것이고, 어떤 이는 2~3년 후로 계획하고 있는 결혼 자금을 위해, 또 어떤 이는 1년 후 입주하는 아파트의 잔금을 치르기 위해 원금손실 없이 운용해야 할 것입니다. 이렇게 각자의 자금 상황은 천차만별입니다. 한정된 자금 시한에 맞추면서도 예금보다는 좀 더 높은 수익률을 원하는 투자자의 채권 실전투자과정을 살펴보려 합니다.

예금금리 알아보는 방법

채권을 매수하기에 앞서 예금금리 수준이 어느 정도인지를 알아두면 채권금리들과 비교가 쉽겠죠? 정해둔 기간의 예금금리가 어느 정도인지를 알아보는 방법은 다음과 같습니다.

은행연합회 소비자포털

은행	상품명	기본금리(단리이자 %)				최고우대금리(단리이자 %)				성세정보	전월취급 평균금리 (만기 12개월 기준)
		6개월	12개월	24개월	36개월	6개월	12개월	24개월	36개월		
Sh수협은행	헤이(Hey)정기예금	3.80	4.00			3.80	4.00			보기	3.75
SC제일은행	e-그린세이브예금	3.70	3.90			3.90	4.20			보기	3.56
전북은행	JB 123 정기예금 (만기일시지급식)		3.80				3.90	4.00	4.10	보기	3.40
전북은행	JB 다이렉트예금통장 (만기일시지급식)	3.75	3.80			3.75	3.80			보기	3.50
케이뱅크	코드K 정기예금	3.40	3.80	3.40	3.40	3.40	3.80	3.40	3.40	보기	3.60
우리은행	WON플러스예금	3.67	3.73	3.36	3.33	3.67	3.73	3.36	3.33	보기	3.57
IBK기업은행	1석7조통장(정기예금)	3.56	3.65	3.70	3.78	3.56	3.65	3.70	3.78	보기	3.44
BNK부산은행	더(The)특판 정기예금	3.45	3.60	3.25	2.95	3.85	4.00	3.65	3.35	보기	3.65

은행연합회 소비자포털

❶ **은행연합회 소비자포털**: 검색을 통해 메인화면에 접속합 니다(https://portal.kfb.or.kr).

❷ **금리/수수료 비교공시**: 메뉴에서 예금상품금리비교 화면 을 띄운 후 예금금리를 선택합니다.

❸ **정기예금**: 보이는 메뉴 중에 정기예금을 선택합니다.

❹ **전체 은행**: 많은 은행의 상품을 비교하기 위해 전체를 체크합니다.

❺ **이자 계산방식과 가입방식, 정렬방식**: 원하는 조건을 선택합니다.

❻ **검색** → ❼ **기간별 금리 확인**: 화면에 나타난 여러 상품과 금리를 확인합니다.

은행 예금들을 살펴보니 세전 금리가 기본 4%에서 우대 요건에 따라 4.2%에 이른다는 것을 알 수 있습니다. 예금금리보다 더 높은 이자수익을 원하는 채권투자자의 입장에서는 입맛에 맞는 만기의 채권 중 은행 환산수익률이 4.2%보다 더 높은 채권을 찾는 방식으로 원하는 투자를 실행할 수 있습니다.

장외시장에서 필요한 만기의 채권 찾기

진영은 보유 중인 예금이 만기되어 1천만 원이 생겼습니다. 이 돈으로 정확히 363일 뒤에 도래하는 전세 만기일의 전세가 인상에 대비하고자 투자 기간이 1년 미만이면서 예금보다 금리가 높은 채권을 찾고자 합니다. 진영은 우선 자신이 가입한 두 곳의 증권사 MTS에서 장외채권들을 검색해 보았습니다. 장외시장 채권들은 각 증권사들이 보유한 채권들을 고객들에게 내어놓고 판매하는 곳이기에 기왕이면 많은 증권사의 채권 매물들을 비교하고 선별하는 것이 유리하겠지요? 장외채권 시장에서 채권을 매매할 수 있는 시간은 오전 8시~오후 4시까지로, 이는 장내채권 시장의 거래시간인 오진 9시~오후 3시 30분에 비해 조금 긴 편입니다.

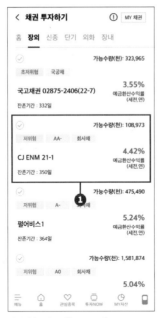

미래에셋투자증권 'M-STOCK'　　　　　　신한투자증권 '신한알파'

진영은 평소 거래하는 두 증권사의 장외채권시장에 나열된 채권들을 만기순이나 수익률이 높은 순 등으로 정렬하며 본인의 상황에 맞는 채권을 찾아보았습니다. 위 그림은 만기순으로 정렬한 후 1년 내외의 투자 기간을 가진 채권을 찾은 결과 화면입니다. 각 화면 상단의 국고채권이나 AAA의 신용등급 공사채권들은 예금환산수익률이 4% 미만이므로 진영의 목적에 맞지 않기에 일단 제외하고 보겠습니다.

진영은 자신의 목적에 가장 부합하는 채권 2개를 찾았습니다.

채권 ❶ 'CJ ENM 21-1' 채권은 비교적 안전한 등급인 AA- 등급의 회사채로, 예금환산수익률이 4.42%이므로 앞서 조회한 예금보다 수익률이 조금 더 높습니다.

채권 ❷ '키움캐피탈148'는 A-의 신용등급을 가진 채권으로, 앞서 본 채권보다 신용등급은 낮으나 예금환산수익률이 5.55%에 달하여 예금보다 상당히 높은 수익을 얻을 수 있습니다.

진영은 '키움캐피탈148'의 신용도에 대해 좀 더 분석한 뒤 투자를 결정하기로 하였습니다.

이처럼 신용등급이 다소 낮은 경우 신용평가기관들의 신용분석 리포트 등을 확인해 보는 것이 좋습니다. 인터넷에서 '키움캐피탈 신용평가'를 검색하면 다음과 같이 신용평가사에서 최근에 실행한 키움캐피탈의 신용분석 보고서를 찾아볼 수 있습니다.

| 키움캐피탈 신용평가 인터넷 검색 화면 |

또는, 각 신용평가사 사이트에 들어가 회사명을 검색하면 다음의 화면처럼 신용분석 리포트 리스트를 볼 수 있습니다.

| 키움캐피탈 신용평가 인터넷 검색 화면 |

리스트에서 가장 최근에 분석한 리포트에 들어가 보면 다음과 같은 신용분석 전문가들의 신용평가분석 내용을 상세히 볼 수 있습니다.

| 신용분석 리포트의 내용 일부 |

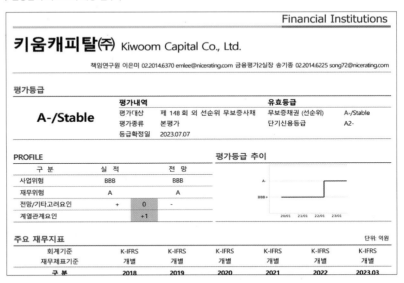

이런 식으로 신용평가분석 내용을 찾아서 재무안정성과 자산건전성의 추이를 살펴보고, 앞으로 긍정적이거나 부정적인 등급 변동 요인이 예상되는지를 확인할 수 있습니다. 진영의 경우 전세자금에 사용해야 하므로 보다 안전한 'CJ ENM 21-1' 채권에 우선적으로 투자하는 것이 올바른 선택일 수 있습니다. 하지만 키움캐피탈 신용분석보고서를 꼼꼼히 살펴보고 1년 정도는 이 회사에서 부도나 등급하향 같은 크레딧 이벤트가 발생하지 않을 것이라는 확신이 생긴다면 상대적으로 수익률이 높은 '키움캐피탈148'을 선택하는 것도 괜찮을 것입니다.

장외시장에서 선택한 채권에 투자하기

진영은 키움캐피탈 회사의 신용분석 리포트를 꼼꼼히 읽어보고 1년 정도는 이 회사에서 부도나 등급하향 같은 크레딧 이벤트가 발생하지 않을 것이라 확신하고 투자를 결정했습니다. 이제 예금환산수익률 5.55%인 '키움캐피탈148' 채권을 예로 들어 신한알파 MTS 장외시장에서 실제로 채권투자를 실행하는 절차를 알아보겠습니다.

 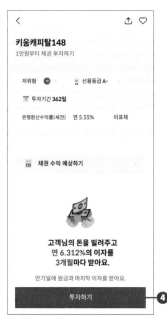

❶ **장외**: 채권을 탐색할 시장을 선택합니다. 장외시장은 소매(리테일) 고객들에게 해당 증권사가 보유한 채권을 판매하는 시장입니다.

❷ **정렬방식**: 원하는 만기물을 찾기 위해 만기가 짧은 순으로 정렬합니다.

❸ **채권선택**: 위험등급과 수익률 등 간단한 안내를 참조하여 관심 높은 채권을 선택합니다.

❹ **투자하기**: 간단한 정보를 확인하고 매수 의사가 생기면 다음 창으로 이동합니다.

❺ **투자하기** → ❻ **매수**: 모든 정보를 재확인하고 매수를 결정하면 됩니다.

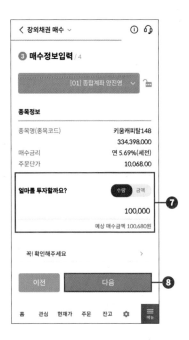

❼ **매수량, 금액**: 매수할 수량 또는 금액을 결정하여 입력합니다. 이때 수량을 기준으로 설정하면 선택한 수량에 단가를 곱한 가격으로 예상 매수금액이 표시됩니다. 금액을 기준으로 설정하면 그 금액으로 매수가능한 수량이 계산되어 표시됩니다.

❽ **다음**: 다음을 눌러 매수를 실행합니다.

❾ **주문내역**: 잔고 메뉴로 이동하며, 매수 완료로 표시된 채권을 클릭하면 상세 내용을 확인할 수 있습니다. 장외채권은 당일 거래시간까지는 번거로운 절차 없이 주문을 취소할 수 있습니다.

투자효과 살펴보기

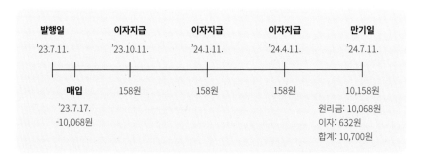

위 그림은 진영이 '키움캐피탈148' 채권을 10,068원에 매입했을 경우의 현금 흐름표입니다. 발행일 7일 후 10,068원에 매수한 이 채권에서 3개월마다 약 158원씩 이자가 발생하다 만기일에 약 10,158원을 지급받으

며 채권이 소멸되는 모습을 보입니다.

위 현금흐름표의 상황을 매입시점에서 만기수익률(YTM) 계산을 해보면 증권사에서 계산해서 제시한 매수수익률 5.69%와 일치합니다. 아래는 진영이가 이 채권에 투자할 경우의 투자결과를 정리한 것이니 참고하세요. 일부 증권사들은 세금정보 등 투자금액에 대한 상세내역을 제공하므로 투자 시 참고가 됩니다.

| 액면가 10,000원 투자 시 예상 수익표 |

발행금리	6.312%
이자지급유형	3개월 이표채
투자기간	1년
매수금액	10,068원
총상환원리금	10,700원
총수익	632원
총투자수익률	5.69%
만기수익률(YTM) = 매수수익률	5.69%
세후투자수익률(연)	4.81%
예금환산수익률(세전,연)	5.05%

'우산과 소금' 포트폴리오를 위한 채권 매수 전략

지혜는 평소 주식과 채권에 분산하여 투자하고 있습니다. 또한, 새로운 현금이 생길 때마다 주식과 채권의 위험 대비 기대수익률을 비교한 뒤 상대적으로 유리한 자산을 추가 매입하는 식으로 자산배분 운용을 하고 있습니다. 최근 시중금리가 많이 상승하여 채권의 기대수익률이 높아진 것을 간파한 지혜는 이번 달 급여를 받으면 평소 자산배분용으로 즐겨 투자하는 국민주택 1종이나 지역채권 같은 첨가소화채를 추가로 매입하려 합니다. 듀레이션 5년 내외의 첨가소화채는 경기가 나빠질 때 가격이 상승하여 '우산과 소금' 효과가 꽤 큰 데다 세금 차원에서도 유리하기 때문입니다. 첨가소화채의 거의 대부분은 복리채이기 때문에 복리효과가 높고 중도에 발생하는 현금이 없어 관리하기에도 편리합니다. 국채와 거의 유사한 높은 신용도를 가진 점도 장기투자를 기본으로 하는 지혜의 입맛에 딱 맞습니다.

장외시장에서 첨가소화채 매수하기

미래에셋투자증권 'M-STOCK'　　　　신한투자증권 '신한알파'

두 증권사의 장외채권시장에서 정렬 방식을 국공채로 설정하여 조회한 뒤 나온 첨가소화채를 만기순이나 수익률이 높은 순으로 정렬하여 본인의 상황에 맞는 채권을 찾아봅니다.

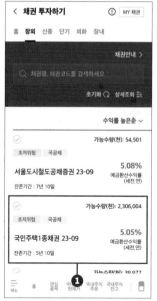

미래에셋투자증권 'M-STOCK'　　　　신한투자증권 '신한알파'

위 그림은 수익률이 높은 순으로 정렬한 후 5년 내외의 투자 기간을 가진 채권을 찾은 결과 화면입니다. 'M-STOCK'에서 보이는 상단의 채권 '서울도시철도공채증권 23-09'는 수익률이 0.3% 더 높지만 만기가 7년이므로 원하는 투자기간과 맞지 않아 제외합니다. 만약 5년물과 7년물의 금리 차이가 0.5% 이상이 나면 지혜는 7년물이더라도 매입을 적극 검토할 예정입니다.

적절한 채권 2개를 찾아 비교해 보았습니다. **채권❶** 국민주택채권의 예금환산수익률은 5.05%로, **채권❷** 인천지역채권의 예금환산수익률 4.83%보다 높아 선택하기로 하였습니다.

5년 만기 첨가소화채 매수 절차

지혜는 앞서 여러 증권사의 첨가소화채를 비교해 본 후 예금환산수익률 5.05%인 미래에셋 MTS 장외시장의 '국민주택1종채권 23-09'를 선택해 매수하기로 합니다.

❶ 투자하기 → ❷ 채권 → ❸ 장외채권 찾기: 순서대로 장외시장 탐색 화면에 들어갑니다.

❹ 상세조회: 국공채를 선택합니다.

❺ 정렬 → ❻ 채권선택: 나열된 채권 중 관심 있는 상품을 선택하여 상세화면으로 이동합니다.

잠깐만요

첨가소화채의 발행일이 왜 현재보다 늦을까요?

첨가소화채의 경우 발행일에 앞서 한달 동안 시장에서 거래될 수 있습니다. 예를 들어 '국민주택1종채권 23-9'의 공식적인 발행일은 2023년 9월 말이지만 실질적으로는 9월 1일부터 9월 30일까지 주택취득자들이 매입하는 국민주택채권들을 일별로 발행해주는 셈이기 때문이지요.

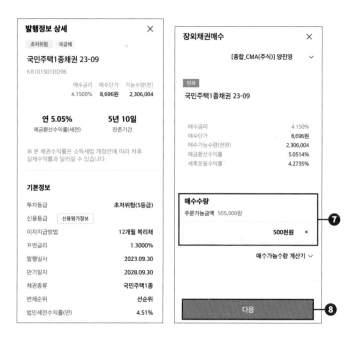

❼ 매수수량 → ❽ 다음: 모든 발행정보와 매매정보를 확인한 후 매수수량을 입력하고 매수 절차를 진행합니다.

앞서 매수금리는 현재부터 만기일까지 보유하면 얻을 수 있는 만기수익률임을 배웠지요? 매수금리가 4.15%이고 표면금리가 1.3%임을 확인할 수 있는데요, 매수금리가 표면금리보다 크게 높은 것을 보고 매수단가가 액면가보다 크게 낮을 것이라는 것을 추정할 수 있지요(하지만 발행일 후 시일이 많이 경과한 복리채의 경우 누적된 이자 때문에 매수단가가 높은 경우도 있어요).

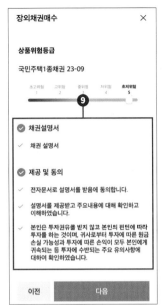

❾ **설명 및 동의**: 장외채권 매수 절차에 있어 꼼꼼하게 확인해야 할 사항입니다. 채권설명서를 선택하면 PDF 파일 창이 띄워지며, 투자하려는 채권의 내용 및 투자위험에 대한 내용을 파악할 수 있습니다.

❿ **장외채권 매수**: 화면에서 종목명과 매수 수량, 금액 및 단가를 확인한 후 매수를 클릭하면 주문이 완료됩니다.

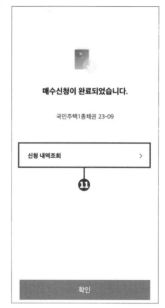

⑪ **신청 내역조회**: 매수 신청을 완료하면 마지막으로 화면에서 체결수익률, 체결 수량, 체결 단가 및 정산금액의 이상 유무와 진행 상황을 확인합니다.

투자효과 살펴보기

위 그림은 지혜가 매수한 '국민주택1종채권 23-09' 투자에 대한 현금흐름표입니다. 약 5년 후 모든 원리금 1,066,700원을 지급합니다. 표면금리 1.3%의 복리채로 이 채권을 할인하여 869,600원에 매입한다면 만기수익률(YTM)은 증권사에서 계산하여 제시한 매수수익률 4.15%와 동일하겠지요. 지혜가 이 채권에 투자할 경우의 투자 결과를 정리하면 다음과 같으니 참고하세요.

액면가 100만 원 투자시 예상 수익표	
발행금리	1.3%
이자지급유형	12개월 복리채
투자기간	5년 10일
매수금액	869,600원
총상환원리금	1,066,700원
총수익	197,100원
총투자수익률	22.67%
만기수익률(YTM) = 매수수익률	4.15%
세후투자수익률(연)	4.27%
예금환산수익률(세전,연)	5.05%

장내시장에서 첨가소화채 매수하기

이번에는 장내시장에서 첨가소화채에 투자하는 과정을 알아보겠습니다. 첨가소화채는 장외시장뿐 아니라 장내시장에서도 매수할 수 있습니다. 장내시장은 증권거래소에서 거래되는 공식적인 시장으로, 모든 거래 정보가 투명하게 공개되므로 투자하려는 금융상품의 정보를 얻기 용이합니다. 매매할 수 있는 시간은 오전 9시~오후 3시 30분입니다. 첨가소화채에 투자하기 위해 상품을 선택하려면 증권사 MTS의 장내시장 화면에서 '일반, 주식, 소액' 중 '소액'을 선택합니다. 예시로 한국투자증권 MTS를 활용하여 5년 내외의 만기를 가진 '경기지역개발23-10'에 투자해 보겠습니다.

| 증권사별 장내채권시장에서 보이는 상품의 일부 내역 |

한국투자증권 MTS

미래에셋투자증권 MTS

NH투자증권 MTS

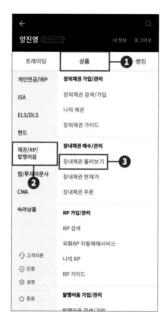

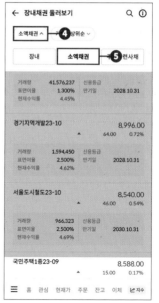

❶ 상품 → ❷ 채권/RP/발행어음 → ❸ 장내채권 둘러보기 → ❹ 구분

❺ 소액채권: 시장 구분(장내, 소액채권, 주식관련사채) 중에서 소액채권을 선택합니다.

❻ **채권 선택**: '경기지역개발23-10' 채권의 경우 현재 호가에 따른 매수 수익률이 4.62%임을 알 수 있습니다. 투자하려는 채권을 선택하여 다음 화면으로 이동합니다.

❼ **체결**: 호가, 체결, 종목정보 메뉴에서 체결을 선택하여 해당 채권의 실시간 및 일별 가격과 체결량을 파악하고 종목정보를 누릅니다.

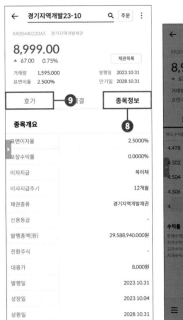
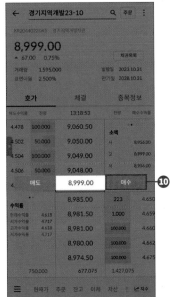

❽ **종목정보**: '경기지역개발23-10' 채권 정보를 확인합니다. 화면을 통해 표면이자율이 2.5%임을 인지합니다. 앞서 확인한 매수수익률이 4.62%로 표면금리보다 크게 높으므로 매수단가가 액면가보다 크게 낮음을 알 수 있습니다. 12개월 복리채이며, 만기일이 2028년 10월 31일 임을 확인하여 투자기간이 목표에 부합하는지 검토합니다.

❾ **호가**: 투자 의사결정을 내렸다면 해당 채권을 매수하기 위해 화면을 이동합니다. 호가화면에서는 매수/매도 호가와 호가에 해당하는 만기수익률을 확인할 수 있지요. 매도호가 8,999원에 해당하는 만기수익률은 4.618%인데요. 이 수익률에 만족한다면 이 가격에 매수주문을, 보다 저가(높은 수익률)에 매수하고 싶다면 저가에 매수주문을 실행하면 되겠습니다.

❿ **가격**: 모든 의사결정이 끝나면 주문 메뉴 또는 원하는 가격을 클릭하고 매수를 누릅니다.

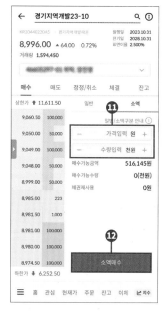

⓫ 가격과 수량 → ⓬ 소액매수 → ⓭ 매수주문: 매수 절차를 진행합니다.

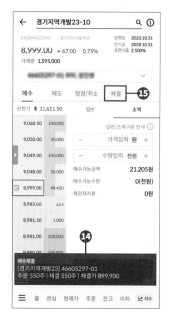

❶❹ 매수체결 알림 → ❶❺ 체결 : 주문이 체결되면 하단에 알림이 표시되므로 메뉴를 눌러 주문 결과를 확인합니다.

투자효과 살펴보기

매입			만기일
'23.10.6.			'28.10.31.
-899,900원			1,116,415원

위 그림은 지혜가 매수한 '경기지역개발23-10' 투자에 대한 현금흐름표입니다. 발행일 당시 869,600원에 매입한 이 채권을 표면금리 2.5%의 복리채로 5년 뒤 모든 원리금 1,116,415원을 지급합니다. 이 채권을 할인하여 899,900원에 매입한다면 만기수익률(YTM)은 증권사에서 계산하여 제시한 매수수익률 4.618%와 동일하겠지요. 투자 결과를 정리해 보면 다음과 같으니 참고하세요.

| 액면가 100만 원 투자시 예상 수익표 |

발행금리	2.5%
이자지급유형	12개월 복리채
투자기간	5년
매수금액	899,900원
총상환원리금	1,116,415원
총수익	216,515원
총투자수익률	24.06%
만기수익률(YTM) = 매수수익률	4.618%
세후투자수익률(연)	4.37%
예금환산수익률(세전,연)	5.16%

장내시장에서 보유한 첨가소화채 매도하기

채권을 만기일까지 보유하고 상환받는 방법도 있지만, 채권가격과 금리의 변동에 따라 중도에 매도하여 시세차익을 확보하기도 합니다. 이번에는 장내시장에서 보유한 첨가소화채를 매도하는 과정을 알아봅니다. 매도할 수 있는 시간은 평일 오전 9시~오후 3시 30분입니다.

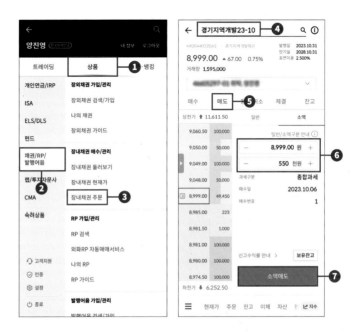

❶ 상품 → ❷ 채권/RP/발행어음 → ❸ 장내채권 주문을 통해 주문 화면으로 이동합니다.

❹ 검색: 매도할 채권명을 입력합니다.

❺ 매도 → ❻ 매도가격·수량 입력 → ❼ 소액매도 절차를 통하여 보유채권의 매도를 진행합니다.

첨가소화채를 중도 매도하려면 알아두세요

발행한 지 얼마 지나지 않은 첨가소화채의 경우 매매가 활발하고 매수호가가 촘촘히 형성되어 있는 편이므로 시장가격으로 매도할 수 있는 기회가 많은 편입니다. 하지만 발행 수 개월 후부터는 매매가 급격히 줄어들어 시장가격으로는 제대로 팔 기회가 줄어들지요. 이런 경우에는 시장 시세보다 살짝 싸게 매도호가를 올려보세요. 관심을 가진 투자자가 나타날 수 있으니까요.

목돈을 투자하여 꾸준히 현금을 받고 싶다면, 월 지급식 장기후순위채

회사에서 퇴직하거나, 거치한 예금의 만기가 도래하거나, 보유한 자산을 매매하는 등의 다양한 사유로 인해 때때로 목돈을 갖고 있는 상황이 발생합니다. 이러한 목돈을 안정적인 금융상품에 투자하면서 장기적으로 꾸준한 현금흐름을 만들고 싶다면 눈여겨볼 만한 것이 월지급식 장기후순위채입니다.

최근 퇴직한 준식은 상당한 금액의 퇴직금 중 일부로 새로운 형태의 월급식 현금흐름을 만들고자 월 지급식 장기후순위채에 투자를 검토하고자 합니다.

금융기관 파산시 채무변제순위

1. 선순위 담보부 채권자
2. 선순위 무담보부 채권자
3. **후순위채권자**
4. 신종자본증권 채권자 (후후순위)
5. 우선주
6. 보통주

후순위 채권은 채무 변제 순위에서 일반 채권보다는 뒤지나 우선주나

보통주보다는 우선하는 채권입니다. 선순위 채권에 비해 상환 순위가 뒤로 밀리고 만기도 긴 편이지만 상대적으로 높은 금리를 제공한다는 점과 신종자본증권 및 주식에 비해서는 앞선 변제 순위를 가지고 있다는 장점도 있습니다. 많은 금융기관이 순자본비율(NCR) 개선 등의 효과를 위해 지속해서 후순위채를 발행하고 있기에 개인투자자 입장에서는 입맛에 맞는 상품을 찾을 기회가 꽤 있습니다. 종종 보이는 월지급형 이자지급방식의 후순위채 상품에 목돈을 투자한다면 매달 안정적인 현금흐름을 창출할 수도 있겠지요.

월지급식 장기후순위채 매수하기

❶ 상품·솔루션·연금 → ❷ 채권 → ❸ 장외채권찾기/주문 → ❹ 조건 및 정렬 → ❺ 채권선택: 장외채권 매수화면으로 이동한 후 채권 목록정렬(수익률, 신용등급, 잔존기간, 위험등급)을 하며 원하는 채권을 탐색하여 조건에 맞는 채권을 선택합니다.

❻ **채권매수**: 발행정보와 매매정보 등을 살펴본 후 매수 의도가 생긴다면 절차를 진행합니다. 수익률의 경우 많은 증권사에서 주요 수익률 정보에 세후수익률과 은행환산금리만 보여주는 경우가 많은데요. 채권의 가장 기본적인 수익률인 만기수익률(YTM), 즉, 매수수익률을 꼭 확인해 보아야 합니다. 위 화면에서는 매수수익률이 6.7%임을 확인할 수 있는데, 표면금리 7%보다 낮으므로 매수단가가 액면가보다 높다는 것을 추정할 수 있습니다. 발행정보에서 이자지급주기가 1개월인 것을 확인할 수 있군요.

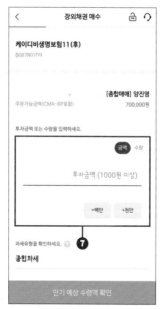

❼ 투자금액 / 수량 → ❽ 만기 예상 수령액 확인 → ❾ 다음: 매수 희망 금액 또는 수량을 기입 후 동 투자의 현금흐름을 확인하고 다음 창으로 이동하여 매수를 실행합니다.

❿ **확인**: 채권 매수가 완료되면 주문내역에서 거래 정보를 마지막으로 확인할 수 있습니다.

투자효과 살펴보기

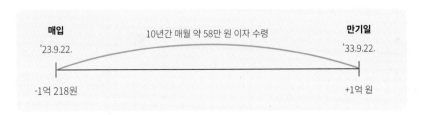

위 그림은 준식이 매수한 '케이디비생명보험11(후)' 투자에 대한 현금흐름표입니다. 발행일 당시 10,218원에 매입한 이 채권을 표면금리 7%로 매월 약 58만 원을 받다가 매수일로부터 10년이 흐른 만기일에 원리금 1억 원을 수령합니다. 투자 결과를 정리해보면 다음과 같습니다.

| 액면가 1억 원 투자시 예상 수익 |

발행금리	7%
이자지급유형	월지급형
투자기간	10년
매수금액	1억 128만 원
총상환원리금	약 1억 6,960원
총수익	약 6,960만 원
세후투자수익률(연)	5.602%
예금환산수익률(세전, 연)	6.622%
월 이자(120개월 간)	약 58만 원

금리 하락기에 시세차익 확보하기

우리는 수년 전까지 꽤 오랜기간 저금리 시기를 겪었습니다. 특히 2020년 5월부터 2021년 7월까지의 국내 기준금리는 0.5%에 불과하였고, 시중 채권금리 수준도 1% 내외였습니다. 그러다 2022년에 들어서며 인플레이션 문제 등으로 금리 수준은 속등하기 시작하였고, 2023년 11월 기준 기준금리는 3.5%, 국채금리 수준도 4% 이상에서 형성되고 있습니다. 이렇게 시중금리 수준은 여러 변수에 따라 등락을 반복한다고 보아야 합니다. 향후 가계부채가 줄어들고 인플레이션 문제가 진정되거나 혹은 경제 상황이 크게 악화하여 경기부양이 필요한 상황에 시중금리 수준이 다시 하락한다고 전망하는 투자자가 있다면 금리하락 시 큰 시세차익을 얻을 수 있는 장기물 투자에 관심이 많을 것입니다. 단기적인 전망을 통해 큰 시세차익을 얻고자 하는 투자자는 만기가 도래하기 이전에 채권을 중도 매각하며 이익을 실현해야 하기에 유동성이 가장 좋은 국채에 투자하는 것이 좋을 것입니다. 이번에는 금리하락 시 큰 시세차익을 낼 수 있으리라 생각한 진영이 KB증권 MTS를 사용하여 장외시장에서 장기 국고채 '국고01500-3609(16-6)'를 매수해보고, 미래에셋증권 MTS로는 장내시장에서 장기 국고채 '국고채권01500-5003(20-2)'에 투자하는 과정을 지켜보도록 하겠습니다.

장외시장에서 장기 국고채 매수하기

① 연금·상품 → **②** 채권 → **③** 채권 구매하기 → **④** 국내(장외) → **⑤** 상세 검색

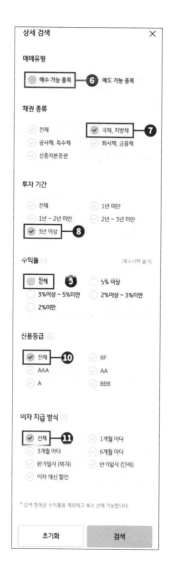

❻ 매수 가능 종목 → ❼ 국채, 지방채 → ❽ 3년 이상 → ❾ 수익률 전체 →
❿ 신용등급 전체 → ⓫ 이자 지급 방식 전체: 필요한 채권 종류를 선택하
는 과정을 거칩니다.

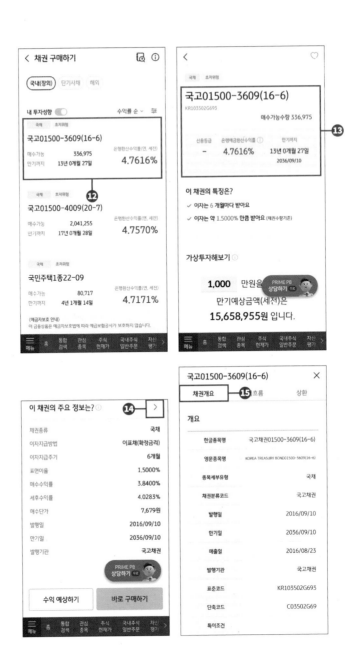

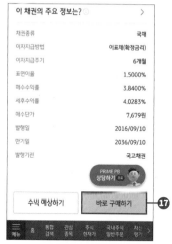

❶❷ 채권 선택 → ❶❸ 채권 정보 → ❶❹ 주요 정보 → ❶❺ 채권 개요 → ❶❻ 현금흐름 → ❶❼ 바로 구매하기: 상세 검색으로 나열되는 채권을 보고 선택합니다. 10~15년 만기물을 찾고자 했던 진영은 '국고01500-3609(16-6)'를 선택하였습니다. 절차를 신행하면 채권종류, 이자지급방법, 표면금리와 수익률, 만기일, 현금흐름 등 발행정보와 매매정보 등을 확인하는 화면들이 계속 보일 것입니다. 매수수익률이 표면금리보다 크게 높다면 이는 매수단가가 액면가보다 크게 낮을 것이라는 예상은 이제 할 수 있으시죠? 모든 정보를 확인하고 매수과정을 진행합니다.

금리의 하락, 즉 채권시장 강세를 예상하고 단기이익을 얻고자 하는 진영의 입장에서는 세후수익률이나 은행환산수익률 같은 부연적인 수익률은 크게 중요하지 않으며 3.84%의 매수수익률이 중요한 의사결정 변수가 되겠지요. 그의 목적은 매수수익률보다 더 낮은 수익률에 매도하여 자본이익을 얻는 것이기 때문입니다. 그의 매매에 따른 투자효과는 다음과 같습니다.

투자효과 살펴보기

이 채권에 767,900원(액면가 100만 원)을 투자한 진영은 이 채권의 듀레이션을 12년 정도로 대략 계산하였습니다. 예상대로 투자 후 얼마 지나지 않아 금리수준이 50bp(0.5%) 하락한다면 "투자금액 × 금리변동 × 듀레이션" = "767,900원 × 0.5% × 12년" = 약 46,100원 정도의 이익을 기대할 수 있습니다. 하지만 만약 이 채권의 금리가 0.3% 상승한다면 "767,900원 × 0.3% × 12년 = 27,600원 정도의 손실을 보게 되겠지요.

장내시장에서 장기 국고채 매수하기

유통되고 있는 많은 국고채권들이 장내시장에서 거래되고 있기에 진영은 장내시장에서 딜링을 위한 국고채권을 탐색하여 투자를 실행하기로 하였습니다.

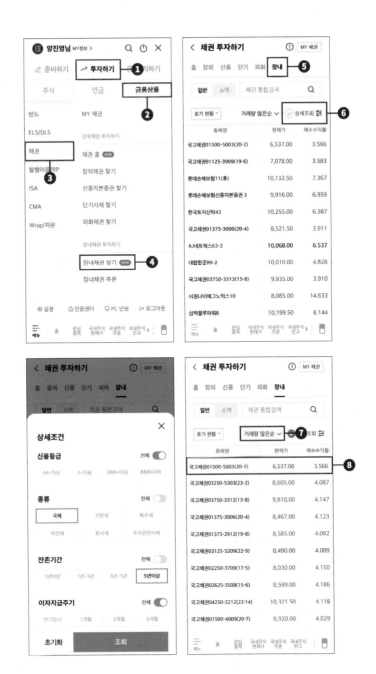

1 투자하기 → **2** 금융상품 → **3** 채권 → **4** 장내채권 찾기 → **5** 장내시

장 → **6** 상세조회 → **7** 정렬방식 → **8** 채권 선택: 절차를 진행하며 원하

는 종류의 채권(5년 이상, 국채)을 탐색한 후 정렬(단기매매 목적이라면 거래량이

많은 채권을 선택해야겠지요?)하여 원하는 종류의 채권을 찾아봅니다. 진영은 단기간 금리하락을 예상하여 단기간에 높은 시세차익을 실현하고자 채권 만기가 길고 유동성이 좋은 '국고채권01500-5003(20-2)'을 선택하였습니다. 만기일, 표면금리 등 채권의 기본정보는 한국거래소 사이트의 '정보 데이터 시스템'에서 확인합니다.

한국거래소 사이트에서 장내채권 정보 확인하는 법

장내시장에서 거래되는 국고채는 증권사에서 상세한 정보를 제공하지 않는 경우가 많습니다. 이때 채권 정보를 확인하려면 한국거래소 사이트(www.krx.co.kr)에 접속한 다음 화면 상단에 보이는 '정보 데이터 시스템'으로 들어가면 필요한 정보들을 찾아볼 수 있습니다.

한국거래소 '정보 데이터 시스템'

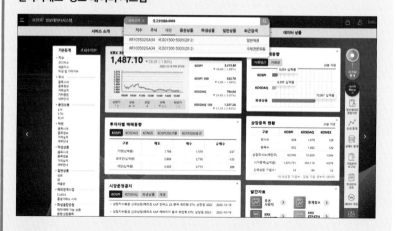

종목검색 : 정보 데이터 시스템에 접속했다면 상단의 종목검색 창에 투자하려는 채권 '국고01500-5003(20-2)'를 입력합니다.

개별종목 종합정보 : 채권을 검색하면 개별종목 종합정보 화면이 나타납니다. 여기서 채권의 가격, 거래량, 시세, 발행일과 만기일 등을 확인할 수 있습니다.

일자	채권평가사 평균수익률		채권평가사 평균가격	
	수익률	대비	가격	대비
2023/10/18	4.034	0.042	5,922.0	-49
2023/10/17	3.992	0.022	5,971.0	-25
2023/10/16	3.970	0.045	5,996.0	-52
2023/10/13	3.925	0.075	6,048.0	-90
2023/10/12	3.850	-0.062	6,138.0	76
2023/10/11	3.912	-0.055	6,062.0	66
2023/10/10	3.967	-0.005	5,996.0	8
2023/10/06	3.972	-0.081	5,988.0	96
2023/10/05	4.053	-0.028	5,892.0	33
2023/10/04	4.081	0.358	5,859.0	-427
2023/09/27	3.723	-0.033	6,286.0	42
2023/09/26	3.756	0.045	6,244.0	-56
2023/09/25	3.711	0.038	6,300.0	-46
2023/09/22	3.673	-0.019	6,346.0	25
2023/09/21	3.692	0.045	6,321.0	-57
2023/09/20	3.647	-0.004	6,378.0	5
2023/09/19	3.651	0.000	6,373.0	1

개별종목 시가평가 추이 : 왼쪽 화면에서 세부안내를 선택하면 '개별종목 시가평가 추이' 메뉴가 보입니다. 일자별 변동되는 수익률과 가격을 파악하기 용이합니다.

❾ 매수 → ❿ 주문내역: 장내시장의 매수절차를 실행한 후 주문내역과 체결내역을 확인합니다.

투자효과 살펴보기

다음은 진영이 2023년 8월 18일에 투자한 만기수익률 3.566%, 6,537원 단가로 매입한 국고채권01500-5003(20-2)의 일자별 시가평가 가격과 금리 추이를 '한국거래소 정보 데이터 시스템'에서 조회한 화면입니다. 일별로 수익률(채권금리)이 상승하면 가격이 하락하고 수익률이 하락하면 가격이 상승하는 모습을 볼 수 있지요. 예를 들어 2023년 10월 18일에 금리는 4.2bp(0.042%) 상승했고, 이에 가격은 49원(0.82%) 하락하였습니다.

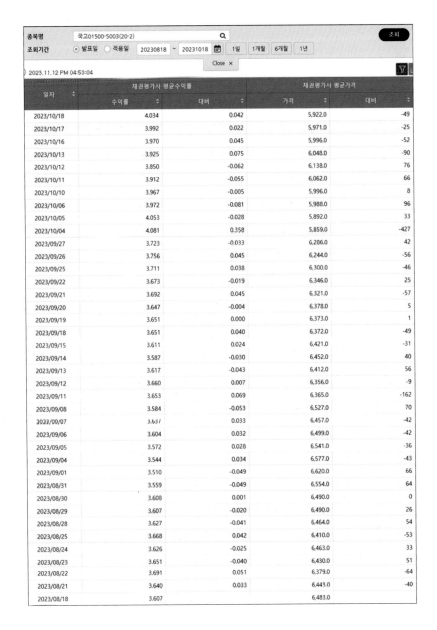

일자	채권평가사 평균수익률			채권평가사 평균가격		
	수익률		대비	가격		대비
2023/10/18	4.034		0.042	5,922.0		-49
2023/10/17	3.992		0.022	5,971.0		-25
2023/10/16	3.970		0.045	5,996.0		-52
2023/10/13	3.925		0.075	6,048.0		-90
2023/10/12	3.850		-0.062	6,138.0		76
2023/10/11	3.912		-0.055	6,062.0		66
2023/10/10	3.967		-0.005	5,996.0		8
2023/10/06	3.972		-0.081	5,988.0		96
2023/10/05	4.053		-0.028	5,892.0		33
2023/10/04	4.081		0.358	5,859.0		-427
2023/09/27	3.723		-0.033	6,286.0		42
2023/09/26	3.756		0.045	6,244.0		-56
2023/09/25	3.711		0.038	6,300.0		-46
2023/09/22	3.673		-0.019	6,346.0		25
2023/09/21	3.692		0.045	6,321.0		-57
2023/09/20	3.647		-0.004	6,378.0		5
2023/09/19	3.651		0.000	6,373.0		1
2023/09/18	3.651		0.040	6,372.0		-49
2023/09/15	3.611		0.024	6,421.0		-31
2023/09/14	3.587		-0.030	6,452.0		40
2023/09/13	3.617		-0.043	6,412.0		56
2023/09/12	3.660		0.007	6,356.0		-9
2023/09/11	3.653		0.069	6,365.0		-162
2023/09/08	3.584		-0.053	6,527.0		70
2023/09/07	3.637		0.033	6,457.0		-42
2023/09/06	3.604		0.032	6,499.0		-42
2023/09/05	3.572		0.028	6,541.0		-36
2023/09/04	3.544		0.034	6,577.0		-43
2023/09/01	3.510		-0.049	6,620.0		66
2023/08/31	3.559		-0.049	6,554.0		64
2023/08/30	3.608		0.001	6,490.0		0
2023/08/29	3.607		-0.020	6,490.0		26
2023/08/28	3.627		-0.041	6,464.0		54
2023/08/25	3.668		0.042	6,410.0		-53
2023/08/24	3.626		-0.025	6,463.0		33
2023/08/23	3.651		-0.040	6,430.0		51
2023/08/22	3.691		0.051	6,379.0		-64
2023/08/21	3.640		0.033	6,443.0		-40
2023/08/18	3.607			6,483.0		

금리와 가격의 관계, 그리고 듀레이션의 개념을 잘 이해하고 계신다면 금리변동폭에 따른 가격변동폭을 보며 대략적인 채권의 듀레이션을 추정할 수 있답니다. 금리가 0.042% 상승할 때 가격이 0.82% 하락했다면 '0.82 ÷ 0.042 = 약 19.5년'을 이 채권의 대략적인 듀레이션으로 추정할

수 있지요. 참고로 2050년 3월 만기인 이 채권의 잔존만기는 26년 5개월 정도이지만, 이표채이기에 듀레이션이 잔존만기보다 상당폭 줄어든 것으로 볼 수 있습니다.

진영이 투자한 국고채권01500-5003(20-2)의 채권수익률은 2024년 1월 2일 기준 3.2%로, 2023년 8월 18일 투자 시 3.566% 대비 하락하였습니다. 그러나 가격은 6,537원에서 7,048원으로 상승하여 653,700원(액면가 기준 100만 원)을 투자했던 진영은 이 채권을 704,800원에 매도하여 수익을 실현할 수 있습니다.

안정성과 수익 둘 다 잡는
메자닌 투자 따라하기

이제 안정성과 수익성 모두 만족스럽기에 자산가들이 신호하는 메자닌 투자 절차에 대해 알아보겠습니다. 메자닌은 주식에 비해 손실 가능성이 작고, 채권에 비해선 상대적으로 고수익을 추구할 수 있지요. 메자닌 증권은 주식으로의 변신이 가능한 전환사채(CB), 신주인수권부사채(BW), 교환사채(EB), 그리고 부채(채권)의 모습을 보이면서 실제로는 자본의 역할을 담당하는 신종자본증권, 코코본드(조건부자본증권) 등으로 나뉩니다. 이 모든 메자닌 증권에 대해서는 여섯째마당에서 상세히 설명한 바 있습니다.

전환사채를 유통시장에서 매수하기

개인투자자가 메자닌에 투자하는 방법은 크게 두 가지로, 발행시장에서 매입하는 방법과 유통시장에서 매입하는 방법이 있습니다. 발행시장에서 공모로 투자하려면 주관사에 증거금을 납부하고 청약하면 되는데, 발행 시점에 청약을 놓쳤다면 유통시장에서 거래해야겠지요. MTS를 통해 한국거래소에서 상장한 사채를 매수할 수 있습니다. 여기서는 여섯째마당에서 예시로 들어 설명한 '동아에스티8CB'를 MTS 장내시장을 통해 거래하는 과정을 간략히 다뤄보겠습니다. 메자닌 증권의 투자효과에 대해서는 여섯째마당을 참조하세요.

❶ 연금·상품 → ❷ 채권 → ❸ 채권 구매하기 → ❹ 주식관련채권 → ❺ 채권선택 → ❻ 매수 → ❼ 매수주문: 시장에서 매매되고 있는 전환사채를 검색하고, 종목상세 조회로 채권개요(발행정보), 현금흐름, 상환 스케줄 등 화면을 통해 정보를 확인한 후 매수를 실행합니다.

코코본드 매수하기

지혜는 소비를 줄여 절약한 덕분에 1백만 원의 여윳돈이 생겼습니다. 이 돈을 입출금통장에 넣어두면 쉬이 사용할 것 같아 이번엔 장기투자로 돈을 묶어보려 하지요. 예금이나 첨가소화채보다는 높은 수익률을 제공하는 채권 상품이 없을까 알아보던 중에 자산가인 친지가 알려준 코코본드에 투자해보려 합니다. 신종자본증권이나 코코본드를 많이 발행하는 금융기관들은 건전성과 안전성에 대한 자신감을 보여주기 위해 발행 일로부니 5년 성도 지나면 콜옵션을 스스로 행사하여 원금을 중도 상환한 후 다시 재발행을 반복하는 관행이 있습니다. 때문에 여윳돈을 장기로 투자하려는 자산가들과 안정적인 현금흐름을 원하는 투자자들(은퇴 후 고정수입을 원하는 경우 등)이 신종자본증권이나 코코본드를 많이 선택하지요. 이제 코코본드의 매수 과정을 간단히 살펴볼까요?

금융기관에서 신종자본증권 또는 코코본드를 많이 발행하는 이유

금융기관은 안전성을 입증하기 위해 일정 규모의 자본을 보유하도록 요구받습니다. 이때 자본에는 주식뿐 아니라 채권도 포함될 수 있는데, 은행 규제 국제 기준인 바젤III 기준에 따르면 발행된 채권이 영구채일 경우 은행의 기타 기본자본으로 인정받을 수 있다고 명시하고 있습니다. 영구채는 만기가 영구적이므로 채권을 발행한 주체는 투자자에게 원금을 상환할 의무가 없어 금융기관의 자본으로 인정되는 것이지요. 이에 많은 금융기관이 영구채인 신종자본증권 또는 코코본드(조건부자본증권)를 발행하고 있습니다. 실제로는 이들도 만기가 있지만 발행자의 의사결정에 따라 연장될 수 있어 영구채로 인정받고 있습니다.

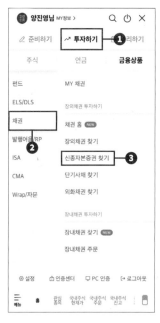
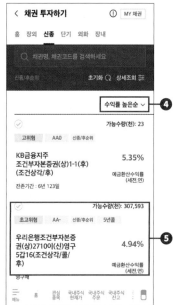

❶ 투자하기 → ❷ 채권 → ❸ 신종자본증권 찾기 → ❹ 정렬 → ❺ 채권 선택

❻ 매수 → ❼ 다음: 채권의 발행정보와 매매정보들을 확인한 후 매수절차를 진행합니다.

투자효과 살펴보기

위 그림은 지혜가 매수한 '우리은행조건부자본증권(상)2710이(신)' 투자에 대한 현금흐름표입니다. 발행일 당시 1,015,600원에 매입한 이 채권을 표면금리 5.38%로 3개월마다 약 13,450원을 받다가 만기일에는 마지막 이자 13,450원과 원금 100만 원을 수령합니다.

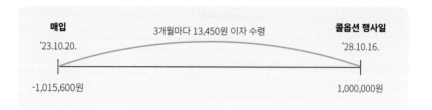

매입
'23.10.20.

3개월마다 13,450원 이자 수령

콜옵션 행사일
'28.10.16.

-1,015,600원

1,000,000원

지혜가 이 채권에 투자할 경우 투자 결과를 정리해보면 다음과 같으니 참고하세요.

| 액면 100만 원 투자시 예상 수익표 |

표면금리	5.38%
이자지급유형	3개월 이표채
투자기간	5년
매수금액	1,015,600원
총상환원리금	1,248,000원
총수익	232,400원
총투자수익률	24.85%
만기수익률(YTM) = 매수수익률	5.3%
세후투자수익률(연)	4.1807%
예금환산수익률(세전,연)	4.9417%

보다 안전하게 수익 확보하는 해외채권에 투자하기

해외채권으로 투자의 저변을 확대해봅니다. 국내 개인투자자들에게 가장 인기 많은 해외채권은 선진국시장 채권으로는 미국 국채, 이머징마켓 채권으로는 브라질 국채가 있습니다. 미국 국채는 최고의 안전자산이라는 점에서, 브라질 국채는 위험성은 다소 높지만 높은 이자율과 세금이 없다는 점에서 투자자들에게 많은 관심을 받고 있지요. 해외채권에 투자하기 위해서는 원화를 외화로 환전한 후 매수하는 절차를 거치므로 투자자는 환율의 등락에 따른 위험성과 수익성에 동시에 노출되어 있다는 사실은 여섯째마당에서 상세히 이야기했습니다.

안전자산의 대표, 미국 국채 매수하기

진영이는 과거에 비해 금리수준이 높아진 지금의 기회를 활용하려 미국 국채에 조금씩 투자해나갈 계획입니다. KB투자증권 MTS로 미국 국채를 매수하는 과정을 알아보려 하는데요. 미국 국채는 달러로 거래되므로 먼저 원화를 달러로 환전해야 됩니다.

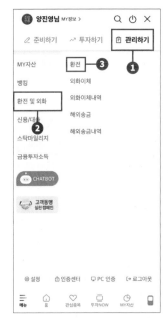

❶ 관리하기 → ❷ 환전 및 외화 → ❸ 환전 → ❹ 신청: 매도통화를 원화로, 매수통화를 미국(달러)로 설정하고 적용환율 및 입력한 원화 대비 표

시되는 달러를 확인 후 환전을 신청합니다. 기존에 보유하던 달러 예수금과 환전을 완료한 금액으로 달러표시 미국채를 매수할 수 있습니다. 보유중인 달러 자금의 확인이 끝나면 외화채권 매수 절차를 실행합니다.

미국 국채 이름의 의미

진영이는 투자 포트폴리오의 다변화와 달러의 강세를 예상하고 주요 거시경제 지표가 좋은 미국 국채에 투자하려 합니다. 그런데 미국 국채 이름은 영어와 숫자로 나열되어 낯설고 어렵게 느껴집니다. 이름의 의미를 알면 투자 상품을 이해하는데 도움이 되겠지요? 먼저 한국 채권과 조금 다르게 생긴 미국 국채 이름의 구조를 해부해 보겠습니다. 먼저 이느 미그 그채의 이금이 'T 1/18 08/15/40 라면, 아래와 같이 3개의 구조로 이루어져 있음을 이해하면 됩니다.

① ② ③

T   1 1/8   08/15/40

① **T**: Treasury의 약자로 미국 국채를 의미합니다.
② **1 1/8**: 미국 국채의 표면금리를 의미하며, '1 1/8'은 1.125%를 뜻합니다.
③ **08/15/40**: 채권의 만기(월/일/연도순)를 뜻합니다. 이 경우 2040년 8월 15일 만기라는 의미입니다.

그러므로 'T 1/18 08/15/40'는 우리말로 풀면 '미국 국채 40년 8월 15월 만기 이표채'로 이해할 수 있습니다.

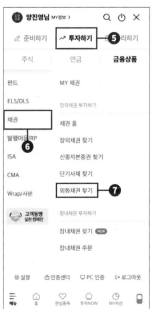

❺ **투자하기** → ❻ **채권** → ❼ **외화채권** → ❽ **외화시장** → ❾ **채권선택**: 잔존기간과 환산수익률을 확인하여 원하는 채권을 선택합니다. 진영은 17년 만기의 7.69% 예금환산수익률을 보이는 '미국채 40년 8월 15일 만기 이표채(USD)'를 선택하였습니다.

발행정보 상세　　　　　　　✕

저위험

미국채 40년 8월15일 만기 이표채(USD)
T 1.125 08/15/40

	매수금리	매수단가
	5.1296%	55.4648

연 7.69% | **16년300일**
예금환산수익률(세전) | 잔존기간

기본정보

투자등급	저위험(4등급)
이자유형	이표채
이자지급주기	6개월
표면금리	1.1250%
가능수량	3,017,400
최소매매수량	100
매매단위	100
발행일	2020.08.31
만기일	2040.08.15
차기이자지급일	2024.02.15
발행형태	US DOMESTIC
통화종류	USD
상환방법	만기일시상환
법인세전수익률(연)	6.82%

신용등급

Moody's	S&P	Fitch
Aaa	AA+	AA+

모의투자계산	**⑩ 매수**

외화채권매수　　　　　　　✕

⌄

외화

미국채 40년 8월15일 만기 이표채(USD)
T 1.125 08/15/40

매수금리	5.1296%
매수단가(DIRTY)	55.4648USD
가능수량	3,017,400USD
최소매매수량	100USD
매매단위	100USD
예금환산수익률(세전,연)	7.6960%

매수금액 또는 수량입력

매수가능금액 100.00 USD　　　잔액매기 ⌄

금액	수량

전액

매수금액	100 USD ✕
매수수량	100

매수결제금액(예상) 55.46 USD

유의사항　　　　　　　⌃

- 매매금리는 시장에서 거래되는 수익률로, 고객의 실제 사전투자수익률과 차이가 날 수 있으며 환율 변동으로 인한 손익을 반영하지 않습니다.
- 매 영업일(국내, 해외 휴일을 모두 제외한 영업일) 오후 3시까지 매매 및 매매취소가 가능합니다

⑪ 다음

❿ 매수 → ⓫ 다음 → ⓬ 매수: 발행정보 등 모든 채권정보를 확인 후 매수 절차를 실행합니다. 매수금리(만기수익률)가 5.129%이고, 표면금리가 1.125%이므로 이는 매수단가가 액면가보다 크게 낮음을 뜻합니다. 채권정보를 확인하여 이상이 없으면 매수금액 또는 수량을 기입하고, 예상되는 매수결제금액과 수량을 확인합니다.

투자효과 살펴보기

위 그림은 진영이가 매수한 '미국채 40년 8월 15일 만기 이표채' 투자에 대한 현금흐름표입니다. 만기 약 100달러를 기준으로 보아, 55.46달러

에 매입한 이 채권을 표면금리 1.125%로 6개월마다 0.56달러의 이자를 받다가 만기일에 원금 100달러와 이자 0.56달러를 수령합니다. 이 채권에 투자할 경우의 투자 결과를 정리하면 다음과 같습니다.

| 액면 100달러 기준 예상 수익표 |

표면금리	1.125%
이자지급유형	6개월 이표채
투자기간	약 16년 10개월
매수금액	$55.46
총상환원리금	$118.56
총수익	$63.10
총투자수익률	132.13%
만기수익률(YTM) = 매수수익률	5.13%
예금환산수익률(세전,연)	7.696%

※ 매수 후 만기보유 가정으로, 환율과 매매금리 변동에 따라 실 투자손익과는 차이가 있습니다.

높은 수익이 기대되는 브라질 국채 매수하기

진영은 평소 본인의 투자 자산의 10% 이상을 외화자산으로 보유한다는 원칙을 가지고 있습니다. 금융소득종합과세 대상자인 그는 이자소득세가 면제되는 브라질 국채에 적극 투자하고 있지요. 또한 최근 그의 포트폴리오 내에서 함께 보유하던 달러자산을 지속적으로 매도하고 있습니다. 달러가 많이 비싸다고 판단했기 때문이지요. 그는 달러를 매도해서 줄어드는 외화자산의 비중을 높은 금리의 브라질 국채 추가 매수로 충당하기로 하였습니다. 보유한 달러예수금으로 바로 매수할 수 있어 별도로 환전을 할 필요는 없을 것 같군요. NH투자증권 MTS로 매수하는 과정을 알아봅시다.

브라질 국채 투자하기

❶ 상품 → ❷ 채권 → ❸ 외화채권찾기/주문 → ❹ 외화채권 → ❺ 외화채권 찾기: 메뉴 순서에 따라 외화채권 화면으로 이동하여 검색창에 '브라질' 국가명을 입력하여 브라질 국채를 검색합니다.

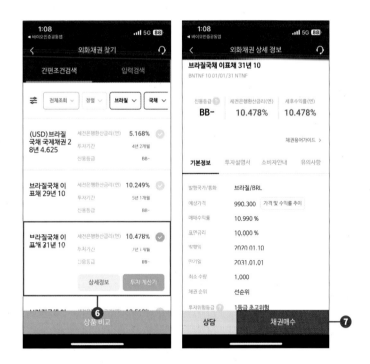

6 채권선택 → 7 채권매수: 조건에 맞는 채권을 선택합니다. 대부분의 브라질 국채는 6개월마다 표면금리 10%에 해당하는 이자를 지급하는 이표채이지요. 7~8년 정도의 만기를 가진 채권을 선택한 진영은 채권정보를 확인하는 절차를 거친 후 매수 절차를 실행합니다.

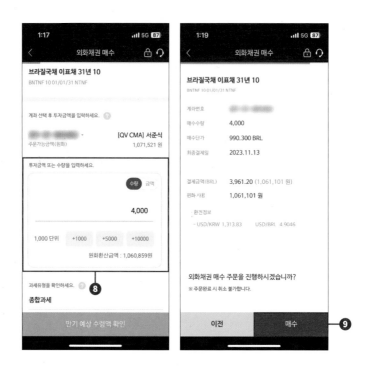

⑧ 투자금액 및 수량 → ⑨ 매수: 투자를 희망하는 금액이나 수량을 기입하고 현금흐름, 단가 등 여러 정보를 확인한 다음 매수를 실행한 후 매매 내역을 확인합니다.

투자효과 살펴보기

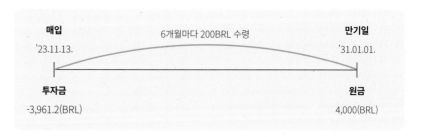

위는 진영이 매수한 '브라질국채 이표채 31년 10' 투자에 대한 현금흐름표입니다. 3,961.2(BRL)에 매입한 이 채권은 표면금리 10%로, 6개월마다 5%에 해당하는 이자를 받다가 만기일에 원리금 4,000(BRL)을 수령합

니다. 이 채권에 투자할 경우의 결과를 정리하면 다음과 같습니다.

| 액면 1,000BRL 기준 예상 수익표 |

표면금리	10%
이자지급유형	6개월 이표채
투자기간	약 7년 1개월
매수금액(BRL)	3,961.2
총상환원리금(BRL)	6,942
총수익(BRL)	2,980.8
총투자수익률	73.55%
만기수익률(YTM) = 매수수익률	10.99%
예납환산수익률(세전,연)	10.478%

※ 매수 후 만기까지 보유한다는 가정으로, 환율과 매매금리 변동에 따라 실제 투자손익과는 차이가 있습니다.

전문가에게 맡기는 채권투자,
채권형 펀드와 ETF

최근 채권의 금리가 높아져 채권에서도 좋은 수익률을 낼 수 있다는 얘기를 전해들은 준식은 보유하던 예금의 일부를 채권으로 옮기려고 마음을 먹었습니다. 하지만 채권에 대한 식견이 없어 채권 종목투자에는 두려움이 생겼습니다. 때문에 그는 전문가들이 안정적으로 관리해 준다는 채권형 펀드에 투자하려고 합니다. 다섯째마당에서 우리는 채권 펀드나 ETF의 종류와 성격, 벤치마크 등에 대하여 이미 자세히 알아보았습니다. 여기서는 단순히 국내 채권형 펀드와 채권 ETF를 매수하는 절차와 과정에 대해서만 알아보도록 하겠습니다.

채권형 펀드 매수하기

❶ 상품·솔루션·연금 탭 → ❷ 펀드 → ❸ 펀드찾기/주문 → ❹ 펀드찾기

❺ **상세 분류**: 해당 국가는 국내, 펀드유형은 채권형을 선택합니다. 아무래도 펀드 규모가 클수록 유리한 점이 많겠지요? 위험등급은 개인의 투자성향에 맞추어 설정합니다.

규모가 큰 채권형 펀드의 장점

1) 운용 역량: 큰 규모의 펀드는 효율적으로 자산을 운용하고 관리하기 위해 전문적인 운용역과 투자 전략을 갖추고 있을 가능성이 높습니다.

2) 유동성: 많은 투자자와 자금이 펀드에 참여하고 있으므로 유동성이 더 높을 수 있습니다.

3) 운용 비용: 펀드 규모가 커질수록 운용 비용을 많은 이에게 분산하므로 수수료가 낮을 수 있습니다.

⑥ 정렬 → ⑦ 펀드선택: 투자하려는 펀드를 선택합니다. 예시 화면에서는 상단에 '유진챔피언중단기채증권자투자신탁(채권)'의 이름을 가진 상품이 2개 보입니다. 준식은 중장기적인 운용을 가정하고 선취수수료가 있는 대신 후취수수료가 없는 'Ae'클래스를 선택하였습니다(펀드의 수수료체계에 대한 상세한 설명은 넷째마당을 참조하세요).

선택한 펀드의 수익률과 당일 기준가, 투자위험등급, 펀드평가사의 평가등급, 펀드 보수와 수수료 등의 정보를 확인합니다. 여기서 수익률은 과거 1년 간의 투자 성과이지 향후 수익을 보장하는 것이 아님을 알아 두어야 합니다.

❽ **주문금액** → ❾ **자동이체 여부**: 펀드에 투자할 금액을 입력합니다. 그리고 자동이체 여부를 설정합니다. 자동이체로 펀드에 계속하여 투자하는 경우 정기적립식 투자가 되며, 자동이체 없이 펀드를 매수하는 경우 거치식 또는 자유적립식의 성격을 보이게 됩니다.

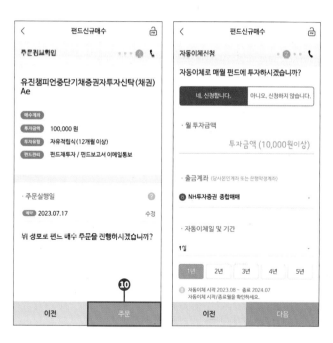

❿ **주문** : 평일의 경우 당일에 바로 주문할 수 있으며, 영업시간이 지났 거나 휴일인 경우에는 도래하는 영업일로 주문실행일이 설정되어 예약 주문이 실행됩니다.

투자효과 살펴보기

펀드의 가격을 기준가라고 합니다. 펀드의 수익률은 가입 시 펀드기준 가와 환매 시 펀드기준가의 차이로 계산됩니다. 예를 들어 기준가 1,000 원에서 가입하여 1,100원에서 환매한다면 10%의 기간수익률이 발생하 는 거지요. 다만, 1년에 한 번씩 있는 결산일에는 그동안 상승했던 펀드 기준가가 다시 1,000원으로 리셋되며 그 기준가만큼 투자자의 보유 좌 수가 많아집니다. 예를 들어 결산일 날, 기준가 1,100원인 펀드를 100좌 보유하고 있던 투자자는 기준가 1,000원의 펀드를 110좌 보유하는 것 으로 변경되는 것이지요. 이를 감안하여 펀드기준가의 상승을 수익률로 계산하면 되는 것입니다. 위에서 준식은 해당 펀드를 1064.63원에 매수하였습니다. 펀드의 성과는 이후의 기준가 등락으로 결정될 것입니다.

채권 ETF 매수하기

**❶ 트레이딩 → ❷ ETF/ETN → ❸ ETF 종합검색 → ❹ 채권형 ETF 검색,
추천검색어 확인:** 상단의 검색창에 '채권형'과 같이 테마를 검색하거나,
하단의 추천검색어에 '채권형 ETF'가 보인다면 선택하면 됩니다.

❺ 상품 선택: 나열된 채권 ETF 상품명을 보고 매수하려는 상품을 선택합니다. 준식은 종합채권지수를 벤치마크로 삼는 'KODEX 종합채권 (AA-이상)액티브'를 골라 투자하고자 합니다.

❻ **매수:** ETF 역시 한국거래소에서 상장된 상품이라 매매창의 모습이 주식 매매창의 모습과 유사합니다. 잔량과 호가 등을 파악하고 원하는 가격과 수량을 입력한 후 주문합니다.

투자효과 살펴보기

준식이 투자한 ETF의 비용은 증권사 MTS 매매수수료 0.1978%와 연가 보수 비용 0.045%로 파악됩니다. 매매수수료는 매매시점에서 별도로 공제되지만 연간 보수는 펀드의 가치에서 차감됩니다. ETF의 수익은 주식의 경우와 마찬가지로 가격의 등락으로 인한 자본손익과 정기적으로 발생하는 배당(분배금) 수익의 합으로 구성되지요. ETF의 가격이 ETF의 가치를 크게 벗어나는 경우는 예외적인 상황 외에는 발생하지 않는다고 보아야 합니다.

잠깐만요

[KB증권 M-able]에서 채권 ETF 매수 시 유용한 기능

1. 검색

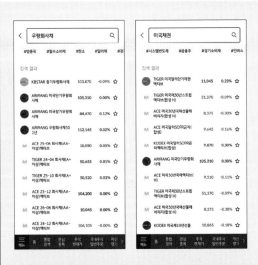

M-able MTS에서 메뉴를 눌러 ETF/ETN 주문을 누르면 상단에 검색창이 나타납니다. 검색창에 #금융채 #회사채 #종합채 #우량채권 등 원하는 채권상품을 입력하면 다양한 채권 ETF가 표시되어 여러 상품을 비교하고 매수하기에 용이한 기능입니다.

2. ETF 순위, 비슷한 ETF

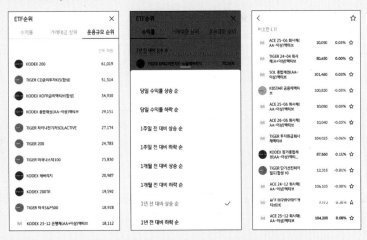

메뉴에서 ETF 순위를 검색하면 수익률, 거래대금, 운용 규모 순으로 채권이 나열되므로 원하는 분류 방식을 선택하여 매수할 채권 ETF를 찾아볼 수 있습니다. 또한, 채권 ETF를 하나 선택하면 비슷한 상품을 추천해주므로 여러 건을 비교하여 매수할 수 있습니다.

채권 투자
무작정 따라하기

047 ▶ 국채선물투자 따라하기

다섯째마당에서 우리는 국채선물의 개념에 대해서 상세히 알아보았습니다. 복잡한 개념에 비해 국채선물의 매매화면은 주식 매매화면과 유사하며 주문방식도 비슷하여 크게 어렵지 않은 편입니다. 치영은 자금의 큰 소요 없이 신속하게 중기 채권을 매입하는 효과를 얻고자 3년물 국채선물 매수거래를 하고자 합니다.

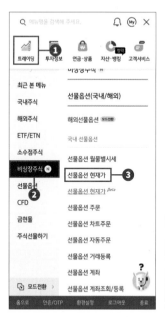

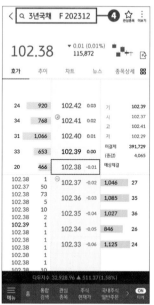

❶ 트레이딩 → ❷ 선물옵션 → ❸ 선물옵션 현재가 → ❹ 검색: 상단의 돋

보기와 종목명이 표기된 곳을 선택하여 '선물옵션 종목검색' 화면으로 이동합니다.

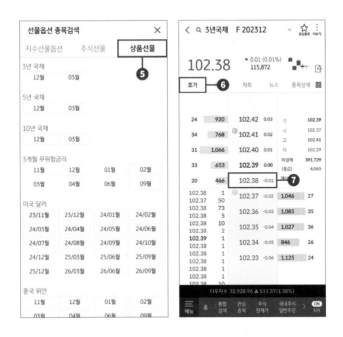

⑤ 상품선물 → ⑥ 호가 → ⑦ 가격 선택: 3년 국채, 5년 국채, 10년 국채 등 다양한 종목과 상품 중에 투자하려는 상품을 선택합니다. 치영은 '3년 국채, 12월'을 선택한 후 원하는 가격 '102.38'을 선택하였습니다. 호가 외 상품에 대한 정보를 파악하려면 상단의 탭에서 '추이', '차트', '뉴스', '종목상세'를 참고하면 되겠습니다.

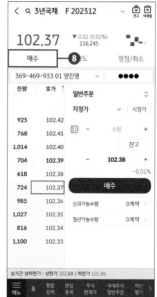

❽ 매수: 호가를 확인하고 매수하려는 수량 및 가격을 기입하여 선물을 매수할 수 있습니다.

국채선물 매매 전 필수 절차

개인투자자들이 선물거래를 실행하기 위해서는 사전에 의무적으로 다음의 절차를 실행해야 합니다.

STEP 1. 계좌 개설

채권 등 금융상품 거래를 위해 만들었던 증권 계좌는 선물 거래에 사용할 수 없으므로, 계좌를 별도로 개설해야 합니다. 계좌 개설 방법에는 영업점 방문과 비대면 계좌(MTS 계좌 등) 개설의 두 가지 방법이 있습니다.

STEP 2. 투자성향 및 위험고지 확인(증권사 고객센터 유선 신청)

영업점에서 계좌를 개설한 경우 직원이 안내하나, 비대면으로 계좌 개설을 완료하였다면 각 증권사 고객센터로 연락하여 직원의 확인을 받아야 하며 유선 상담을 통해 위험고지 안내를 받게 됩니다.

STEP 3. 사전교육(금융투자협회 학습시스템)

파생상품 적격투자자제도에 따라 금융투자협회 '파생상품 사전교육'과 한국거래소 '파생상품 모의거래'를 이수해야 거래가 가능하며, 조건별 이수 시간은 아래와 같습니다.

투자자 구분	사전교육 이수 (금융투자교육원)	모의거래 이수 (한국거래소)
투자성향 공격형 & 파생상품 거래경험 有	1시간 이상	3시간 이상
투자성향 공격형 & 파생상품 거래경험 無	3시간 이상	5시간 이상
투자성향 공격형이 아닌 경우 또는 고령 투자자 (만 65세 이상)	10시간 이상	10시간 이상

투자자별 이수 시간을 확인하였다면, 사전교육과 모의거래를 이수한 후 MTS 등으로 계좌를 등록하는 과정이 필요합니다.

STEP 4. 기본 예탁금 납입

기본 예탁금이란 최초 거래 또는 거래 재개 시 예치해야 하는 금액을 의미합니다. 일반투자자의 경우, 2024년 기준 국채선물 매수 거래 시에는 기본 예탁금 1,000만 원, 매도 등 모든 거래를 하려면 2,000만 원의 기본 예탁금이 필요합니다.

기본 예탁금은 선물 거래마다 필요하여 계산되는 증거금으로 충당 가능하며 증거금 규모가 기본 예탁금 수준을 넘어서면 증거금을 추가로 예탁하여야 합니다.

알아두면 유익한 채권 실전투자 거래 가이드

실제로 채권에 투자할 때 알아두면 좋을 정보들을 모아서 소개합니다. 꼼꼼히 읽고 이해하면 투자 시 유용할 것입니다.

1. 채권의 이자 지급주기는 정해져 있다

채권은 상품의 매수 시점과 상관없이 발행 시 정해진 이자 지급주기에 따라 지급됩니다. 예를 들어, 3개월의 이자 지급주기를 가진 채권의 발행일이 2024년 1월 15일이라면 3월 15일, 6월 15일, 9월 15일, 12월 15일에 이자가 지급되는 것입니다. 매수를 2024년 2월에 하였다고 해서 3개월 지난 2024년 5월이 되어야 받는 것이 아닙니다. 채권의 이자지급일이 주말이나 공휴일이라면 해당일에는 이자가 지급되지 않고 도래하는 영업일의 15시 이후에 보유한 증권계좌로 입금됩니다.

2. 보유한 채권의 만기가 도래하면 직접 해지? 자동 해지?

예금의 경우 계좌를 개설할 때 만기 시 해지 방법을 선택할 수 있지만, 채권은 만기일이 도래하면 자동으로 해지됩니다. 만기일이 주말이나 공휴일이라면 도래하는 영업일에 해지되며, 증권사 MTS에 보유하고 있는 채권 목록에서 없어지고 예수금으로 상환금액이 입금됩니다. 다만, 국고채 등 일부 채권의 경우 직전 영업일에 입금되는 경우도 있습니다.

일반적으로 만기 자금은 오후 3시에서 5시 사이에 입금되며, 예탁원 자금 지급이 지연되는 경우 오후 5시 이후에도 입금됩니다.

3. 2025년부터 '금융투자소득세'가 적용된다

2024년까지는 채권의 가격 변동으로 발생한 이익은 과세 대상이 아닙니다. 이자에서 발생한 이익에 대해서만 은행의 예·적금 과세와 동일한 이자소득세(15.4%)가 부과됩니다. 이자소득세는 채권을 매도하거나 만기에 따라 상환되었을 때 자동으로 원천징수된 다음 보유한 증권사 계좌에 예수금으로 입금됩니다.

| 금융소득종합과세 기준표 |

과세표준 구간	세율	누진공제
1,400만 원 이하	6%	–
1,400만 원 초과 5,000만 원 이하	15%	126만 원
5,000만 원 초과 8,800만 원 이하	24%	576만 원
8,800만 원 초과 1억 5,000만 원 이하	35%	1,544만 원
1억 5,000만 원 초과 3억 원 이하	38%	1,994만 원
3억 원 초과 5억 원 이하	40%	2,594만 원
5억 원 초과 10억 원 이하	42%	3,594만 원
10억 원 초과	45%	6,594만 원

채권을 포함한 모든 금융상품에서 1년간 발생한 금융소득에 대해 2,000만 원까지 15.4%의 이자소득세가 원천징수되지만, 2,000만 원을 초과하는 경우 금융소득종합과세 대상자로서 세금을 신고해야 합니다.

2025년부터는 금융투자소득세 세법 개정에 따라 채권의 가격 변동에 따른 발생 이익에 양도소득세가 과세될 예정이며, 연간 250만 원까지 발생한 이익에 대해서는 공제가 됩니다. 단, 향후 정부나 국회의 정책에 따라 변동될 가능성이 상당히 높으므로 항상 변동 여부에 관심을 기울여야 합니다.

4. 장외채권에 투자한 뒤 마음이 바뀌었다면?

장외시장에서 채권을 매수하면 바로 결제가 이루어집니다. 그런데 매수한 후에 투자 목표에 더 알맞은 채권이 보이거나 실수로 주문하여 취소하고 싶은 경우에는 어떻게 해야 할까요? 당일 매매한 채권에 한하여 매매 가능시간 내에 취소가 가능하답니다. 증권사 MTS의 주문 내역에서 확인 및 취소가 가능합니다.

5. 숙려 대상 주문 제도

숙려 대상 주문은 개인 금융소비자 중 ①부적합 투자자 또는 ②65세 이상 고령 투자자(법인 일반 금융소비자 및 전문 금융소비자는 채권 숙려에 미해당)가 해당하는데요. 2영업일 이상의 숙려 기간을 부여하고, 숙려 기간 종료 후 투자자가 매수 의사를 확정하지 않을 경우 취소되는 제도입니다.

이러한 제도는 조건부자본증권(일정한 사유가 발생하는 경우 주식으로 전환되거나 원리금을 상환해야 할 의무가 감면될 수 있는 채권)을 주문할 때 '일반주문'과 '숙려대상주문'으로 나뉘는데요. 이해하기 쉽게 표로 정리했습니다.

	D-day	D+1	D+2	D+3
일반주문	• 매수 신청일 = 실제 주문일 • 채권 매수를 위한 입금일	–		
숙려대상 주문	• 매수 신청일 • 당일 취소 가능	• 숙려기간(채권의 위험성 등을 안내) • 취소 가능 • 추가매수 신청 및 정정 불가		• 실제 주문일 • 승낙일 및 취소일 • 채권 매수를 위한 입금일

6. 채권 거래시장의 구분

시장 구분	장내시장		장외시장
	장내 일반시장	장내 소액시장 (첨가소화채권)	
대상 채권	국채, 지방채, 특수채, 회사채 등 거래소에 상장된 모든 채권거래	첨가소화채권 전월 및 당월물	상장, 비상장
거래장소	증권거래소		거래 증권사
거래방법	경쟁매매		상대매매
거래시간 ※ 증권사별로 다를 수 있음	오전 9시~오후 3시 30분		오전 8시~ 오후 4시
호가단위	액면 10,000원당 환산 단가(1원 단위)		
결제방법	당일결제 (실 결제시간 오후 4시 이후)		즉시 결제
매매단위	액면 1,000원 단위		

7. 채권 매수 후 평가금액이 마이너스로 보이는 경우

채권을 매수하자마자 계좌 내역을 보면 매수한 채권에서 평가손실이 발생하고 있다고 표시되는 경우가 꽤 많은데요. 이는 매수한 채권의 평가금액이 민간채권평가 4곳에서 제공하는 평가금액으로 표시되기 때문입니다. 아무래도 개인투자자의 소액 매수인 경우 민평사들의 평가금액보다 비싸게 매입하는 경우가 많겠죠? 우리가 참고해야 할 것은 평가손익보다는 매수 직후의 평가금액과 현재의 평가금액 차이입니다. 예를 들어 채권을 매입하자마자 1천만 원의 평가손실이 나타났는데, 지금의 평가손실은 5백만 원으로 줄어들었다면 채권 매수 후에 이 채권의 시장가격이 상승했다는 의미입니다. 한편 평소 잔고의 채권 금액은 이미 지급된 이자들을 포함하지 않기 때문에 이표채의 경우 지급이자만큼 평가액이 줄어든다는 것을 감안해야 합니다.

채권 고수와의 인터뷰

채권운용업계의 30대 기수

서보민 채권2팀장(우리자산운용 채권운용본부)
채권 펀드매니저 경력 2009년~현재

대학 졸업 후 채권평가사인 한국자산평가에서 커리어를 시작하며 채권의 메커니즘을
깊이 이해하게 되었다. 업무성과가 우수했던 그를 신한자산운용에서 채권펀드매니저
로 스카우트하였고, 10년 이상의 세월이 흐른 후 다시 우리자산운용에서 그를 스카우
트하였다. 그는 아직 30대이지만 3조 원 이상의 펀드를 운용하는 '큰손'이다. 그는 더
욱 원대한 미래를 꿈꾸고 있다.

Q. 자산운용사는 어떤 일을 하는 곳이며 펀드매니저 업무는 어떤 것인가요?

자산운용사는 투자자들의 자금을 펀드의 형태로 모아서 주식이나 채
권, 부동산 등의 금융상품에 투자하고, 그에 따른 운용 수익을 투자자들
에게 배분하는 서비스를 제공하는 회사입니다. 펀드 운용은 기본적으로
개별 투자자들이 발견하기 어려운 투자 기회를 포착해서 보다 높은 투
자 수익을 내는 것을 목표로 합니다.

운용사는 투자자산의 종류에 따라 다양한 형태의 펀드 운용 서비스를
제공하는데, 그중에서도 채권과 국채선물 등 가격이 금리에 연동된 증
권을 주로 투자하는 펀드를 채권형 펀드라고 합니다. 저는 채권형 펀드

에 투자하고자 하는 고객들을 대상으로 투자 목적에 알맞은 전략의 펀드를 만들거나 고객들이 맡긴 자금으로 채권을 거래하면서 운용 성과를 관리하는 등의 펀드 운용과 관련된 전반적인 업무를 하고 있습니다.

Q. 경력에 비해 큰 규모의 자산을 책임지고 있는데 어느 정도인가요? 그런 규모의 운용에 임하는 자세나 마음가짐 같은 것이 있으시겠죠?

우리자산운용 채권운용본부는 열 명이 넘는 구성원들이 함께 의사결정을 하면서 여러 펀드를 관리하고 있는데, 저희 본부에서 운용하는 국내 채권형 자산의 수탁고는 약 28조 원가량으로 국내 운용사 업계 8위 수준입니다. 그중에서 제가 책임 펀드매니저로 등재되어 직접 관리하고 있는 자금 규모는 약 3조 2천억 원이지요.

우리나라의 주식과 채권 등 유가증권 시장에서는 내국인 뿐만 아니라 외국인들도 참여하여 매일 수익률 전쟁을 치르고 있죠. 이 시장에서 외국인 투자자들이 많은 수익을 얻는다면 그만큼 국부가 유출된다고 생각하고 있어요. 그래서 제가 더 좋은 성과를 낼수록 그만큼 국부 유출이 줄어들 수 있다는 마음가짐으로 임하고 있습니다. 저를 믿고 돈을 맡겨주신 고객들의 만족이 커진다는 것은 기본이고요.

Q. 어떤 계기로 채권운용 경력을 시작하게 되었나요?

지는 이느 분야든 첫눈에 사랑에 빠지는 타입은 아닌 것 같아요. 채권운용 경력을 시작하게 된 것도 특별한 계기가 있었던 것은 아니었습니다. 저는 대학 시절 금융학회에서 선후배, 친구들과 함께 공부하면서 금융시장을 처음 접했습니다. 당시는 2008년 전후로 전 세계를 휩쓸었던 금융위기가 막 잦아들기 시작한 시기로, 금융권에 대한 대학생들의 관심이 높았고 저 역시 막연한 기대감으로 공부를 시작했습니다. 금융학회에서 공부할 때 특히 채권은 제 전공과목이었던 경제학과 연결되는 것들이 많았기 때문에 자연스럽게 더 관심을 기울이게 되었습니다. 그래서 망설임없이 채권평가사에서 첫 커리어를 시작했고, 채권운용업으로 경력을 확장해 나갈 수 있었습니다.

Q. 지금의 업무는 어떤 면에서 매력적인가요?

운용 업무는 정답이 없는 인문학 분야에 가깝다고 생각하기에 매우 흥미롭습니다. 정답이 없기에 투자자마다 운용 방법은 제각기 다를 수밖에 없지요. 많은 펀드매니저들이 저마다의 방법으로 우수한 운용 성과를 내려 노력하고 있습니다. 그러나 큰돈을 운용하는 소위 스타 매니저들도 부침을 겪는 시기가 있기 마련이에요. 뛰어난 운동선수도 부진할 때가 있고 무엇보다 훈련을 등한시하면 폼이 떨어지듯이, 운용업계에서도 아무리 경력이 오래되어도 시장을 상대하는 일이 쉬워지는 법은 없는 것 같습니다. 저는 역설적으로 그런 '정답 없음'과 '꾸준함을 요하는 점'이 운용업무의 매력이 아닐까 생각합니다.

Q. 운용역으로서 갖추어야 할 자질이나 능력에 대한 조언을 부탁드려요.

제가 만난 뛰어난 운용역들은 대체로 호기심이 많고 문제해결 능력이 남달랐습니다. 아무리 어려운 것이라도 쉽게 설명하는 분들이 많았어요. 금융시장에는 매일 수많은 정보가 쏟아집니다. 그중에서 거짓 정보를 걸러내서 핵심이 되는 사실들을 간결하게 정리하는 데 능숙하다면 운용역으로서 좋은 성과를 낼 수 있겠지요.

한편 훈련을 통해서 향상시킬 수 있는 자질도 있습니다. 다음 세 가지는 펀드매니저로서 평소 제가 늘 다짐하고 또 다짐하는 마음가짐입니다. 첫째, 겸손하게 생각합니다. 아무리 많이 공부하고 정성을 쏟아 분석을 했더라도 자신의 예측이 틀릴 수 있다는 점을 인정해야 합니다. 확신이나 과신은 감당할 수 없는 손실로 이어질 수 있기 때문입니다. 둘째, 감정적으로 결정하지 않습니다. 투자 성과가 좋지 않으면 감정적으로 흔들리기 마련입니다. 그런데 자신의 서운한 감정을 시장이 배려해 주지는 않지요. 욱하는 마음에 하는 의사결정이 좋은 결과로 이어질 확률은 낮습니다. 설혹 잘 된다 해도 장기적으로는 독이 됩니다. 셋째, 인내하고 인내합니다. 투자를 하다 보면 조바심이 날 때가 많습니다. 그런데 자신의 포지션이 이익이 날 때든 손실이 날 때든, 충분히 고민하고 내린 결정이었다면 인내심을 가지고 견딜 때 더 좋은 결과를 낼 수 있습니다.

Q. 예측이 틀려서 큰 손실을 입을 경우도 있을 것 같은데, 이를 극복하는 비결이 있을까요?

큰 손실이 장기간 지속되는 것은 크게 시장 방향에 대한 예측이 틀렸을 때와 개별종목 투자에 문제가 있을 때입니다.

시장 방향에 대한 예측을 근거로 한 전략을 방향성 투자전략이라고 합니다. 예를 들어 기준금리가 3.5%에서 3%로 하락할 것 같아서 채권 비중을 확대하는 것이지요. 반면 개별종목들 간의 가치를 원칙에 따라 계산하고 이를 상대 비교해서 투자 비중을 조절하는 전략을 상대가치 투자전략이라고 합니다.

저는 운용 성과가 부진할 때면 먼저 방향성 전략이 더 커지지 않도록 통제합니다. 애초에 방향성을 예측하는 데는 자신감이 크지 않았으니 제 생각이 틀릴 수 있다고 인정하는 것이지요. 그리고 부지런하게 싼 종목을 찾고 비싼 종목을 골라내면서 상대가치 투자에 집중합니다. 항상 좋은 성과를 거둘 수 있는 것은 아니지만 노력 여하에 따라서 장기적으로는 좋은 성과를 낼 수 있는 전략이라고 믿기 때문입니다.

위기를 극복하는 데 필요한 것은 좋은 전략과 시간, 인내심입니다. 그런데 더 중요한 것은 돌이킬 수 없는 위험에 빠지지 않도록 사전에 경계하고 또 경계하는 것입니다.

연 복리승수조견표(30%×50년)

	1%	2%	3%	4%	5%	6%	7%	8%	9%	10%	11%	12%	13%	14%	15%
1년	1.01	1.02	1.03	1.04	1.05	1.06	1.07	1.08	1.09	1.10	1.11	1.12	1.13	1.14	1.15
2년	1.02	1.04	1.06	1.08	1.10	1.12	1.14	1.17	1.19	1.21	1.23	1.25	1.28	1.30	1.32
3년	1.03	1.06	1.09	1.12	1.16	1.19	1.23	1.26	1.30	1.33	1.37	1.40	1.44	1.48	1.52
4년	1.04	1.08	1.13	1.17	1.22	1.26	1.31	1.36	1.41	1.46	1.52	1.57	1.63	1.69	1.75
5년	1.05	1.10	1.16	1.22	1.28	1.34	1.40	1.47	1.54	1.61	1.69	1.76	1.84	1.93	2.01
6년	1.06	1.13	1.19	1.27	1.34	1.42	1.50	1.59	1.68	1.77	1.87	1.97	2.08	2.19	2.31
7년	1.07	1.15	1.23	1.32	1.41	1.50	1.61	1.71	1.83	1.95	2.08	2.21	2.35	2.50	2.66
8년	1.08	1.17	1.27	1.37	1.48	1.59	1.72	1.85	1.99	2.14	2.30	2.48	2.66	2.85	3.06
9년	1.09	1.20	1.30	1.42	1.55	1.69	1.84	2.00	2.17	2.36	2.56	2.77	3.00	3.25	3.52
10년	1.10	1.22	1.34	1.48	1.63	1.79	1.97	2.16	2.37	2.59	2.84	3.11	3.39	3.71	4.05
11년	1.12	1.24	1.38	1.54	1.71	1.90	2.10	2.33	2.58	2.85	3.15	3.48	3.84	4.23	4.65
12년	1.13	1.27	1.43	1.60	1.80	2.01	2.25	2.52	2.81	3.14	3.50	3.90	4.33	4.82	5.35
13년	1.14	1.29	1.47	1.67	1.89	2.13	2.41	2.72	3.07	3.45	3.88	4.36	4.90	5.49	6.15
14년	1.15	1.32	1.51	1.73	1.98	2.26	2.58	2.94	3.34	3.80	4.31	4.89	5.53	6.26	7.08
15년	1.16	1.35	1.56	1.80	2.08	2.40	2.76	3.17	3.64	4.18	4.78	5.47	6.25	7.14	8.14
16년	1.17	1.37	1.60	1.87	2.18	2.54	2.95	3.43	3.97	4.59	5.31	6.13	7.07	8.14	9.36
17년	1.18	1.40	1.65	1.95	2.29	2.69	3.16	3.70	4.33	5.05	5.90	6.87	7.99	9.28	10.76
18년	1.20	1.43	1.70	2.03	2.41	2.85	3.38	4.00	4.72	5.56	6.54	7.69	9.02	10.58	12.38
19년	1.21	1.46	1.75	2.11	2.53	3.03	3.62	4.32	5.14	6.12	7.26	8.61	10.20	12.06	14.23
20년	1.22	1.49	1.81	2.19	2.65	3.21	3.87	4.66	5.60	6.73	8.06	9.65	11.52	13.74	16.37
21년	1.23	1.52	1.86	2.28	2.79	3.40	4.14	5.03	6.11	7.40	8.95	10.80	13.02	15.67	18.82
22년	1.24	1.55	1.92	2.37	2.93	3.60	4.43	5.44	6.66	8.14	9.93	12.10	14.71	17.86	21.64
23년	1.26	1.58	1.97	2.46	3.07	3.82	4.74	5.87	7.26	8.95	11.03	13.55	16.63	20.36	24.89
24년	1.27	1.61	2.03	2.56	3.23	4.05	5.07	6.34	7.91	9.85	12.24	15.18	18.79	23.21	28.63
25년	1.28	1.64	2.09	2.67	3.39	4.29	5.43	6.85	8.62	10.83	13.59	17.00	21.23	26.46	32.92
26년	1.30	1.67	2.16	2.77	3.56	4.55	5.81	7.40	9.40	11.92	15.08	19.04	23.99	30.17	37.86
27년	1.31	1.71	2.22	2.88	3.73	4.82	6.21	7.99	10.25	13.11	16.74	21.32	27.11	34.39	43.54
28년	1.32	1.74	2.29	3.00	3.92	5.11	6.65	8.63	11.17	14.42	18.58	23.88	30.63	39.20	50.07
29년	1.33	1.78	2.36	3.12	4.12	5.42	7.11	9.32	12.17	15.86	20.62	26.75	34.62	44.69	57.58
30년	1.35	1.81	2.43	3.24	4.32	5.74	7.61	10.06	13.27	17.45	22.89	29.96	39.12	50.95	66.21
31년	1.36	1.85	2.50	3.37	4.54	6.09	8.15	10.87	14.46	19.19	25.41	33.56	44.20	58.08	76.14
32년	1.37	1.88	2.58	3.51	4.76	6.45	8.72	11.74	15.76	21.11	28.21	37.58	49.95	66.21	87.57
33년	1.39	1.92	2.65	3.65	5.00	6.84	9.33	12.68	17.18	23.23	31.31	42.09	56.44	75.48	100.70
34년	1.40	1.96	2.73	3.79	5.25	7.25	9.98	13.69	18.73	25.55	34.75	47.14	63.78	86.05	115.80
35년	1.42	2.00	2.81	3.95	5.52	7.69	10.68	14.79	20.41	28.10	38.57	52.80	72.07	98.10	133.18
36년	1.43	2.04	2.90	4.10	5.79	8.15	11.42	15.97	22.25	30.91	42.82	59.14	81.44	111.83	153.15
37년	1.45	2.08	2.99	4.27	6.08	8.64	12.22	17.25	24.25	34.00	47.53	66.23	92.02	127.49	176.12
38년	1.46	2.12	3.07	4.44	6.39	9.15	13.08	18.63	26.44	37.40	52.76	74.18	103.99	145.34	202.54
39년	1.47	2.16	3.17	4.62	6.70	9.70	13.99	20.12	28.82	41.14	58.56	83.08	117.51	165.69	232.92
40년	1.49	2.21	3.26	4.80	7.04	10.29	14.97	21.72	31.41	45.26	65.00	93.05	132.78	188.88	267.86
41년	1.50	2.25	3.36	4.99	7.39	10.90	16.02	23.46	34.24	49.79	72.15	104.22	150.04	215.33	308.04
42년	1.52	2.30	3.46	5.19	7.76	11.56	17.14	25.34	37.32	54.76	80.09	116.72	169.55	245.47	354.25
43년	1.53	2.34	3.56	5.40	8.15	12.25	18.34	27.37	40.68	60.24	88.90	130.73	191.59	279.84	407.39
44년	1.55	2.39	3.67	5.62	8.56	12.99	19.63	29.56	44.34	66.26	98.68	146.42	216.50	319.02	468.50
45년	1.56	2.44	3.78	5.84	8.99	13.76	21.00	31.92	48.33	72.89	109.53	163.99	244.64	363.68	538.77
46년	1.58	2.49	3.90	6.07	9.43	14.59	22.47	34.47	52.68	80.18	121.58	183.67	276.44	414.59	619.58
47년	1.60	2.54	4.01	6.32	9.91	15.47	24.05	37.23	57.42	88.20	134.95	205.71	312.38	472.64	712.52
48년	1.61	2.59	4.13	6.57	10.40	16.39	25.73	40.21	62.59	97.02	149.80	230.39	352.99	538.81	819.40
49년	1.63	2.64	4.26	6.83	10.92	17.38	27.53	43.43	68.22	106.72	166.27	258.04	398.88	614.24	942.31
50년	1.64	2.69	4.38	7.11	11.47	18.42	29.46	46.90	74.36	117.39	184.56	289.00	450.74	700.23	1083.66

16%	17%	18%	19%	20%	21%	22%	23%	24%	25%	26%	27%	28%	29%	30%
1.16	1.17	1.18	1.19	1.20	1.21	1.22	1.23	1.24	1.25	1.26	1.27	1.28	1.29	1.30
1.35	1.37	1.39	1.42	1.44	1.46	1.49	1.51	1.54	1.56	1.59	1.61	1.64	1.66	1.69
1.56	1.60	1.64	1.69	1.73	1.77	1.82	1.86	1.91	1.95	2.00	2.05	2.10	2.15	2.20
1.81	1.87	1.94	2.01	2.07	2.14	2.22	2.29	2.36	2.44	2.52	2.60	2.68	2.77	2.86
2.10	2.19	2.29	2.39	2.49	2.59	2.70	2.82	2.93	3.05	3.18	3.30	3.44	3.57	3.71
2.44	2.57	2.70	2.84	2.99	3.14	3.30	3.46	3.64	3.81	4.00	4.20	4.40	4.61	4.83
2.83	3.00	3.19	3.38	3.58	3.80	4.02	4.26	4.51	4.77	5.04	5.33	5.63	5.94	6.27
3.28	3.51	3.76	4.02	4.30	4.59	4.91	5.24	5.59	5.96	6.35	6.77	7.21	7.67	8.16
3.80	4.11	4.44	4.79	5.16	5.56	5.99	6.44	6.93	7.45	8.00	8.59	9.22	9.89	10.60
4.41	4.81	5.23	5.69	6.19	6.73	7.30	7.93	8.59	9.31	10.09	10.92	11.81	12.76	13.79
5.12	5.62	6.18	6.78	7.43	8.14	8.91	9.75	10.66	11.64	12.71	13.86	15.11	16.46	17.92
5.94	6.58	7.29	8.06	8.92	9.85	10.87	11.99	13.21	14.55	16.01	17.61	19.34	21.24	23.30
6.89	7.70	8.60	9.60	10.70	11.92	13.26	14.75	16.39	18.19	20.18	22.36	24.76	27.39	30.29
7.99	9.01	10.15	11.42	12.84	14.42	16.18	18.14	20.32	22.74	25.42	28.40	31.69	35.34	39.37
9.27	10.54	11.97	13.59	15.41	17.45	19.74	22.31	25.20	28.42	32.03	36.06	40.56	45.59	51.19
10.75	12.33	14.13	16.17	18.49	21.11	24.09	27.45	31.24	35.53	40.36	45.80	51.92	58.81	66.54
12.47	14.43	16.67	19.24	22.19	25.55	29.38	33.76	38.74	44.41	50.85	58.17	66.46	75.86	86.50
14.46	16.88	19.67	22.90	26.62	30.91	35.85	41.52	48.04	55.51	64.07	73.87	85.07	97.86	112.46
16.78	19.75	23.21	27.25	31.95	37.40	43.74	51.07	59.57	69.39	80.73	93.81	108.89	126.24	146.19
19.46	23.11	27.39	32.43	38.34	45.26	53.36	62.82	73.86	86.74	101.72	119.14	139.38	162.85	190.05
22.57	27.03	32.32	38.59	46.01	54.76	65.10	77.27	91.59	108.42	128.17	151.31	178.41	210.08	247.06
26.19	31.63	38.14	45.92	55.21	66.26	79.42	95.04	113.57	135.53	161.49	192.17	228.36	271.00	321.18
30.38	37.01	45.01	54.65	66.25	80.18	96.89	116.90	140.83	169.41	203.48	244.05	292.30	349.59	417.54
35.24	43.30	53.11	65.03	79.50	97.02	118.21	143.79	174.63	211.76	256.39	309.95	374.14	450.98	542.80
40.87	50.66	62.67	77.39	95.40	117.39	144.21	176.86	216.54	264.70	323.05	393.63	478.90	581.76	705.64
47.41	59.27	73.95	92.09	114.48	142.04	175.94	217.54	268.51	330.87	407.04	499.92	613.00	750.47	917.33
55.00	69.35	87.26	109.59	137.37	171.87	214.64	267.57	332.95	413.59	512.87	634.89	784.64	968.10	1192.53
63.80	81.13	102.97	130.41	164.84	207.97	261.86	329.11	412.86	516.99	646.21	806.31	1004.34	1248.85	1550.29
74.01	94.93	121.50	155.19	197.81	251.64	319.47	404.81	511.95	646.23	814.23	1024.02	1285.55	1611.02	2015.38
85.85	111.06	143.37	184.68	237.38	304.48	389.76	497.91	634.82	807.79	1025.93	1300.50	1645.50	2078.22	2620.00
99.59	129.95	169.18	219.76	284.85	368.42	475.50	612.43	787.18	1009.74	1292.67	1651.64	2106.25	2680.90	3405.99
115.52	152.04	199.63	261.52	341.82	445.79	580.12	753.29	976.10	1262.18	1628.76	2097.58	2695.99	3458.36	4427.79
134.00	177.88	235.56	311.21	410.19	539.41	707.74	926.55	1210.36	1577.72	2052.24	2663.93	3450.87	4461.29	5756.13
155.44	208.12	277.96	370.34	492.22	652.68	863.44	1139.66	1500.85	1972.15	2585.82	3383.19	4417.12	5755.06	7482.97
180.31	243.50	328.00	440.70	590.67	789.75	1053.40	1401.78	1861.05	2465.19	3258.14	4296.65	5653.91	7424.03	9727.86
209.16	284.90	387.04	524.43	708.80	955.59	1285.15	1724.19	2307.71	3081.49	4105.25	5456.75	7237.01	9577.00	12646.22
242.63	333.33	456.70	624.08	850.56	1156.27	1567.88	2120.75	2861.56	3851.86	5172.62	6930.07	9263.37	12354.33	16440.08
281.45	390.00	538.91	742.65	1020.67	1399.08	1912.82	2608.52	3548.33	4814.82	6517.50	8801.19	11857.11	15937.09	21372.11
326.48	456.30	635.91	883.75	1224.81	1692.89	2333.64	3208.48	4399.93	6018.53	8212.04	11177.51	15177.10	20558.84	27783.74
378.72	533.87	750.38	1051.67	1469.77	2048.40	2847.04	3946.43	5455.91	7523.16	10347.18	14195.44	19426.69	26520.91	36118.86
439.32	624.63	885.45	1251.48	1763.73	2478.56	3473.39	4854.11	6765.33	9403.95	13037.44	18028.21	24866.16	34211.97	46954.52
509.61	730.81	1044.83	1489.27	2116.47	2999.06	4237.53	5970.55	8389.01	11754.94	16427.18	22895.82	31828.69	44133.45	61040.88
591.14	855.05	1232.90	1772.23	2539.77	3628.87	5169.79	7343.78	10402.37	14693.68	20698.24	29077.70	40740.72	56932.14	79353.15
685.73	1000.41	1454.82	2108.95	3047.72	4390.93	6307.14	9032.85	12898.94	18367.10	26079.78	36928.67	52148.12	73442.47	103159.09
795.44	1170.48	1716.68	2509.65	3657.26	5313.02	7694.71	11110.41	15994.69	22958.87	32860.53	46899.42	66749.59	94740.78	134106.82
922.71	1369.46	2025.69	2986.48	4388.71	6428.76	9387.55	13665.80	19833.42	28698.59	41404.26	59562.26	85439.48	122215.61	174338.86
1070.35	1602.27	2390.31	3553.92	5266.46	7778.80	11452.81	16808.94	24593.44	35873.24	52169.37	75644.07	109362.54	157658.13	226640.52
1241.61	1874.66	2820.57	4229.16	6319.75	9412.34	13972.43	20674.99	30495.86	44841.55	65733.41	96067.97	139984.05	203378.99	294632.68
1440.26	2193.35	3328.27	5032.70	7583.70	11388.94	17046.36	25430.24	37814.87	56051.94	82824.10	122006.32	179179.58	262358.90	383022.48
1670.70	2566.22	3927.36	5988.91	9100.44	13780.61	20796.56	31279.20	46890.43	70064.92	104358.36	154948.03	229349.86	338442.98	497929.22

곱씹을수록 단(돈)맛이 나는 기본서 양진영

졸업여행 뒤풀이에서 교수님의 집필 세의를 받았나. 동기들이 나를 '글짓기 실력이 있는 친구'로 추천해 준 덕분인데, 우쭐했던 마음은 책을 쓰며 절로 겸손해졌다. 채권의 세계는 넓고 깊기에 공부하며 글감을 부지런히 찾았다. 특히 기억에 남는 것은 넷째마당에 소개된 독립공채(이표채) 사진인데, 현충일에 찾은 천안 독립기념관에서 우연히 이 채권의 실물을 발견하고 카메라에 담으며 "유레카!"를 외쳤었다.

이렇듯 10개월간 수많은 자료 조사와 함께 원고를 쓰느라 고민하며 '채권 투자 입문자에게 쉬이 읽히는 기본서'가 되도록 진력했다. 미진한 부분이 있다면 개선하고 보강할 것이니, 독자 여러분께서 독서 모임이나 투자 스터디에 이 책을 주제로 삼아 여러 관점에서 채권 투자를 들여다보고 곱씹으면서 채권을 보다 잘 이해하고 채권 투자 세계에 입문하면서 단(돈)맛을 느끼시면 좋겠다.

책이 빛을 보기까지 가족과 숭실대학교 금융경제학과를 비롯하여 닿은 모든 인연에 감사드리며, 독자분들의 투자에 광영이 있길 바란다.

초보자 저격! 채권 투자 A to Z 서지혜

채권운용본부에 입사한 지 반년이 채 되지 않았을 때 집필 제의를 받았다. 채권 업계 경력은 적지만 채권 전문가인 서준식 교수님의 채권 이론과 노하우를 독자들에게 전달해 줄 징검다리 역할을 할 자신이 있었다.

이 책을 읽는 독자들은 투자가 처음이거나 주식 투자에만 익숙한 분들이 많을 것이라고 생각한다. 채권을 처음 배우는 학생의 마음가짐으로 채권에 대한 모든 것을 쉽게 녹여내려고 노력했으며, 미진한 부분과 법·제도의 개정이 생기는 경우 책을 수정해가며 책의 완성도를 높여갈 것을 약속드린다. 이 책을 통해 채권에 대한 기초를 튼튼히 잡고, 본인의 상황에 맞는 채권 투자 전략을 세워 좋은 성과를 내시길 바란다.

마지막으로 집필할 수 있는 기회를 주신 교수님과 이 책이 세상에 나올 수 있게 도움 주신 모든 분들에게 감사드린다.